Next 教科書シリーズ

刑法総論

設楽 裕文・南部 篤 編

弘文堂

はしがき

　本書は、大学の法学部で、あるいはロースクールで初めて刑法を学ぶ者を読者に想定した教科書である。

　刑法は、犯罪報道や刑事裁判、刑罰に関するニュースなどを通じて目にすることが多い事柄を扱う法分野であるため、誰もが興味を抱きやすく、入門のハードルは決して高くない。しかし同時に、刑罰という最も峻厳な制裁を手段に犯罪統制を行う法分野であることから、刑罰権を限界づける保障機能が強く要求され、判断の誤りや過酷な処罰を排するための緻密な論理的整合性を追求する側面をもち、それが初学者の理解を困難にする要因となることもある。本書はそのことをふまえ、初学者の理解を援ける工夫を凝らし、刑法の基礎を確かなものにする構成と叙述を心がけた。

　ところで、法学部は、法律家や法に携わる職業を目指す者に対する法律学の教授と、効果的に法を学べる環境の提供とを使命としている。また、法を直接扱う仕事以外を選ぶ多くの学生にとっても、社会制御と紛争処理の技術としての法・裁判制度を学び、法的なものの見方と思考能力を身に着けることは、どんな職業を選択するにしても極めて有益である。

　本書は、初めて刑法に接する者のために「最適化された」テキストとなることを目指したものである。公務員試験、司法試験予備試験など難易度の高い試験に挑む者も、刑法の基本的理解を確かなものにし堅牢な基礎を築くことが、まずもって出発点となる。その上で、順序立てて発展的学修に進むことが目標達成の早道である。そこでこうした学びのための道標となるよう目的を絞り込み、それ以外の要素は大胆に切り捨てた。学説の詳細、理論刑法学上の論争の検討は最小限にとどめ、主要な判例の紹介と解明に重点を置いた。刑法の基礎の獲得をゴールとする者および専門的発展的研究を進めて行く最初のステップに立つ者、これら両者のいずれにとっても役に立つコンパクトな一冊となるよう工夫を凝らしたつもりである。

2018 年 5 月

執筆者を代表して　南部　篤

目　次　**Next 教科書シリーズ『刑法総論』**

はしがき…iii

序　論　刑法を学び始める貴方へ…1

1　刑法の学びは必要か…2

A. 弘文荘事件─刑法の学びの必要性を感じるとき…2
B. 刑法の学びの必要性…3

2　刑法は刑を正しく用いるための法である…4

3　刑法を学び始める貴方に…4

A. 刑法を学ぶ者の心構え…4　　B. 序論のむすびに…5
［コラム］学生甲乙丙、刑法の学びについて語る…5

●知識を確認しよう…6

第1章　刑法の基礎…7

1　刑法とは何か…8

A. 刑法の意義…8　　B. 刑法典の構成…8
C. 法体系における刑法典の位置…9　　D. 刑法の性格…9

2　刑法の役割…11

A. 総説…11　　B. 法益の保護…11
［コラム］刑罰制度、「犯罪者」というレッテル貼り…13

●知識を確認しよう…14

第2章　刑法の基本原則…15

1　総説…16

2　責任主義…17

A. 責任主義とは何か…17　　B. 責任主義と現行刑法…18

3　罪刑法定主義…20

A. 罪刑法定主義とは何か…20　　B. 罪刑法定主義と憲法…21
C. 罪刑法定主義の内容をなす諸原則…22
［コラム］罪刑法定主義以前のわが国の状況…28

●知識を確認しよう…29

目　次　v

第3章　犯罪論概説…31

1　刑法と犯罪論…32

2　適正かつ合理的な処罰と犯罪論…32

3　三分説の犯罪論体系…32

　　［コラム］学生甲乙丙、犯罪論を語る…33

　　●知識を確認しよう…34

第4章　構成要件該当性…35

1　構成要件該当性と構成要件…36

　　A. 犯罪の成立要件と構成要件該当性…36　　B. 構成要件要素…38
　　C. 構成要件の性格・機能…40　　D. 構成要件のパターンによる犯罪の分類…42

2　構成要件と法人…45

　　A. 総説…45　　B. 客体としての「人」と法人…45
　　C. 主体としての「者」と法人…45

3　実行行為…46

　　A. 行為と実行行為…46　　B. 実行行為の機能・問題…47
　　C. 実行行為と危険性…49
　　［コラム］学生甲乙丙、実行行為としての危険性を語る…51
　　［コラム］学生甲乙丙、早過ぎた構成要件実現を語る…55
　　D. 他人の行為を利用した実行─間接正犯…58
　　E. 不作為による実行─不作為犯…61

4　因果関係…65

　　A. 総説…65　　B. 条件関係…66　　C. 相当因果関係など…69
　　［コラム］学生甲乙丙、因果関係を語る…71

5　被害者の同意と構成要件該当性…72

　　●知識を確認しよう…74

第5章　違法性…75

1　総説…76

　　A. 犯罪の成立要件と違法性…76　　B. 違法性阻却事由と違法性の本質…78
　　C. 違法性の本質に関する理論…79
　　［コラム］学生甲乙丙、結果無価値論、行為無価値論を語る…82
　　D. 違法性阻却事由の本質（一般的原理）…83　　E. 可罰的違法性の理論…86
　　［コラム］学生甲乙丙、可罰的違法性等について語る…95

2　正当行為…96

　　A. 35条と法令行為、正当業務行為、その他の正当行為…96　　B. 法令行為…97
　　C. 正当業務行為…99　　D. その他の正当行為…100

vi 目 次

［コラム］学生甲乙丙、同意により違法性が阻却されうる犯罪について語る
…103
［コラム］学生甲乙丙、被害者の同意と行為者の行為の関係について語る…106

3 正当防衛…113

A. 違法性が阻却される理由…113　　B. 正当防衛の要件…114
C. 過剰防衛…117
［コラム］学生甲乙丙、複数の反撃と量的過剰防衛を語る…119
D. 盗犯等防止法における特則…120

4 緊急避難…120

A. 違法性が阻却される理由…120　　B. 緊急避難の要件…120
C. 過剰避難…122　　D. 業務上特別の義務がある者についての例外…123

5 違法性阻却事由に関する錯誤…123

A. 総説…123　　B. 誤想防衛、誤想過剰防衛…124
C. 誤想避難、誤想過剰避難…126　　D. 正当行為に関する錯誤…126

●知識を確認しよう…128

第6章　責任…129

1 総説…130

A. 責任の意義と責任阻却事由…130　　B. 責任と責任論…131

2 故意…133

A. 総説…133　　B. 故意の要件…135
［コラム］学生甲乙丙、故意を語る…148
C. 故意の種類…149

3 事実の錯誤…150

A. 総説…150　　B. 客観的構成要件該当事実に関する事実の錯誤…151
［コラム］学生甲乙丙、方法の錯誤を語る…156
［コラム］学生甲乙丙、因果関係の錯誤を語る…158
C. 違法性阻却事由該当事実に関する事実の錯誤…161

4 過失…162

A. 総説…162
［コラム］学生甲乙丙、過失を語る…164
B. 過失の要件…166　　C. 過失に関する諸問題…167
［コラム］学生甲乙丙、企業災害を語る…170
D. 過失の種類…172

5 責任能力…173

A. 総説…173　　B. 心神喪失者の行為…173　　C. 刑事未成年者…175

6 超法規的責任阻却事由—とくに期待可能性について…175

A. 超法規的責任阻却事由…175　　B. 期待可能性…176

目　次　vii

●知識を確認しよう…177

第7章　未遂犯…179

1　犯罪の遂行過程…180
A. 陰謀・予備・未遂・既遂の区別…180　　B. 処罰の時期とその理由…181

2　実行の着手…183
A. 実行の着手に関する判例…183　　B. 実行の着手と行為者の主観…185

3　中止犯…185
A. 刑の減免の根拠…185　　B. 中止犯の要件…186

4　不能犯…188
A. 不能犯と未遂犯の違い…188　　B. 不能犯の要件…189

●知識を確認しよう…190

第8章　共犯…191

1　共犯とは何か…192
A. 総説…192　　B. 正犯と共犯…194

2　共同正犯…199
A. 総説…199　　B. 成立要件…200　　C. 共同正犯の諸問題…205

3　教唆犯…212
A. 総説…212　　B. 教唆の概念…213　　C. 成立要件…214
D. 教唆と錯誤…215　　E. 間接教唆…217

4　従犯…217
A. 総説…217　　B. 幇助の概念…218　　C. 従犯の成立要件…218
D. 従犯の諸問題…220

5　不作為と共犯…222
A. 総説…222　　B. 不作為による関与の処罰の要件…223
C. 不作為関与における共同正犯と従犯との区別…224

6　共犯と身分…227
A. 総説…227　　B. 65条の趣旨…227　　C.「身分」とは…228
D. 65条の解釈…229
［コラム］組織犯罪処罰法改正とテロ等準備罪の新設…230

●知識を確認しよう…231

viii 目　次

第9章　罪数…233

1　総説…234

2　犯罪の個数…236

A.罪数決定の基準―構成要件基準説…236　　B.単純一罪…237
C.法条競合…237　　D.包括一罪…239

3　犯罪競合…242

A.科刑上一罪…242　　B.併合罪…244
［コラム］学生甲乙丙、罪数論を語る…245

●知識を確認しよう…246

第10章　刑罰論…247

1　刑罰とは…248

A.刑の種類・主刑と付加刑・刑の軽重…248　　B.刑の内容…248

2　刑罰の本質、機能…250

3　刑の適用…251

4　刑の執行…252

5　刑の時効・刑の消滅…254

●知識を確認しよう…254

第11章　刑法の適用範囲…255

1　総説…256

2　刑法の場所的適用範囲…256

A.国内犯への刑法の適用…256　　B.国外犯への刑法の適用…257

3　刑法の時間的適用範囲…258

A.有効な罰則の存在とその廃止…258　　B.犯罪時の意義…258
C.刑の変更と変更後の刑の適用…258

4　外国判決の効力…259

［コラム］日本人を被害者とする国外犯の新設…260

●知識を確認しよう…261

参考文献…262

事項索引…265

判例索引…270

略語表

法令名 (略語の五十音順)

一般法人	一般社団法人及び一般財団法人に関する法律(平成 18 年法律 48 号)
恩赦	恩赦法(昭和 22 年法律 20 号)
会社	会社法(平成 17 年法律 86 号)
学教	学校教育法(昭和 22 年法律 26 号)
刑	刑法(明治 40 年法律 45 号)
刑事収容	刑事収容施設及び被収容者等の処遇に関する法律(平成 17 年法律 50 号)
警職	警察官職務執行法(昭和 23 年法律 136 号)
刑訴	刑事訴訟法(昭和 23 年法律 131 号)
刑訴規	刑事訴訟規則(昭和 23 年最高裁判所規則 32 号)
憲	日本国憲法(昭和 21 年)
国公	国家公務員法(昭和 22 年法律 120 号)
裁	裁判所法(昭和 22 年法律 59 号)
裁判員	裁判員の参加する刑事裁判に関する法律(平成 16 年法律 63 号)
自治	地方自治法(昭和 22 年法律 67 号)
自動車運転死傷	自動車の運転により人を死傷させる行為等の処罰に関する法律(平成 25 年法律 86 号)
少	少年法(昭和 23 年法律 168 号)
地公	地方公務員法(昭和 25 年法律 261 号)
道交	道路交通法(昭和 35 年法律 105 号)
独禁	私的独占の禁止及び公正取引の確保に関する法律(昭和 22 年法律 54 号)
廃棄物	廃棄物の処理及び清掃に関する法律(昭和 45 年法律 137 号)
民	民法(明治 29 年法律 89 号)
民執	民事執行法(昭和 54 年法律 4 号)
民訴	民事訴訟法(平成 8 年法律 109 号)
労調	労働関係調整法(昭和 21 年法律 25 号)

判例

最大判(決)	最高裁判所大法廷判決(決定)
最判(決)	最高裁判所判決(決定)
高判(決)	高等裁判所判決(決定)
地判(決)	地方裁判所判決(決定)
簡判(決)	簡易裁判所判決(決定)
大判(決)	大審院判決(決定)
大連判	大審院連合部判決

判例集

刑録	大審院刑事判決録
刑集	大審院刑事判例集、最高裁判所刑事判例集
民集	大審院民事判例集、最高裁判所民事判例集
裁判集刑事	最高裁判所裁判集刑事
高刑集	高等裁判所刑事判例集
下刑集	下級裁判所刑事裁判例集
高刑裁特	高等裁判所刑事裁判特報
高刑速	高等裁判所刑事裁判速報集
高刑判特	高等裁判所刑事判決特報
東高時報	東京高等裁判所（刑事）判決時報
裁時	裁判所時報
新聞	法律新聞
刑月	刑事裁判月報
LEX/DB	TKC 法律情報データベース

雑誌 (略語の五十音順)

最判解	最高裁判所判例解説刑事篇
判時	判例時報
判タ	判例タイムズ
百選 I	別冊ジュリスト刑法判例百選 I 〔総論〕〔第 7 版〕
百選 II	別冊ジュリスト刑法判例百選 II 〔各論〕〔第 7 版〕

概説書等

井田	井田良『講義刑法学・総論〔第 2 版〕』（有斐閣、2008）
板倉	板倉宏『刑法総論〔補訂版〕』（勁草書房、2007）
伊東	伊東研祐『刑法講義総論』（日本評論社、2010）
大塚	大塚仁『刑法概説（総論）〔第 4 版〕』（有斐閣、2008）
大谷	大谷實『刑法講義総論〔新版第 4 版〕』（成文堂、2012）
佐久間	佐久間修『刑法総論』（成文堂、2009）
曽根	曽根威彦『刑法総論〔第 4 版〕』（弘文堂、2008）
高橋	高橋則夫『刑法総論〔第 3 版〕』（成文堂、2016）
団藤	団藤重光『刑法綱要総論〔第 3 版〕』（創文社、1990）
西田	西田典之『刑法総論〔第 2 版〕』（弘文堂、2010）
林	林幹人『刑法総論〔第 2 版〕』（東京大学出版会、2008）

平野	平野龍一『刑法概説』（東京大学出版会、1977）
平野Ⅰ	平野龍一『刑法総論Ⅰ』（有斐閣、1972）
平野Ⅱ	平野龍一『刑法総論Ⅱ』（有斐閣、1975）
藤木	藤木英雄『刑法講義総論』（弘文堂、1975）
前田	前田雅英『刑法総論講義〔第6版〕』（東京大学出版会、2015）
山口	山口厚『刑法総論〔第3版〕』（有斐閣、2016）
山中	山中敬一『刑法総論〔第3版〕』（成文堂、2015）
大コメ（○）	大塚仁ほか編『大コンメンタール刑法〔第3版〕』第○巻（青林書院）
注釈（○）	西田典之ほか編『注釈刑法』第○巻（有斐閣）

序論

刑法を学び始める貴方へ

序論のポイント

1. 刑法の学びは必要か？―必要である！
   必要性をとくに痛感するのは、刑事事件に接したときである。

2. 刑法は、国民の利益を強制的に奪う刑を正しく用いるための法である。「正しく」とは、「基本的人権を保障した憲法に適合するように」ということである。刑法の最も重要な役割は、刑によって国民の人権が不当に侵害されないようにすることである。

3. 刑法の学びは真剣になされなければならない。学習途上の者が、軽々しく、「これは犯罪にならない」、「これは犯罪になる」といった判断をしてはならない。また、「刑法を学んで処罰されないように悪いことをしよう」と考える者に刑法を学ぶ資格はない。

1 刑法の学びは必要か

A 弘文荘事件—刑法の学びの必要性を感じるとき

甲野直人は私立大学法学部の1年生である。入学以来、都内にあるアパート弘文荘の2階の部屋に1人で住んでいる。ある夜、甲野が自室でパソコンをいじっていると、叫び声がして、やがて、ドアをノックする音がした。ドアを開けると、隣室に両親と住んでいる乙原莉子が泣きながら入ってきた。莉子は都立高校の1年生である。顔には殴られたような傷がある。

甲野が「どうしたの？」と問いかけると、莉子は泣きながら語った。

「母が父を殺してしまいました。父はいつも母や私に暴力をふるっていたんです。今夜も、父は、母にお金を要求して、母が『これしかないです』ってお札を1枚渡すと、『ふざけんな』と罵りながら母の顔を蹴りました。私、頭にきちゃって、辞書で父の頭を殴りました。そうしたら、父が、『こいつ、殺してやる』と叫んで、私を殴って、窓から突き落とそうとしたんです。母は、このままでは私が殺されると思って、とっさに台所から果物ナイフを持ち出して、父の足を刺しました。父は、バランスをくずして窓から転落しました。……甲野さん、お願いです。母を助けてください」

甲野は呆然とした。どうしたらいいのか。110番通報すべきなのか。だが、それをしたら莉子の母は殺人罪で死刑になってしまうかも知れない。大学に連絡すれば、クラス担任の先生が何とかしてくれるのだろうか……。

その後、莉子の母は、殺人罪で起訴され、法廷に被告人として引き出された。傍聴席には、甲野と莉子が不安そうな顔をして座っている。裁判官や裁判員は莉子の母にどのような刑を言い渡すのだろうか。

裁判員の1人丙山広司は、裁判官から聞いた「本件の争点」を思い出していた。「殺意の有無、……正当防衛、……自ら招いた侵害、……過剰防衛」、そうした言葉の意味は、法律を学んだことのない丙山にはよくわからなかった。それ以上に、丙山には、「この人が、なぜ、殺人事件の被告人として法廷に立たなければならなかったのか」がわからなかった。誰か、何とかできなかったのだろうか。いったい、この人をどのように裁いたらよいのだろうか。丙山は、黙然として腕を組み、しばし目を閉じた。

B　刑法の学びの必要性

　大学の法学部に入って、法律を学び始めた途端に、「法律ってつまらない」、「何のためにこんなものを学ばなければならないのか」と思う人は少なくない。ドラマなどの影響か、刑法に興味をもつ人は比較的多いけれど、教科書を開き、授業に出てみると、やはり、「思ったよりつまらない」、「話が抽象的でわからない」といった感想を抱くことになる。

　それでも、刑法は現実に厳然と存在している。そして、普段は、「犯罪とか刑罰とか刑事裁判とかは、自分には関係ない」と思っている人も、前述の弘文荘事件（もとより架空の事件である）のような事態に遭遇すると、刑法ないし刑事法を（理論や試験合格に使えるようにではなく、実戦に使えるように）学ぶ必要を痛感することになる。読者諸賢には、自分が、甲野、乙原、丙山の立場に立ったら、どうしたらよいか、考えてみてほしい。ちなみに、刑事事件は殺人事件だけではなく、"普通の人"であっても刑事事件の犯人と疑われる者になる機会はたくさんある。例えば、インターネット上の掲示板等に人の悪口を書き込めば名誉毀損罪や侮辱罪に、自動車の運転を過って人を負傷させれば過失運転致傷罪に、問われうる。"普通の人"であっても生涯に何回かは犯人ないし犯人と疑われる者になるといってもよいくらいである。

　ただ、犯罪となりうる行為をしても、発覚して捜査機関による捜査がなされ、検察官が起訴して、裁判官・裁判員によって「被告人のしたことは犯罪になる」と判断されなければ「当該犯罪を犯したと公に認められた者」という意味での「犯人」にはならず、刑が科されることもない。逆に、実際には犯罪を犯していない人であっても、裁判官・裁判員によって「当該犯罪を犯した者」と認められ刑を科されてしまうこと（冤罪）もある。弘文荘事件のようなケースだと、殺意があったか否かにより殺人罪になるか傷害致死罪になるかが分かれ、正当防衛の成否により犯罪の成否（有罪か無罪か）が分かれ、さらに、有罪となった場合でも過剰防衛として刑の減軽・免除が可能か否かが問題になる。裁判官・裁判員の仕事は困難であり重大である。そして、適正な判断をなすためには、刑法ないし刑事法についての正しい理解が必要である。

2 刑法は刑を正しく用いるための法である

　刑法は、「犯罪と刑罰とに関する法」であるといわれる[1]。さらに、その目的を考慮しつついえば、刑法は、「国民の利益を強制的に奪う『刑』を正しく用いるための法」である。「刑」という字の右側の「刂」（りっとう）は刀を意味する。まさに刀で斬りつけるような峻厳な制裁が「刑」なのである。したがって、刑は、正しく、やむを得ざるときにのみ、謙抑的に用いられるべきものである。憲法 31 条は「何人も、法律の定める手続によらなければ、その生命若しくは自由を奪はれ、又はその他の刑罰を科せられない」と規定している。これは、刑罰は国民の生命や自由を奪う恐ろしいものであるから、正しい（基本的人権を保障した憲法に適合する）法に従って用いられなければならない、としたものである（罪刑法定主義の根拠条文と解されている）。「刑ないし刑法を使って犯罪者を懲らしめるべきだ」と思ったときには、憲法 31 条を思い出していただきたい。「刑法は、犯罪を防止し法益を保護するためにある」という考えもあるものの、刑法の最も重要な役割は、「刑によって国民の人権が不当に侵害されないようにすること」である。ここから、刑法の罰条は厳格に解釈されなければならない。法益侵害の危険があり、その意味では可罰性が認められる場合でも、刑法の規定を類推して処罰することは許されないのである[2]。

3 刑法を学び始める貴方に

A　刑法を学ぶ者の心構え

　刑法を学ぶ者の心構えを述べる。前述したように、刑法は国民の利益を強制的に奪う刑を正しく用いるための法である。刑法に関し誤った判断をすれば、無実の者が有罪になり、死刑に処されることさえありうる。取り返しのつかない結果を招かないように、刑法の学びは真剣になされなければならない。そして、刑法を十分学んでいない段階で、軽々しく、「これは

犯罪になる」、「これは犯罪にならない」といった判断をすることは厳に避けるべきである。ある行為が犯罪になるかならないかの判断権は裁判所（最終的には最高裁判所）にある。法律相談を受けて、「それは犯罪にはならない」と答えて、相談者が処罰された場合、取り返しのつかないことになる。また、「刑法ないし刑事法を学んで処罰されないように悪いことをしよう」などと考えてはならない。法知識を使って法網をくぐり不正をなそうと考える輩に法を学ぶ資格はない。

B 序論のむすびに

本書は「刑法総論」という書名ではあるものの、「刑事法全体を総て論じた本」ではない。読者諸賢におかれては、この本を登山口の道標として、刑法・刑事法の学びを着実に進めていっていただきたい[3]。

コラム 学生甲乙丙、刑法の学びについて語る

甲　本文を読んで、「刑法をおおいに学ぶべきだな」と思ったけれど、具体的にはどんな風に勉強したらいいのかな？

乙　まず教科書を読んで、つぎに授業に出て、わからないことは先生に質問して、という具合に、基礎的な学習をすべきでしょう。

甲　それで、弘文荘事件なんかに対応できるようになるのかな？

乙　だから、早く基礎的勉強を済ませ、司法試験に合格して、司法修習を終えて、実務経験を積むべきじゃないの。

丙　私は、大学に入る前、仕事についていたけれど、ただ実務について経験を積むだけだと、経験したことしかできないんだよね。もっというと、上司や先輩にいわれた通りにしかできない。それでは適切な対応ができないような気がする。それで大学に入ったんだよ。

乙　やはり、基礎知識だけでなく、基本原理とか、刑法の目的とか、きちんと理解して、自分で考えることが重要だということかな。

丙　刑法に限らず、法は私たちみんなの生活にかかわるものだから、専門家任せにしたりせず、主体的に考え、議論することが大事だと思うね。また議論しようよ。

注）

1) 例えば、大コメ（1）4〔大塚仁〕参照。なお、「刑事法」には、①どのような場合にどのような刑を科せるかについて定めた刑事実体法（代表的なものとして、刑法）、②実際に特定の者に刑を科す手続について定めた刑事手続法（代表的なものとして、刑事訴訟法）、③刑の執行について定めた行刑法（代表的なものとして、刑事収容施設及び被収容者等の処遇に関する法律）が含まれる。ちなみに、「刑を科す」（科刑）とは、刑の内容を決めて言い渡すこと（例えば、裁判官が法廷で「被告人を懲役3年に処する」と宣告すること）であり、「刑を執行する」とは、実際に刑の内容である利益剥奪を行うこと（例えば、3年間、刑事施設に収容して刑務作業をさせること）をいう。

2) 例えば、最決平成24・7・9裁判集刑事308-53の反対意見を参照。この判例につき、板倉宏監修・著、沼野輝彦＝設楽裕文編『現代の判例と刑法理論の展開』（八千代出版、2014）1以下〔早乙女宜宏〕を参照。

3) 与えられた紙幅の関係から、多くのことを述べられなかった。興味のある方には、設楽裕文編『法学刑法1総論』（信山社、2010）1-12の「序章—刑法を学びはじめる人たちへ」を見ていただきたい。

知識を確認しよう
・・・・・・・・・・・・・・・・・・・・・・・・・・・・・・

問題

(1) 刑法は何のためにあるのか、について論じなさい。

(2) 憲法が31条から40条まで刑事関係の規定を設けているのはなぜか。

解答への手がかり

(1) 国民の人権が不当に侵害されないようにするため、犯罪を防止し法益を保護するため、秩序を維持するため、といったことが考えられる。刑（刑罰）の目的と刑法の目的とを混同しないことも重要である。

(2) 刑が不合理に（例えば、恣意的に）用いられた場合、どのような人権侵害が生じるかを考えてみるとよい。

第1章 刑法の基礎

本章のポイント

1. 刑法はどんな法か、他の法分野と比べたときその特徴は何か、その基本的な性格はどのようなものか。

2. 刑法、刑法典という言葉はどのような意味で用いられるか、また法体系の中に刑法はいかなる位置を占め、他の制裁手段との関係をどう理解すべきか。

3. 刑法の役割は何か、現実にいかなる働きをしているのか。刑罰を用いて侵害行為から法益を保護するという積極的機能の側面と、不適切な刑罰干渉から自由・人権を保障するという消極的（しかし近代刑法の最も重要な）機能、これら両面に目を向ける必要がある。

1　刑法とは何か

A　刑法の意義

　刑法は、その名の通り刑罰に関する法である。刑罰は犯罪が成立する場合にのみ科せられる法的制裁であることから、刑法は犯罪と刑罰に関する法であるといわれる。

　刑法は、殺人や窃盗、放火などの犯罪となる行為の型（犯罪類型）を示し、何が罰せられる行為かを明らかにしている。いかなる場合に犯罪が成立するのかを定めた法といってもよい。同時に犯罪の成立が妨げられるのはどのような場合かについての規定—例えば正当防衛や緊急避難、責任無能力など—を加えて、処罰・不処罰の限界を示す働きをしている。また、個々の犯罪に対して科せられる刑という処罰内容と程度とを示している。

　こうして広く犯罪と刑罰に関する法という意味で「刑法」という言葉は用いられ、「軽犯罪法」、「暴力行為等処罰に関する法律」、「自動車の運転により人を死傷させる行為等の処罰に関する法律」等の刑罰法令や、「道路交通法」、「会社法」、「著作権法」等のさまざまな法令中におかれた罰則（法令中の義務違反に対して刑罰を科することにより義務の履行を確保しようとする規定）の全てを指すことになる。このような意味で用いられる場合を、実質的意義の刑法（広義の刑法）という。これに対し、「刑法第235条は……」というように用いるときは、刑法という題名をもつ固有の法令（「刑法」〔明治40年法律第45号〕）を指し、犯罪と刑罰に関する基本的体系的成文法という意味で刑法典ともよばれる。形式的意義の刑法（狭義の刑法）という。

B　刑法典の構成

　刑法典の目次をみると、「第1編　総則」と「第2編　罪」という2つの部分からなるのがわかる。前者の「総則」は、原則として全ての犯罪に共通して適用される一般的なルールを定めている。窃盗でも殺人でも放火でも、例えば未遂犯の基本的な要件、共犯の罪責、責任無能力の不処罰等に違いはなく、共通のルールが適用される。その意味で「総則」なのである。これに対し、後者の「罪」は、殺人や放火、通貨偽造、公務執行妨害等さ

まざまな類型を定めており、それぞれの犯罪特有の成立要件が定められている。例えば、殺人行為の対象は「人」であり、窃盗行為の対象は「他人の財物」で、その行為は「窃取」であることが定められている。種々の犯罪に共通の規定ではなく、犯罪ごとに異なる固有の要件が定められている。この意味で第2編の部分は「各則」ともよばれる。

C 法体系における刑法典の位置

　刑法総則の適用範囲は、刑法各則に定める犯罪にとどまらず、他の全ての刑罰規定に及んでいる。後述する、故意・過失、錯誤、未遂犯、共犯、罪数等々に関するルールは、殺人や窃盗など刑法典上の犯罪に適用されるばかりでなく、前述の実質的意義の刑法全般に広く適用される。この意味で、刑法典の総則は、全ての刑罰法令・罰則の総則の地位を有するものということができる。

　刑法が犯罪と刑罰の内容を定めた法（実体法）であるのに対し、刑事訴訟法は刑罰権を実現し処罰を行うためのプロセスを定めた法（手続法）である。さらに、刑の執行場面で受刑者の処遇（矯正）、執行後の処遇（保護）を規律する「刑事収容施設及び被収容者等の処遇に関する法律」、「更生保護法」等がある。刑事に関する法領域は、①刑法等の刑事実体法、②刑事訴訟法等の刑事手続法、③矯正保護法、の3つからなり、それらの中核に位置づけられるのが刑法ということができる。

D 刑法の性格

　人を強制的に刑務所に収容する懲役刑を考えればわかるように、刑罰は非常に強力な制裁であるから、例えば「他人の物を盗んではならない」という禁止を担保する手段としては極めて有効である。このことは、（荒唐無稽な想像であるが）窃盗を処罰することをやめ、道徳的非難だけにとどめたとき、「盗んではならない」という禁止がどの程度守られるかを考えてみれば容易に理解しうる。しかし、違反行為抑止のため効果的ではあっても、同時に刑罰は深刻な弊害を伴うものでもある。ひとたび懲役刑を科せられ刑務所に収容された者は、出所しても、しばしば「刑務所帰り」の烙印を押され、社会の中に身の置き所のない状況に追い込まれることがある。刑

罰は、制度の直接の意図とは異なり、犯罪をした者の社会生活を困難にし、社会復帰を妨げる要因を作り出すこともある。また、禁錮以上の刑に処せられたことにより公務員が職を失う資格制限（国公38条・76条、地公16条・28条4項参照。）など、刑罰には厳しい不利益が伴う。刑法が、しばしば強い副作用を伴う医薬品に例えられる所以である。

　そこで、刑罰以外では規制目的が達成できない場合に限って刑法を用いるべきという要請が働く。例えば、借金の返済や代金の支払いなどの契約違反は、人の財産を害するものであるが損害賠償等により救済を図れば足りる。また、免許・許可の取り消しなど行政上の措置により規制目的を達成しうる場合は刑罰を用いるまでもない。このような、刑罰でなければ十分な規制ができない場合に限って介入するという刑罰の最終手段性に由来する性格を、刑法の補充性という。こうして、不正な行為の全てを網羅的に捉えるのではなく、刑法が介入するのに相応しい行為のみを慎重に選び、処罰対象として相応しいものに絞って部分的に刑罰の対象とする性質を、刑法の断片性という。

　法体系全体を公法と私法とに分けるとき、刑法は公法に分類される。古い時代には、民事責任と刑事責任とが混然と未分化の状態にあり、加害行為をした者に対する損害賠償の請求と処罰が選択的に行われるものとされていたり、賠償を請求し処罰を行う主体も、被害者と公権力との間で揺れ動きはっきりしなかった。しかし、近代社会の成立とともに国家が刑罰権を独占し、公刑罰の制度が確立して行くと、民刑の分化、両者の役割の純化が徹底され、民法は私法、刑法は公法として性格づけられるようになる。今日では、民事責任と刑事責任とは異なる性質のものであり、その責任追及は異なる原理のもとに行われ、手続は民事訴訟と刑事訴訟という別のルールに則って行われるものとなっている。

2 刑法の役割

A 総説

　殺人や強盗、放火など個人や社会に重大な被害をもたらす逸脱行為が行われたとき、もし社会の側から何の対応もなされなかったとしたらどうか。私たちの生命や財産は剥き出しで危険にさらされ、安心して暮らすことも仕事に行くこともできなくなる。平穏な生活が脅かされ、やがて社会は衰退し崩壊するにちがいない（身体や財産など個人の利益のみを害する行為も含め犯罪が「反社会的行為」とよばれる所以である）。そこで、人類の社会が作り出した、こうした耐え難い逸脱行動に対し制度的な制裁で対応する仕組みが刑法（刑罰制度）である。

B 法益の保護
[1] 刑法による「保護」の意味

　生命や身体、自由、財産などの人の重要な利益が「刑法により保護されている」というとき、その保護という言葉はいかなる意味で用いられているのか。民法による保護は、例えば、貸したお金を返済してもらえないとき、最終的には民事裁判手続により権利を実現し救済を受けることができることを意味する。このように、返済を受けられるという利益が貸金債権として法的に保護されるということはわかりやすい。これに対し、窃盗犯人に懲役刑を科しても窃盗の被害が解消されるわけではない以上、「刑法による保護」は、害された利益そのものの回復とは異なる意味で用いられているのである。

　刑法・刑罰制度は、社会集団の中で、被害者の利益を害する行為（犯罪）が行われたとき、加害者の利益を害する制裁（刑罰）が発動されることを予告し、威嚇することによって、人々に、犯罪に出ることを思い止まらせようとする仕組みとして生み出されたものと考えられる。もとよりこの犯罪抑止を実効あるものとするためには、加えて犯罪により社会の中に生じた動揺を鎮静させるためにも、そのような威嚇が単なるポーズではなく、実際に行われるものであることを示す必要がある。制裁は現実に実行されな

ければならない。こうした犯罪統制の仕組みは、やがて強力な公的制裁としての刑罰制度へと発展を遂げ、近代刑法に結実したものと想像しうる。図式的にいうと、人々が刑罰という苦痛を避けようと考え、自己の欲求を満たす犯行を断念するよう仕向けることによって、犯行がなされたならば害されたであろう利益が保護される、と説明づけることができる。つまり、例えば、刑法による生命の保護とは、殺人という行動選択を、死刑を含む制裁の威嚇により断念させることによって、将来に向かって人の生命一般を保護しようとしているものということができる。刑法による人々の利益の「保護」とは、このような意味で用いられていると考えられる。

[2] 法益とその他の利益

人々が享受する利益にはさまざまなものがある。例えば、仲間内で賭博をし、勝った者が負けた者から掛金をもらえるというのも利益の一種である。売春をした者が相手方となった者から約束通り金銭を受け取る、あるいは禁制品の密輸を実行した者が依頼主から謝礼をもらうことを期待する立場にある、などといったこともある種の利益といえるであろう。しかし、これらを払ってもらえないとき、裁判所に救済を求めることはありえない。賭博や売春、密輸は社会的に好ましくないものとして国家が否認する行為だから、そのような違法行為に国家が手を貸すことは矛盾だからである。これらの事実上の利益は、当然ながら法が保護しない利益ということになる。これらを除いた、法によって保護すべき利益を法益という。刑法が保護するのは、実定法上の権利を含めた広い意味の法益である。

[3] 法益の保護と秩序の維持

刑法の主たる任務が、生命や身体、自由、名誉、財産などの法益を護ることにあることは疑いない。これを刑法の法益保護機能という。刑法は、刑罰制裁を後ろ盾に、法益侵害行為を禁止することによって、法益を保護する役割を果たしている。しかし見方を変えれば、刑法が対象とする犯罪現象は社会秩序を乱す行為である。犯罪が横行する事態は、社会不安をもたらし、やがては社会秩序の維持を困難にし、ついには社会崩壊の危機を招きかねない。そこで、刑罰という強力な手段を用いて犯罪統制を行う刑

法は、人々の目に、まず秩序維持の機能を発揮する制度として現れることになる。もっとも、刑法は、刑罰の作用によって秩序を維持することを通じて、最終的には個人や社会、国家の重要な利益を保護する役割を果たしている。こう考えると、刑法は、秩序の維持自体を最終的な目的とするのではなく、秩序の維持を通じて法益の保護を図ることを目的とする制度ともいえることになる。

　犯罪による法益侵害の事態が頻発すると、治安が動揺し秩序が破壊され、社会の存立自体が危うくなる。そのような意味で、刑法も、社会の存立自体を危うくしかねない事態から、社会統合を維持・確保するという法の究極の目的のために働く法の一分野にほかならないともいえる。

┃┃コラム┃┃┃ 刑罰制度、「犯罪者」というレッテル貼り

　刑罰を科せられることにより人が周囲から「犯罪者」という烙印（スティグマ stigma）を押され、社会復帰の困難化など社会的に大きなダメージを被ることをラベリングとよびます（星野周弘ほか編『犯罪非行辞典』〔大成出版社、1995〕143頁）。このようなラベリング作用は、犯罪捜査の対象とされた時点から生じ、逮捕、起訴、判決と進むにつれ大きくなり、刑務所収容に至り最も大きくなります。もし懲役刑などが自由剥奪という苦痛を与えるだけで終わってしまうならば、刑務所に入る前より出た後の方が、「刑務所帰り」のレッテルを貼られ、社会復帰の大きな阻害要因を負うことになります。せっかく自由になっても社会内に身の置き所のない状況に放り出され、再犯に追い込まれる危険が大きくなるでしょう。犯罪統制を目的とするはずの刑罰制度の運用が、却って罪を犯した人の社会復帰を妨げ再犯の助長という有害な影響をもつことも否定できないのです。大量観察的に見れば刑罰制度は犯罪者を再生産する制度としかいえないものに堕す（犯罪被害者を増産することになってしまう）という耐え難い事態をもたらします。そこで、処遇段階で受刑者の抱えた問題を把握し、そこに焦点を合わせた改善更生の働きかけを進め、社会復帰に導く（これこそが再犯を減少させることにつながる）ことが必要とされ、矯正当局による日々の努力が行われているのです。

14 ■ 第1章 ■ 刑法の基礎

知識を確認しよう

・・・・・・・・・・・・・・・・・・・・・・・・・・・・・・

問題

(1) 戦国時代のある武将は、どんなに軽微な盗みでも斬首等の厳刑に処する政策「一銭斬り」を自分の城下に断行したといわれる。その結果、その街では窃盗事件は絶無となり、住民や通過する旅人は路上に荷物を投げ出して休息しても安心できたほど完璧に治安が守られたといわれている。このような犯罪統制のやり方を論評せよ。

解答への手がかり

(1) 刑罰の副作用とは何を意味するか、刑法の最終手段性、補充性、断片性の意義等について深く考えてみよう。

第 2 章 刑法の基本原則

本章のポイント

1. 刑法は、法益保護の手段として害悪を内容とする刑罰を用いる。しかしこの刑罰は、単に事実上の害悪（利益剥奪）に過ぎないものではない。犯罪をしたことに対する非難という意味づけを伴った害悪であることが重要である。また、生命や自由、財産の剥奪という深刻な制裁であるため、適正妥当な行使のための制度的保障が強く要請される点も特徴である。

2. まず、刑罰を手段に犯罪を抑止するという刑法固有の制度的仕組みから直接導かれるのが責任主義であることを理解すべきである。それが具体的な犯罪の成否、刑法の解釈にどうかかわるかも重要である。

3. そして、最も重要な保障原則として罪刑法定主義がある。近代刑法を支配する原則といってもよい。そこで、その意義と、多様な派生原則はどのようなものかを理解しなければならない。

1 総説

　刑法の積極的役割が法益の保護にあることは前章でみたとおりである。刑罰の強力な作用により、生命・身体・自由・名誉・財産といった人々の生活利益を保護する現実の制度として働くものである。したがって、まず、法的に保護すべき具体的利益が存在しないときは刑罰が発動されることがないという法益保護主義は、いわば当然に刑法の目的からくる、制度に内在する原理であるといえる。こうした具体的な利益の保護（利益の保護が的確に行われている状態としての秩序の維持と言い換えてもよい）を超えて、抽象的な社会倫理秩序自体の保護を強調する見解も有力ではあるが、国家が国民に対して刑罰を用いて特定の道徳・倫理に従うことを強制することには疑問がある。

　法益保護の手段として用いられる刑罰は、法益の剥奪（害悪）を内容とする。刑罰を科することを予告して殺人や窃盗などを禁止し、抑止するためには、当然にその刑罰の内容が苦痛を与えるものでなければならない。人は苦痛を回避しようと考えて犯行を断念するからである。

　しかし刑罰は、単に事実上の害悪（苦痛をもたらすもの）に過ぎないものではなく、犯罪をしたことに対する非難という意味づけを伴った害悪でなければならない。例えば、「感染症の予防及び感染症の患者に対する医療に関する法律」による強制入院の措置（同法19条3項）は、対象者に対する非難とは無関係に（感染したことについて落度があろうとなかろうと）その自由を奪うものであるが、危険な感染症のまん延防止という高度の社会的要請から、り患の疑いのある者にそのような負担を課することが正当化される。これに対し、刑罰はどうか。刑罰は、罪を犯すべきではなかったのに罪を犯した、という理由で行為者を非難する点で、刑罰という名の害悪を科することがはじめて正当化されるのである。そうでなければ、刑罰を科せられる者も、社会一般の人々も、このように国家が意図的に個人に害を加える制度を了解し納得しないであろう。「人に意味もなく苦痛を加えるのは、文字通り意味のないこと、さらにいえば、単に意味がないだけでなく全く不当なこと」（山口厚『刑法入門』18-19頁（岩波書店、2008））だからである。「刑罰

を科するためには行為者を非難できる場合でなければならない」とする責任主義は、このような刑罰制度の基盤となるものである。

すでに述べたように、刑罰を加えることを予告して殺人や窃盗などを禁ずる以上、その内容は人が避けようと考えるような害悪、犯行の断念を導くような苦痛を与えるものでなければならない。そのため、刑罰は罰金や懲役、死刑などの峻厳な制裁にならざるをえない。そこで、こうした刑罰が誤って用いられたり、苛酷に過ぎあるいは恣意に流れるなど耐え難い事態を招いてはならないという強い要請が同時に働くことになる。犯罪の成立・不成立という判断を誤りなく、恣意に流れないよう慎重に行うための保障原則が必要となるのは、犯罪成否の判断がこのような刑罰発動の可否に直結する以上当然のことである。

こうして、近代刑法は、刑罰固有の性格から導かれる保障原則の最も重要なものとして、「犯罪と刑罰を予め法律で定めておかなければ処罰を行うことは許されない」とする罪刑法定主義を、刑法を支配する基本原則としているのである。

2 責任主義

A 責任主義とは何か

近代刑法を特徴づける責任追及のあり方であって、「何人も自己の非難に値する行為によらなければ刑罰を科せられることはない」とする考え方である。近代以前の、結果責任主義的追及のあり方の否定および団体責任主義的追及のあり方の否定という意義を有する。

ある者の行為から死傷結果などが生じたとしても、平均的な能力を有する一般人にその結果惹起が避けられなかった場合には行為者を非難することができない。非難できるのは、やめようと思えばできたのにやめなかった、避けようと思えばできたのに避けなかったときに限られる。やめようとしても不可能であった場合（不可抗力のとき）に「なぜ、そんなことをしたのか」と非難しても、された側には了解不能である。非難可能性が刑法に

おける責任を基礎づけるのは、刑罰による犯罪統制が役割を果たすためにも不可欠の条件になる。処罰される可能性が、犯行断念を動機づけることに意味があるからである。こうして、結果が発生したということのみを理由に刑罰を科すことは、それがどんなに重大な結果であっても許されない（結果責任主義の否定）。同様に、他人の惹き起こした侵害結果も、自分の意思決定とは無関係に自分以外の者により惹起されたことであるから、自分が回避することができなかった点では同じである。したがって、ある集団に属する者に対して、同じ集団に属する他の者が犯罪行為をしたとき、同じ集団に属していたという理由のみで刑罰を科すこと（家族等に適用された縁座や連座の制度）は許されない（団体責任主義の否定）。

B 責任主義と現行刑法

[1] 故意・過失

　責任主義は、今日、刑法を支配する原則としてほぼ徹底されているといってよい。故意がある場合か、少なくとも過失がある場合でなければ処罰されることはない。刑法38条1項は、故意行為のみを処罰することを原則とし、例外的に故意のない行為の処罰を認めているが、この例外は過失のある場合を指すと解されている。故意のない行為としては、過失と無過失が考えられるが、そのうち無過失の場合は責任主義から処罰が否定されるからである。つまり、無過失は、「侵害結果の発生を避けられなかった場合」であるから、これを非難できず、罰することが有害であり（行為者が不当な処罰にさらされ、人々に不合理な処罰と映り刑罰制度に対する信頼を動揺させる）、また無意味（結果発生を防ぐという観点からみれば何ら効果をもたない刑罰行使となる）だからである。

[2] 結果的加重犯

　ある犯罪行為（基本犯とよぶ）から意図しなかった重大な結果が生じた場合、その基本犯よりも加重した刑で罰する犯罪類型を結果的加重犯という。例えば、かっとなって刃物で人に切りつけたところ、血管を損傷した被害者が失血死してしまった場合、基本犯である傷害罪（204条）の結果的加重犯として傷害致死罪（205条）が成立することになる。問題は、基本犯を実

行する際に重い結果が生じることをまったく予見できなかったときも結果的加重犯の成立を認めてよいかである。判例は、従来から一貫して加重結果の発生についての予見を不要と解している（最判昭和 26・9・20 刑集 5-10-1937、最判昭和 32・2・26 刑集 11-2-906 など）。基本犯が非難しうる故意犯であるから、それと因果関係を有する重い結果発生を理由に加重処罰を行っても責任主義に反するとはいえないとするのである。

　しかし、前述のとおり、無過失による結果惹起は非難の余地がなく処罰することは許されない。そうすると、故意犯である基本犯をはみ出した重い結果発生を根拠に加重処罰する以上は、惹起された重い結果の部分について非難できることが必要であろう。こう考えると、確かに責任主義の徹底の点からは、判例の態度に疑問がなくはない。ほとんどの学説も重い結果発生について過失を要するとし、結果的加重犯を故意犯と過失犯との結合した犯罪と解しているのである。しかし、傷害致死罪は、傷害罪と過失致死罪の法定刑を合算したものよりもはるかに重い刑を法定している。そこで、結果的加重犯は、基本行為が（過失致死などと異なり）はじめから禁止される違法な犯罪行為であって、とくにより大きい法益侵害の危険を含むものであるから、基本犯実行の際にその危険性がまったく予見不能であった（重い結果発生を避けられる可能性がなかった）場合を除いては加重処罰を免れないものと解するべきであろう。そのような意味で重い結果発生の予見は必要と考えるべきである。こう解することにより責任主義との調和が図られるものと思われる。

[3] 法人処罰

　法人は、わが国では犯罪主体とはなりえないと考えられており、刑法典上の罪の主体には含まれず、他の法令中に事業主としての法人を罰する特別な規定がある場合にのみ刑罰の対象とされている。すなわち、自然人実行行為者の犯罪行為がその属する法人事業主の業務に関して行われた場合に法人事業主を処罰する両罰規定によるときがそれである。例えば、「法人の代表者又は法人若しくは人の代理人、使用人その他の従業者が、その法人又は人の業務に関し、次の各号に掲げる規定の違反行為をしたときは、行為者を罰するほか、その法人に対して当該各号に定める罰金刑を、その

人に対して各本条の罰金刑を科する」との規定により法人に3億円以下の罰金を科する場合である（廃棄物32条）。そして、判例は、当初こうした事業主が自然人である場合に無過失の責任が転嫁されるものとしていたが、後に実行行為者の選任・監督等についての過失を推定する規定と解するように変更され（最大判昭和32・11・27刑集11-12-3113）、さらにこれが法人事業主の場合にも及ぶことが確認されるに至った（最判昭和40・3・26刑集19-2-83）。判例は、両罰規定による処罰についても、過失推定説に立つことにより責任主義の要求に応える配慮をとるものとなったのである。

3 罪刑法定主義

A 罪刑法定主義とは何か

　人を処罰するためには、何が犯罪となるか、どのような刑罰が科せられるかを、あらかじめ明文の法で定めておかなければならない。この原則を、罪刑法定主義という。刑罰権の行使が恣意にながれ、あるいは不意打ちのように予測のつかない不当な処罰がなされると、自由や人権が脅かされる。人々は予想できない処罰を怖れて萎縮し自由な活動ができなくなる。そのような社会は、経済活動をはじめあらゆる分野で自由が妨げられ、発展が停滞し、やがて活気を失い衰退しかねない。そこで、「法律がなければ犯罪はなく、法律がなければ刑罰はない」ともいわれる罪刑法定主義が、刑罰権の不適切な行使から自由と人権を護る近代刑法の最も重要な保障原則として、世界の多くの国々のとるところとなっているのである。

　このような罪刑法定主義の根底にあるのは、まず、不意打ちのような不当な処罰にさらされることから人権を保護し、さらに、予測できない処罰による萎縮効果が行動の自由を妨げることのないようにしようとする自由主義の理念である。この自由主義に基づき、「遡及処罰の禁止」、「類推解釈の禁止」、「絶対的不確定刑の禁止」などが原則となる。次に、何を犯罪とし、どのような刑罰を科するかについては主権者である国民の意思に基づいて決められなければならないとする理念である。すなわち、国民自身が

選んだ議員により組織される国会のみが制定することができる法律によらなければ犯罪と刑罰を定めることができないとする民主主義の理念に根差す考え方が、こうした法律主義の基礎となる。これには、「慣習刑法の禁止」、「命令・条例による処罰の制限」などがある。さらに、以上の自由主義と法律主義からの要求だけでなく、刑罰法規の適正原理も罪刑法定主義の内容をなすものと解される。「明確性の原則」、「罰則自体の内容の適正」、「罪刑の均衡」などである。なお、以上の多様な派生原則には、自由主義、法律主義、あるいは刑罰法規の適正原理のいずれか1つの要求に還元できない、それら複数にまたがる性格のもの（例えば類推解釈禁止、明確性の原則等）も多く含まれている。

B　罪刑法定主義と憲法

　日本国憲法は、「何人も法律の定める手続によらなければ、その生命若しくは自由を奪はれ、又はその他の刑罰を科せられない」（憲31条）と規定している。「法律の定める手続」の意義については、刑事手続が刑事訴訟法等の法律で定められている必要があるだけでなく、その手続に用いられる実体法（犯罪と刑罰の実体を定めたルール）も法律で定めることを要するとした趣旨と解され、加えて、アメリカ合衆国憲法にいう「法の適正な手続（due process of law）」に由来する条項であることから、法律によらなければならないだけでなく、それが適正であることをも要求していると解されている。また、「何人も、実行の時に適法であった行為……については、刑事上の責任を問はれない」（憲39条）と規定し、これらにより罪刑法定主義を宣言したものと考えられている。さらに、「政令には、特にその法律の委任がある場合を除いては、罰則を設けることができない」（憲73条6ただし書）として、行政府の命令に罰則を設けるには特定委任が必要であることを定めて、罪刑法定主義の徹底を図っている（旧憲法下では、「命令ノ条項違犯ニ関スル罰則ノ件」（明治23年法律84号）において、「命令ノ条項ニ違犯スル者ハ各其ノ命令ニ規定スル所ニ従ヒ200円以内ノ罰金若ハ1年以下ノ禁錮ニ処ス」と規定し、こうした包括的委任により警察犯処罰令など多くの罰則が行政府の命令で定められていた）。

　現行刑法には、罪刑法定主義を直接うたった規定はない。旧刑法（明治13年公布）が、「法律ニ正条ナキ者ハ何等ノ所為ト雖モ之ヲ罰スルコトヲ得

ス」と規定し、その後に旧憲法（明治22年公布）が、「日本臣民ハ法律ニ依ルニ非スシテ逮捕監禁審問処罰ヲ受クルコトナシ」と規定しており、現行刑法（明治40年公布）を制定する際、すでに憲法（旧憲法）に規定があるため、重ねて規定しないこととしたものである。

C 罪刑法定主義の内容をなす諸原則

[1] 遡及処罰の禁止

　犯罪とされていなかった行為について、それが行われた後から罰則を作り、遡って適用し処罰することは許されない。この遡及処罰の禁止とは、事後法（行為後に作られた法）による処罰の禁止を意味する。刑罰法規不遡及の原則ともいう。行為時に処罰規定が存在せず、「罰せられるからやめておこう」と考えて犯行を断念するための行動基準が与えられなかったにもかかわらず処罰が行われると、罰せられる危険が予測できないことから萎縮効果が生じ、自由な活動が妨げられる事態を生む。すでに述べたように、憲法39条が明文で規定するところであるが、「実行の時に適法であった行為」の処罰が禁じられるだけでなく、不可罰であっても民事上の不法行為にあたる（過失器物損壊のように「適法」とはいえない）行為も、事後法によって処罰することは許されないと解されている。さらに、行為後に刑を重く変更して適用・処罰すること（加重された刑の遡及）も事後法禁止の内容として許されない（刑法6条は明文で事後法による加重処罰を許さない旨の定めを置いている）。いずれも処罰の危険についての予測可能性を害し、国民の自由を妨げるからである。自由主義の要求に基づく原則である。

　また、それまで不可罰とする判例による法解釈が確立していたところ、行為後に可罰的とするよう判例を変更し処罰することが、遡及処罰として禁止されるかが問題となる。刑法上、判例は法源たりえないことからは、遡及処罰にあたらないというほかないであろう。行為後に、被告人にとって不利益に変更された判例を遡及して適用しても憲法39条に違反しないとするのが判例である（最判平成8・11・18刑集50-10-745）。なお、判例が有力な行動基準として働くことからは、このような不利益変更後の判例の遡及適用について、相当の理由による違法性の意識の欠如による責任阻却という考慮をなしうる可能性がある。

[2] 類推解釈の禁止

　行為時に存在しなかった罰則を行為後に作って適用するのが事後法による処罰であった。これに対して、行為時に存在する罰則が適用できないのに、その罰則の趣旨から類推を行うことにより適用・処罰を行う手法を類推解釈という。類推解釈による処罰が禁じられるのは、本来その行為に適用できる罰則が存在しないのに、解釈によって新たな法を創造して処罰を行うことが、遡及処罰と同様に人々の予測可能性を害するからである（その点で類推解釈による処罰の禁止は自由主義に基づく側面をもつ原則といえる）。例えば、刑法134条は「医師、薬剤師、医薬品販売業者、助産師、弁護士、弁護人、公証人又はこれらの職にあった者が、正当な理由がないのに、その業務上取り扱ったことについて知り得た人の秘密を漏らしたとき」処罰することを規定するが、「看護師」について、そこに列挙されていないので適用できないことは認めつつ、その職業の性質、患者の秘密と接する頻度等から秘密漏示の処罰の必要性を理由に類推を行い、本条を適用して処罰を行うような解釈手法は許されない。「看護師」が、同条に制限列挙されている主体のいずれにも含まれないのは明白であるのに処罰を肯定する点が特徴である（なお、看護師等医療従事者の秘密漏示については特別法に処罰規定が設けられている）。

　これに対して、通常の解釈からは処罰範囲に含まれないようにもみえる行為を、罰則の画する範囲を拡げる解釈を行い、処罰対象に取り込む解釈を拡張解釈という。例えば、人を自動車に乗せて下車の要求を拒み疾走し続ける行為を逮捕監禁罪にいう「監禁」に含める解釈（判例は、バイクの荷台に乗せて疾走し続けた行為に監禁を認めている。最決昭和38・4・18刑集17-3-248）は、文言の指し示す意味を、行動の自由の保護の観点から拡張し、必ずしも障壁の中に閉じ込めることを要しないと解し当該行為を処罰範囲に取り込んでいる。拡張解釈を行う例として許容されよう。また、物の効用の保護の観点から食器等に放尿して心理的に使用不能にする行為を器物「損壊」に含める判例の解釈（大判明治42・4・16刑録15-452）もあるが、こうした解釈は許容される拡張の限界に位置するように思われる。類推と拡張との区別は、論理的には明白でも、実際に見極めるのが困難な場合もある。

[3] 絶対的不確定刑の禁止

何が犯罪なのかについてと同様に、どのような刑罰が科せられるかも事前に規定されていなければならない。いかなる刑罰を科せられるかがまったく予測できないと、犯罪にあたるか否かが予測できない場合に近い萎縮効果が生じるからである。刑種の定めを欠き、どのような刑が科せられるかがまったく示されていないものを絶対的不確定刑というが、自由主義にも法律主義にも反し、また罰則としての適正さも欠き罪刑法定主義に違反するものである。懲役や禁錮、罰金という刑種の定めはあるが、その刑期あるいは罰金額の定めをまったく欠く絶対的不定期刑も同様である。わが国の刑法は、具体的妥当な量刑の必要性などの見地から法定刑の幅が極めて広いが、その上限と下限（長期と短期、多額と寡額）とを合理的な範囲に設定しており、罪刑法定主義に抵触するものではないと考えられる。

[4] 法律主義

すでに述べたとおり、刑罰は財産や自由、生命という最も重要な人の利益を奪うものであるから、どのような行為を刑罰の対象とするか、すなわち犯罪とするかは法律によらなければ定めることができない。この法律主義は、罪刑の定めを国会の直接のコントロール下におくという民主主義的要求に基づくものである。そこで、狭義の法律以外の成文の規範に罰則をおくことと、この法律主義の原理との関係が問題となる。

まず、行政府の命令（政令・府令・省令等）には、上の民主主義の要請からは基本的に罰則を定めることができないはずである。しかし、罰則を担保に行政による細やかで効果的な規制を行うことには必要性・合理性があり、形式的に命令には刑罰を科する規定を一切おくことができないとするのは現実的でない。そこで、政令その他の命令には、法律による委任を条件に罰則を設けることができることとなっている。命令におかれた罰則が法律による具体的委任を前提・根拠としていることから、なお法律による罪刑の法定といえることを理由とする。しかし、憲法の要求する法律の特定委任（憲73条6ただし書。包括的委任を許容していた旧憲法の規定については前述「B 罪刑法定主義と憲法」を参照）を欠く場合や、委任の範囲を超える場合、違憲・無効となることはいうまでもない（このような理由で罰則を定めた命令の効力を

否定した判例として、最大判昭和 27・12・24 刑集 6-11-1346 がある）。

なお、法律で規定する罰則が、将来発せられるであろう命令に違反する行為を対象としており、命令違反の内容（処罰の実体）がブランクのままになっている処罰規定を白地刑罰法規という。実質的に何が犯罪となるかが法律より下位の行政府の判断に委ねられるわけであるから、どのような場合に発せられるとどのような事項に関わる命令違反についての罰則であるかという大枠は了解可能なものとなっていなければ、罪刑法定主義に抵触することになる（刑法典の定める唯一の白地刑罰法規が、刑法 94 条の中立命令違反罪である）。

地方公共団体の条例には、一定程度の刑罰を限度として罰則をおくことが認められている（自治 14 条③）が、憲法上、法律以外の法令への包括的委任は許されないことから、このような条例の罰則は違憲ではないかという疑いが生じる。しかし条例は、公選の議員で組織される地方議会が制定する自治立法であり、行政府の命令とは性格を異にし、むしろ法律に近い性格を持つものである。法律に反しない限度で条例に罰則を定めても憲法に違反するとはいえないとするのが判例である（最大判昭和 37・5・30 刑集 16-5-577）。

ある行為が、社会集団内部の確立した慣習に照らし重大で耐え難い反社会的な逸脱行為にあたる場合でも、そうした慣習を根拠に行為者に刑罰を科することは許されない。この慣習刑法の禁止は、不安定、不明確な処罰の基準が自由主義に適合せず、ローカルなルールによる処罰が法律主義にも反するからである。また、判例法による処罰の禁止も、判例が刑法の法源たりえないことから当然の原則である。判例は、裁判所が示した判断の集積により犯罪類型の具体的内容を明らかにするという意味で重要であるが、こうした機能も成文法の範囲内で営まれなければならない。法律主義からの当然の要求である。

[5] 刑罰法規の適正

罰則は、自由主義的要求、民主主義的要求の点からだけでなく、それ自体内容を含め適正なものでなければならない。犯罪と刑罰が事前に法定されていさえすれば、その罰則の内容がどのようなものであってもよいわけ

ではない。アメリカ合衆国憲法の適正手続条項には、手続だけでなく実体も適正でなければならないという「実体的デュープロセス（substantive due process of law）」の要求も含まれているとされているが、同条項を継承したわが憲法 31 条の規定も、刑罰法規の実体・内容の適正であることを要求している。

　まず、罪刑が適正といえるためには、処罰の実質的な必要性と根拠が十分でなければならない。処罰する必要性がほとんどない（保護すべき法益の侵害が極めて小さい）無害な行為の処罰にあたる場合は罪刑法定主義違反となる可能性がある。判例は、業として行う医業類似行為を禁じる法令の罰則を、健康に害を及ぼす虞あるものに限るべきだとし、無害な行為の処罰は、根拠なく人権を侵害し違憲の疑いがあるとする判断を示している（最大判昭和 35・1・27 刑集 14-1-33）。また犯罪と刑罰とは著しくアンバランスなものであってはならない（罪刑均衡の原則）。犯罪に対して著しく不相当に重い刑、例えば名誉毀損行為に対して無期懲役というような刑を規定することは、罪刑の適正な法定の要請に反し違憲無効となる可能性がある。猿払事件大法廷判決は、傍論としてではあるが、許容しがたいほど罪刑の均衡を失するなど著しく不合理な罰則は違憲無効と解すべきことを述べている（最大判昭和 49・11・6 刑集 28-9-393）。

　これに対して、罰則の規定の仕方・あり方が抽象的に過ぎて不明確なものであるときは、何が処罰される行為なのかを知ることが困難となる。事前に法律で規定されていても、その指し示す内容を知り行動基準とすることが難しいため、不適切な刑罰権の行使をもたらしたり、予測可能性を害し萎縮効果を招くおそれを生じる。そこで、この明確性を欠く罰則は、自由主義的観点から罪刑法定主義に違反し、また法律主義の点からも許されない。明確性の原則は罪刑法定主義の基本的な内容をなすものといえる。判例は、徳島市公安条例違反事件において、罰則の規定があいまいで不明確なときは違憲無効となるが、それは通常の判断能力を有する者に対して禁止される行為か否かを識別するための基準を示すところがないため、恣意的処罰をまねく弊害を生じるからである旨の判断を示している（最大判昭和 50・9・10 刑集 29-8-489）。また、福岡県青少年保護育成条例違反事件においては、同条例が、「何人も、青少年に対し、淫行又はわいせつの行為をし

てはならない」との規定に違反した者を、2年以下の懲役又は10万円以下の罰金で罰することとしていたところ、この規定の合憲性が争われた。最高裁は、「淫行」の意義について、「広く青少年に対する性行為一般をいうものと解すべきではなく、青少年を誘惑し、威迫し、欺罔し又は困惑させる等その心身の未成熟に乗じた不当な手段により行う性交又は性交類似行為のほか、青少年を単に自己の性的欲望を満足させるための対象として扱つているとしか認められないような性交又は性交類似行為をいうものと解するのが相当」とする詳細な限定解釈を加えた上、それが通常の判断能力を有する一般人の理解にも適うものであり、そう解すれば、処罰の範囲が不当に広すぎることも不明確であることもないから憲法に違反するものとはいえない、とした（最大判昭和60・10・23刑集39-6-413）。

しかし、この判決に付された反対意見が、「（多数意見のような）限定解釈は、一般人の理解として『淫行』という文言から読みとれるかどうか極めて疑問であり、もはや解釈の限界を超えたものであり、違憲とすべきである」というように、果たして「淫行」という文言自体から、一般人が刑罰により禁じられる行為の輪郭を受け止め、行動基準となしうるかには疑問がある。罰則が不明確ゆえに罪刑法定主義違反となるか否かの基準については、「明確性の有無は、罰則自体について、一般的・抽象的に判断されなければならない。……また、罰則を限定解釈して得られる犯罪構成要件が明確であればよいというのでもない。……なぜなら、明確な処罰範囲を示すことのない、あいまいな罰則の存在自体が不当な萎縮効果を持ち、国民の自由を侵害するからである」（山口18）と考えるべきであろう。

なお、罰則が明確性を欠くため処罰対象が著しく広大な範囲に及び、あるいは処罰範囲が明確であっても不当に広くなる場合、過度に広範な処罰をもたらす罰則として罪刑法定主義に違反するというべきである。一般の国民が、広すぎる処罰の可能性に直面することから、不当に大きな萎縮効果がもたらされるからである（前述の福岡県青少年保護育成条例違反事件においても、過度に広範な処罰にあたることが争われた）。

コラム 罪刑法定主義以前のわが国の状況

　長い江戸時代が終焉し明治維新が成立しても、わが国の刑事法制においては、しばらくのあいだ依然として律令制度に基礎をおいた法令が用いられていました。新律綱領（明治3年）には、「断罪無正条」と題し、類推解釈（「援引比附」とよばれました）を認める規定がおかれ、また、「凡律令ニ正条ナシト雖条理ニ於テ為スヲ得応カラサルノ事ヲ為ス者ハ笞三十、事理重キ者ハ杖七十」として、処罰を定める規定自体が存在しなくとも刑罰を科することを認める「不応為」と題する規定もおかれていました。

　一方、「依らしむべし知らしむべからず」が刑罰制度に携る官吏の心構えとされ、「人民は、法に従わせておくべきものであって、法の内容や意義を知らせる必要はない。むしろお上を侮らせないためには知らせない方がよい」との考えで法が行われたともいわれています（この標語の本来の意味は、人民を従わせることはできても、法を理解させることは困難である、ということであるともいわれていますが）。

　その後、本文で述べたように（「B　罪刑法定主義と憲法」参照）、明治13年に初めてのヨーロッパ型の近代的刑法典として制定された旧刑法は、上のような考え方を正面から否定する明文を定め、罪刑法定主義を、わが国の刑法の拠って立つ原則とすることを明らかにしました。

3 罪刑法定主義 29

知識を確認しよう

問題

(1) 結果的加重犯に関する判例の態度は正当か。
(2) 刑罰法規の明確性が要求されるのはなぜかについて、具体的な判例を
あげて検討せよ。

解答への手がかり

(1) 結果的加重犯は、重い結果発生について故意のないことを前提として
いる。しかし、基本行為（基本犯）が故意犯でも、その故意の及ぶ範囲
をはみ出した重い結果発生について因果関係のみで加重処罰を行うこ
とに問題はないのか。結果的加重犯を責任主義と調和的に捉えるため
にはどのような解釈をとればよいのか、という角度から考える必要が
ある。

(2) 例えば、最大判昭和 60・10・23 刑集 39-6-413、最大判昭和 50・9・10
刑集 29-8-489 などをあげて、罪刑法定主義に関する判例の論理を検
討し、罰則に明確性が必要となる理由を考える必要がある。

第3章 犯罪論概説

本章のポイント

1. 刑法は罪を犯した者に刑を科すための法の1つである。罪を犯した者に刑を科すためには、「その者がしたことは罪になるのか」という問いに答えなければならない。この問いに答えるための理論が犯罪論である。

2. 罪を犯した者に適正かつ合理的に刑を科すことが刑法の目的であるから、犯罪論は、判断者の直観的・恣意的判断を排除して法的安定性を確保し、罪刑法定主義の要請に応えるものでなければならない。

3. 刑法典が第2編（罪）に「罪となる行為」の型（構成要件）を掲げ、第1編（総則）、第7章に、違法性阻却事由・責任阻却事由に関する規定を置いていることから、犯罪は構成要件に該当する違法で有責な行為である、といえる。構成要件該当性、違法性、有責性の順に犯罪の成否を検討・判断する理論を三分説とよぶ。

32 ■ 第3章 ■ 犯罪論概説

1 刑法と犯罪論

　刑法は、罪を犯した者に刑を（適正かつ合理的に）科すための法の1つである。罪を犯した者に刑を科すためには、「どのような罪を犯したといえるのか」をまず検討しなければならない。この問題を分析すると、①その者が「したこと」は罪になるのか、②罪になるとして、それをしたのは本当にこの者なのか、という問いに分かれる。②の問いは、「被告人が犯人であると認定できるか」に関わるものであり、主として刑事訴訟法の領域で問題になる。①の問いに答えるための理論が、刑法の領域の犯罪論である。

2 適正かつ合理的な処罰と犯罪論

　犯罪論は、「どのようなことをすると、どのような罪を犯したということになるのか」、換言するなら、「犯罪が成立するのはどのようなことをした場合か」、という問いに答えるための理論である。罪を犯した者に適正かつ合理的に刑を科すことが刑法の目的であると解されるから、犯罪論は、判断者の直観的・恣意的判断を排除して法的安定性を確保し、罪刑法定主義の要請に応えるものでなければならない（第2章、3、参照）。

3 三分説の犯罪論体系

　刑法典をみると、第2編（罪）には、「ある行為をした者は、これこれの刑に処する」という形式で、各罰条に、個々の罪となる行為が掲げられている。これは、「罪となる行為」のいわば「型録」であり、犯罪の成否を検討する際には、第1に、具体的行為が「罪となる行為」の型（これを構成要件とよぶ。第4章、1、A　犯罪の成立要件と構成要件該当性、参照）のどれかにあては

まるかを検討しなければならない（なお、このような型録が特別刑法にもあることを忘れてはならない。刑法典に罪となる行為として掲げられていなくても、特別刑法に掲げられていることはある）。第2に、具体的行為が、ある「罪となる行為」の型にあてはまったとしても、刑法典第1編（総則）、第7章の「犯罪の不成立」に関する規定（「……の行為は罰しない」という形式の規定）―具体的には、35条・36条1項・37条1項本文（違法性阻却事由に関する規定）、38条1項本文・39条1項・41条（責任阻却事由に関する規定）が適用されるときには、当該犯罪は成立しない。

　まとめると、ある「罪となる行為」の型（構成要件）にあてはまり、犯罪の不成立に関する規定（違法性阻却事由・責任阻却事由に関する規定）が適用されないときに、犯罪は成立することになる。ここから、刑法上、犯罪は、構成要件に該当する、違法で、有責な行為である、ということになる。このように、①構成要件該当性、②違法性、③有責性（責任）の三段階で犯罪の成否を検討・判断する犯罪論体系を三分説とよぶ。①については第4章で、②については第5章で、③については第6章で、説明する。

┃コラム┃　学生甲乙丙、犯罪論を語る

甲　いやあ、授業で、先生が「犯罪とは構成要件に該当する違法で有責な行為である」といったとき驚いたよ。「犯罪」というと、窃盗、強盗、傷害、殺人とか、ドラマなどに出てくる悪行をイメージしていたからね。

乙　犯罪には「悪行」なのか疑問に思えるものもあるよ。変死者密葬罪（192条）は、親族の名誉のために検視を経ずに盛大な葬式をやった場合でも成立するわけでしょう。特別刑法にはもっと疑問のある罰条があるし。

丙　「犯罪」といっても、明らかに可罰性の認められるものからそうでもないものまで、いろいろあるね。普通の人が「こんなことに刑罰を科すことにしてよいのか」と疑問に思う行為を処罰する法律や条例が作られ、「犯罪」の種類がますます増えるという現象も起こる。罪刑法定主義をはじめとする刑法の諸原則を考えて、適正で合理性のある範囲に処罰を限定する努力が必要だと思う。その意味で、構成要件該当性の判断を先行させる三分説は妥当だろう。また議論しよう。

34 ■ 第3章 ■ 犯罪論概説

知識を確認しよう

【問題】

(1) 不法行為に関する民法709条の規定に倣って、刑法典第2編（罪）の冒頭に、「第74条（罪）」として、「故意又は過失によって他人の権利又は法律上保護される利益を侵害した者は、その侵害の程度に応じて、この法律の第1編（総則）の規定に従い適正な刑に処する」と規定し、第2編（罪）の他の規定を全て削除してもよいか。

(2) 三分説とは逆に、①有責性、②違法性、③構成要件該当性の順で犯罪の成否を判断する犯罪論体系に、問題はあるか。

【解答への手がかり】

(1) 「……した者は……の刑に処する」といった個別の「罪となる行為」の型が示されないと、ある行為が罪となるか、どのような刑を科すべきか、を直観や個人的価値基準に従って判断しなければならなくなる。それでは判断者によって結論にばらつきが出ることになり、法的安定性が害される。恣意的な刑罰権行使を防ぐために、刑法の罰条においては「罪となる行為」の型ができる限り具体的に示されなければならない。

(2) 例えば、38条1項本文は、「罪を犯す意思がない行為は罰しない」としている。どの罪にあたるのかをまず確定しなければ、罪を犯す意思がない行為であったか否かを判断できない。「何らかの罪を犯す意思がある行為であればよい」というのでは、犬を傷つけようとして人を死亡させた場合、罪を犯す意思はあり、違法性は認められ、人が死亡しているから、殺人罪が成立する、ということになりかねない。適正な処罰を実現するためには三分説の順序で犯罪の成否を検討・判断するべきである。

第4章　構成要件該当性

本章のポイント

1. 構成要件該当性とは、行為者のある行為が特定の犯罪の構成要件（罰条を基にして導出された可罰的な行為の類型）に該当することをいう。

2. 構成要件に該当する行為を実行行為という。実行行為は一定の危険性を有するものでなければならない（これに関し、不能犯等が問題になる）。他人の行為を利用する実行行為に関しては間接正犯が問題になり、不作為の実行行為に関しては、不真正不作為犯が問題になる。

3. 結果犯が完成するためには実行行為と因果関係のある結果の発生が必要である。因果関係については、相当因果関係説などの学説が唱えられている。近時は、実行行為後の介在事情の結果への寄与度等を考慮して因果関係の有無を判断する学説が有力である。

1 構成要件該当性と構成要件

A 犯罪の成立要件と構成要件該当性

　構成要件該当性とは、行為者のある行為が特定の犯罪の構成要件に該当することをいう。換言するなら、行為者のその行為がその構成要件を充たす事実であると認められることをいう。

　犯罪の成立要件は、①構成要件に該当する、②違法で、③有責な、行為であること、である。行為が構成要件に該当し、違法性が阻却されず、責任（有責性）が阻却されないときに、犯罪が成立することになる。本章では構成要件該当性について述べ、違法性阻却については第5章で、責任阻却については第6章で述べる（ただし、構成要件的故意と事実の錯誤については、第6章、2、3を参照）。

　構成要件は、法的に許されない行為をした者を一定の刑に処する（処罰する）と規定した罰条を基にして導出された可罰的な行為の類型（「定型」といってもよい）である。例えば、204条は、「人の身体を傷害した者は、15年以下の懲役又は50万円以下の罰金に処する」と規定している。この条文は、「〈人の身体を傷害した者〉については〈15年以下の懲役又は50万円以下の罰金の範囲で処罰する〉ようにしなさい」と（刑事裁判をする者に対し）命じる規範を表している。〈人の身体を傷害した者〉は要件を示し、〈15年以下の懲役又は50万円以下の罰金の範囲で処罰する〉は効果を示している。〈人の身体を傷害した〉ことは、傷害罪として可罰的な行為の類型を示している。さらに分析して意味内容を明らかにすると、「他人の身体を傷害するような行為を故意に行い、それにより、他人の身体に傷害を発生させたこと」となる。これを分けて記述すると、①他人の身体を傷害するような行為を行ったこと、②そのような行為を故意に行ったこと、③他人の身体に傷害が発生したこと、④傷害が①の行為によって発生したといえること、といったものになる。専門用語を用いて表現すると、①は傷害罪の実行行為を行ったこと、②は傷害罪の構成要件的故意が認められること（なお、傷害罪の故意は暴行罪の故意で足りる。最判昭和22・12・25刑集1-80参照）、③は傷害罪の結果が発生したこと、④は実行行為と結果との間に因果関係が認めら

れること、になる。

傷害罪の構成要件該当性は、①から④までの全ての要件を充たす事実が認められた（認定された）ときには肯定され、そうでないときには否定されることになる。次に具体例をあげる。

【事例1】XがAに傷を負わせようと思って、Aの腕を狙って鶏卵大の石を投げつけ、命中させて加療約1週間を要する打撲傷を負わせた場合は、①から④までの全ての要件を充たす事実が認められる。よって、傷害罪の構成要件該当性が肯定される。

これに対して、【事例2】XがAの腕に石を投げつけて傷を負わせようと思って、手頃な石を探している間に、Xの意図に気づいたAが、逃げようとして駆け出し、転倒して腕に傷を負った場合は、一応、③の要件を充たす事実は認められるとしても、Xは石をみつけてさえいないのだから傷害罪の実行行為を行ったとはいえず（暴行罪の実行行為を行ったともいえない）、①の要件を充たす事実は認められず、傷害罪の構成要件該当性は否定されることになる（なお、①の要件を充たす事実が認められない以上、②④の要件を充たす事実も認められない）。

また、【事例3】Xが手頃な石をみつけてAの腕を狙って投げつけたところ、狙いがはずれて石は近くの花壇に飛び込み、Aは石を投げつけられたことに気づかずに歩行を続け、歩道上の窪みに足を引っ掛けて転倒し腕に傷を負った場合は、①②③の要件を充たす事実は認められるものの、④の要件を充たす事実は認められず、やはり傷害罪の構成要件該当性は否定される（石が他人の身体に当たらなくても、208条の暴行を加えたとはいえるので、暴行罪の構成要件該当性は肯定される。東京高判昭和25・6・10高刑集3-2-222参照）。

ここで、注意を要することをいくつか述べる。

構成要件該当性の判断は、具体的な行為（ここにいう「行為」は、結果等を含む「広義の行為」である。「所為」といってもよい。大塚129参照）が特定の犯罪の構成要件に該当するか否かについての判断である。

ここにいう「構成要件」は、特定の犯罪の構成要件（特別構成要件ともよばれるもの）である。正当防衛の要件とか刑の執行猶予の要件とかいったものとは異なる。

構成要件は、個々の罰条を解釈して導出されるものである。罰条の文言

は、構成要件を導出する際の手がかりではあるものの、文言が即ち構成要件になる、というわけではない。また、特定の犯罪の構成要件が1つの罰条のみから導出されるとは限らない。例えば、219条（遺棄等致死傷罪）は、「前2条の罪を犯し、よって人を死傷させた者は、傷害の罪と比較して、重い刑により処断する」と規定しており、217条・218条の罪（遺棄罪、保護責任者遺棄等罪）の構成要件が遺棄等致死傷罪の構成要件の一部になっているといえる。

　ある犯罪の構成要件が導出されても、ある事案における具体的事実が構成要件に該当するか判断する際には、さらに解釈を行って、構成要件の内容を具体的に明らかにしなければならない。例えば、Xが長髪をチャームポイントにしているAの髪を根元から切り落とした場合、Xの行為が傷害罪の構成要件に該当するかを判断する際には、発生させた結果である「傷害」の意味を、「生活機能の毀損すなわち健康状態を不良に変更すること」というように具体的に明らかにしないと、当該事案にあてはめて結論を出すことができない（「傷害」をこのように解釈して、被害者の頭髪を切断した事案につき傷害罪の成立を否定した大判明治45・6・20刑録18-896参照）。

　ある犯罪の構成要件該当性が否定されても、他の犯罪の構成要件該当性は肯定される、ということがある。例えば、【事例3】では、傷害罪の構成要件該当性は否定されるものの、暴行罪の構成要件該当性は肯定される。YがBを射殺しようと思って弓で射たところ、狙いがはずれて矢は花壇に飛び込み、Bは射られたことに気づかず歩行を続け、歩道上の窪みに足を引っ掛けて転倒し頭を打って死亡した場合、Yの行為は殺人罪の構成要件に該当しないものの、殺人未遂罪の構成要件には該当する。

　なお、傷害罪、暴行罪、殺人罪の構成要件のように他に補充を必要としないものを基本的構成要件とよび、基本的構成要件の存在を前提に、それを修正したものを修正された構成要件とよぶことがある。修正された構成要件の例として、未遂犯、共犯の構成要件があげられる。

B　構成要件要素

[1]　意義・種類

　構成要件要素とは、各構成要件の内容をなす要素をいう。その種類とし

て、規範的構成要件要素と記述的構成要件要素、客観的構成要件要素と主観的構成要件要素を考えることができる。

[2] 規範的構成要件要素と記述的構成要件要素

　規範的構成要件要素とは、その内容を明らかにするために規範的な評価・判断を必要とする構成要件要素をいう。記述的構成要件要素とは、その内容を明らかにするために規範的な評価・判断を特段必要としない構成要件要素をいう。

　規範的構成要件要素の例としてよくあげられるのは、わいせつ物頒布等罪（175条）の客体である「わいせつな」物である。ある文書や図画が「わいせつな」物であるかどうかは、「わいせつとはどのようなものを意味するのか」という規範的な評価・判断を判断者（裁判官など）がすることによって可能になる。これに対して、殺人罪（199条）の客体である「人」は、「人」か否かについて規範的な評価・判断を特段必要としないので、記述的構成要件要素ということになる。

　もっとも、分娩の過程でまだ母体から出ていない者を殺害したら殺人罪になるのか堕胎罪になるのか、といった問題を解決するには、「人」の意味を規範的な観点から（解釈によって）明らかにしなければならないのであり（人の始期に関し、大判大正8・12・13刑録25-1367参照）、規範的構成要件要素と記述的構成要件要素の差異は相対的なものに過ぎない、といえる。ただ、罪刑法定主義ないし明確性の原則の見地から、構成要件の内容は明確であることが望ましいので、立法上、規範的構成要件要素は少ない方がよいといえる（板倉88参照）。なお、規範的構成要件要素については、故意―とくに意味の認識に関する問題もある（第6章、2、B、[2]、(2) 規範的構成要件要素、記述的構成要件要素と意味の認識、参照）。

[3] 客観的構成要件要素と主観的構成要件要素

　客観的構成要件要素とは、行為の客観的側面が構成要件要素となっているものをいう。主観的構成要件要素とは、行為の主観的側面が構成要件要素となっているものをいう。

　客観的構成要件要素の例としては、行為の主体（例えば、197条1項の「公務

員」―このように主体が一定の身分を有する者に限定される犯罪を身分犯という）、行為の客体（例えば、204 条の「人の身体」）、行為の結果（例えば、204 条の「傷害」）、行為の状況（例えば、114 条の「火災の際」）をあげることができる。実行行為の客観面（行為の危険性）や因果関係も客観的構成要件要素であるといえる。

　主観的構成要件要素の例としては、目的犯の目的（例えば、148 条 1 項の「行使の目的」）があげられる。窃盗罪（235 条）における不法領得の意思は、条文には明記されていないとはいえ、解釈上認められた主観的構成要件要素である（その内容につき最判昭和 26・7・13 刑集 5-8-1437 参照）。

　なお、傾向犯の主観的傾向ないし意図や表現犯の心理的過程・状態といったものを主観的構成要件要素として肯定するか、については議論がある。近時は否定説が有力である（西田 90、山口 100 以下、参照。ちなみに、最大判平成 29・11・29 刑集 71-9-467 は、故意以外の行為者の性的意図を一律に強制わいせつ罪の成立要件とすることは相当でない、としている）。

　故意・過失も主観的構成要件要素である。例えば、X が銃の引き金を引いて発射した弾丸が A に当たって A が死亡した場合、X の行為は、X に殺人罪の故意がなければ殺人罪の構成要件に該当せず、X に過失がなければ過失致死罪（あるいは業務上過失致死罪、重過失致死罪）の構成要件に該当しない、ということになる（故意・過失が構成要件要素ではなく専ら責任要素であるとすると、X の行為は殺人罪・傷害致死罪・過失致死罪の構成要件に該当することになり、構成要件該当性段階でどの犯罪の成否が問題になるかを確定できなくなるので、妥当ではない）。主観的構成要件要素としての故意と過失を、それぞれ、構成要件的故意、構成要件的過失とよぶ。

C　構成要件の性格・機能

　構成要件の性格については、①行為類型説：構成要件は違法性・有責性（責任）とは無関係な没価値的な行為類型であるとする見解、②違法行為類型説：構成要件は違法行為の類型であるとする見解、③違法・有責行為類型説：構成要件は違法行為の類型であるだけではなく有責行為の類型でもあるとする見解、の対立がある。「このうちのどの説が妥当かは、構成要件にどのような機能を期待するかによって決まる問題である」といえる[1]。とはいえ、現行刑法との整合性も考慮しなければならない。

構成要件の機能としては、①保障機能：各犯罪の構成要件に該当する行為を行わなければ処罰されないようにする機能、②個別化機能：どの犯罪にあたるかを区別する機能、③違法性・有責性制約機能：違法性・有責性の判断の内容を構成要件に関連づけて制約する機能、④故意規制機能：故意の対象を構成要件に関連づけて制約する機能、などが考えられる。行為類型説は③を、違法行為類型説は④を、違法・有責行為類型説は②を重視する見解であるといえる。なお、どの説を採る者でも「①は無視していい」とはいわないであろう。

　現行刑法は、例えば、殺人と過失致死とは別の犯罪類型であるという前提で条文を設けている。「故意に人を殺した行為が殺人罪（199条）の構成要件に該当し、過失により人を死亡させた行為が過失致死罪（210条）の構成要件に該当する」という考えが現行刑法と整合性がある。また、罪刑法定主義の要請に通じる①を作用させるためには②を作用させなければならない。③④といっても、どの犯罪の構成要件に該当するかが決まってからの問題である。以上から、違法・有責行為類型説が妥当である。

　違法・有責行為類型説によると、構成要件該当性が肯定された行為は違法であると推定され（違法性推定機能）、有責であるとも推定されることになる（有責性推定機能）。例えば、Ｘが殺人罪の構成要件的故意をもってＡを射殺した場合、Ｘの行為は殺人罪の構成要件に該当し、特段の事情（違法性阻却事由・責任阻却事由に該当する事実）がない限り、違法で有責な行為であるということになる。「そのような考えは、構成要件該当性、違法性、有責性（責任）の段階に分けて犯罪の成否を検討する考え（三分説）にそぐわない」という批判が考えられないではない。しかし、違法・有責であると「推定」されるといっても、違法性阻却事由—例えば、正当防衛（36条1項）にあたる場合は違法性が阻却され、責任阻却事由—例えば、心神喪失者の行為（39条1項）にあたる場合は責任が阻却されて、結局、殺人罪の成立は否定されるのである。違法性阻却事由にあたるかは違法性の段階で、責任阻却事由にあたるかは責任の段階で、十分に検討・判断されるのであるから、そうした批判は当を得ていない。

D　構成要件のパターンによる犯罪の分類

[1]　総説

　構成要件は特定の犯罪についてのものであるから、犯罪によって構成要件のパターンは異なる。構成要件のパターンにより犯罪を分類する試みもなされている。注意すべきは、構成要件は各罰条を解釈して導出されるものであるから、論者によってどのパターンに属するかが異なってくることである。例えば、信用毀損罪・偽計業務妨害罪は、233条の「虚偽の風説を流布し、又は偽計を用いて、人の信用を毀損し、又はその業務を妨害した者は」という文言からすると、信用の毀損・業務の妨害という法益侵害を結果とする侵害犯であるかのように思える。しかし、通説・判例（大判昭和11・5・7刑集15-573）は、危険犯であると解している。それでも、「侵害犯であるとする解釈は誤っている」というわけではない。また、「信用毀損罪は危険犯だから現実に信用が侵害されることは不要である」といった思考は本末転倒である。「信用毀損罪が成立するには現実に信用が侵害されることまでは不要であり、その危険が発生することで足りる、と解したから同罪を危険犯と解したことになる」のである。

　なお、同一の犯罪であっても、犯行態様によって状態犯とみたり継続犯とみたりすることができるのではないか、という疑問もある。例えば、傷害罪は、被害者の腕を一撃して回復に一定の時間を要する傷を負わせた場合は、一撃して負傷させた段階で犯罪は終了し以後は法益侵害の状態が継続しているだけなので状態犯とみられる。しかし、継続的に効果を発揮する薬物を服用させて被害者の生理的機能の障害を継続的に発生・増大させた場合は、服用させた段階で犯罪が終了した、とはいえない（西田87参照）。まして、有害な薬剤を点滴によって被害者に投与するような場合は、点滴が続く限り実行行為も継続しているといえるのであって、この場面では傷害罪を継続犯と考える方が自然である。いずれにしても、「○罪は□犯である」といった硬直した思考をするのではなく、「□犯であると解することによる効果」を考えた柔軟な思考をするべきである。

[2]　挙動犯と結果犯（危険犯、侵害犯）

　挙動犯（単純行為犯ともいう）とは、構成要件上、行為を要素とするだけで

結果発生を要素としない犯罪をいう。これに対し、結果犯とは、行為のみならず、それによる結果発生を要素とする犯罪をいう。結果犯のうち、侵害犯とは現実の法益侵害を結果とする犯罪をいい（例えば、殺人罪、傷害罪、窃盗罪）、危険犯とは法益侵害の危険の発生（法益の危殆化）を結果とする犯罪をいう。危険犯のうち、具体的危険犯とは具体的危険の発生を必要とする犯罪をいい（例えば、110条の建造物等以外放火罪）、抽象的危険犯とは抽象的危険の発生で足りるとする犯罪をいう（例えば、108条の現住建造物等放火罪）。

　実質犯（法益侵害またはその危険を構成要件の内容に取り入れている犯罪）と形式犯（法益侵害の抽象的危険の発生さえも必要としない犯罪）という分類もある。実質犯は結果犯に相当すると考えてよい。問題なのは、形式犯は挙動犯に相当すると考えてよいか、である。前述のように挙動犯を定義すると、結果発生を要素としない挙動犯でも行為に法益侵害の危険が認められるものは（形式犯ではなく）実質犯である、ということもできないではない。しかし、危険な行為を行えば、その行為により危険が発生したとみることができる。それに、「危険を発生させてはいないけれど、危険な行為をしたから処罰する」といった考えに説得力があるとはいえない。そのような考えによるなら、結果としての抽象的危険よりもっと抽象的な危険（いわば極抽象的危険）が挙動犯の行為の危険であるということになりかねず、かかる行為を処罰する必要があるかも疑わしくなってくる。以上から、挙動犯は形式犯であり、また、このような犯罪類型を肯定することは最大限避けるべきである、と考える（西田84は、単純行為犯ないし形式犯とされてきた赤信号無視―道交119条1項1号の2―は、抽象的危険すらないときは不可罰とされるべきである旨述べる）。このように考えると、刑法典上の犯罪に挙動犯の例を見出すことはできない、ということになる。判例には、偽証罪が処罰されるのは宣誓証人の義務に違反したからである旨述べたものがあり（大判大正2・9・5刑録19-844）、これが同罪を挙動犯と解することの根拠とされることがあるけれど（例えば、大塚129）、偽証罪を抽象的危険犯と解するのが現時の通説であることからも、このような考えは維持できない。

　前述した挙動犯、結果犯の関係を図示すると図4-1のようになる。上の方に行くほど、法益侵害から遠い行為を処罰するものになる。

図 4-1　挙動犯、結果犯（危険犯、侵害犯）の関係

[3] 即成犯、状態犯、継続犯

　即成犯とは、結果発生により犯罪が完成し同時に終了するものをいう。これに対し、状態犯とは、結果発生により犯罪が完成し同時に終了するものの、その後も法益侵害の状態が続くものをいう。例えば、殺人罪は、被害者の生命が害されると同時に既遂に達して終了し、すでに死亡した者の生命が続けて害されているとは考え難いから、即成犯ということになる。これに対し、窃盗罪は、被害者の財物に対する占有が害されると同時に既遂に達して終了するものの、その後も被害者が財物を占有できないという違法な法益侵害の状態が続いていると考えられるので、状態犯ということになる。この場合、窃盗自体は終了しているので、他の者が当該財物を運搬するなど法益侵害状態を継続・強化する行為を行っても窃盗罪の共犯にはならない。

　継続犯とは、構成要件該当行為（実行行為）とそれによる結果発生が継続するものをいう。例えば、XがAを部屋に閉じ込めて出入口で監視を続けている場合は、監禁罪の実行行為が継続し、それによるAの行動の自由という法益の侵害も継続しているといえる。この場合、閉じ込めた段階で監禁罪は完成しているものの、監禁は終了していないので、中途から他の者が監視を手伝ったりすれば監禁罪の共犯になる。

2 構成要件と法人

A 総説

　自然人のみならず法人も権利・義務の主体となる（民34条）。法人は財産の所有等ができ、一定限度で不法行為（民709条）による損害賠償責任も負う（一般法人78・197条、会社350・600条、参照）。となると、刑法上も加害者（行為者）・被害者を自然人に限る必要はないように思える。現実に、「会社の金を横領した」とか「会社がちゃんと管理しなかったから事故が起きた」とかいった事態は存在する。問題は、刑法解釈として、構成要件要素である客体の「人」や主体の「者」に法人を含ませうるかである。

B 客体としての「人」と法人

　生命・身体に対する罪の「人」に法人が含まれるという解釈は困難である。通常の日本語では、例えば、株式会社を「殺した」とか「傷害した」とか「死傷させた」とかいった表現はしないし、そのような表現に符合する事態が存在するとはいえない。

　これに対し、株式会社の「金を横領した」とか株式会社の「名誉を毀損した」といった表現は日本語の用法として特異なものではなく、そのような表現に符合する事態も存在するといえる。したがって、横領罪（252条1項）の「他人」や名誉毀損罪（230条1項）の「人」には法人が含まれると解しうる（傍論ながら230条1項の「人」に人格を有する団体が含まれる旨述べた判例として大判大正15・3・24刑集5-117がある。また、最決昭和58・11・1刑集37-9-1341は、侮辱罪について規定した231条の「人」に法人が含まれるとする）。

C 主体としての「者」と法人

　主体としての「……した者」に法人が含まれるという解釈も、日本語の通常の用法として無理がなく、それに符合する社会現象ないし事態が存在すれば、必ずしも許容されないわけではない（言葉は社会の状況に従って変化するから、実際には社会現象・事態があって言葉ができ、言葉によって社会現象・事態が構成される、という具合になる）。例えば、「X社の発行している週刊誌によ

って名誉を毀損された」という事態は現実に存在しており、「X社がAの名誉を毀損した」という表現は通常の日本語の用法として特異なものではない。それなら、230条1項の「名誉を毀損した者」に法人が含まれるという解釈は可能ということになろう。「法人に懲役刑を科すことはできないではないか」といった反論が考えられるけれど、「名誉毀損罪の法定刑には罰金刑も入っているから罰金刑を科せばよい」と再反論することが可能である（西田77は、175条や230条の「者」の中に法人を含むという解釈が必ずしもできないわけではない、とする）。

　もっとも、全体としてみれば刑法典が法人処罰を予定していると考えることには無理がある。大判昭和10・11・25刑集14-1217は、38条ないし41条の規定を根拠に法人の犯罪能力を否定している。それでも、8条が刑法総則の規定は他の法令に「特別の規定」があるときは適用されないとしているから、特別法で法人処罰を認めれば、法人処罰は可能になる。両罰規定、例えば、人の健康に係る公害犯罪の処罰に関する法律4条は、「法人の代表者又は法人若しくは人の代理人、使用人その他の従業者が、その法人又は人の業務に関して前2条の罪を犯したときは、行為者を罰するほか、その法人又は人に対して各本条の罰金刑を科する」として、法人処罰を肯定している。受刑主体と犯罪主体は一致しなければならない（犯罪を行っていない者に刑を科してはならない）という責任主義の要請を考慮すると、このような規定が置かれている犯罪については、法人の犯罪能力が肯定されているといえる（板倉94参照）。後は、両罰規定などの規定を整備して、より実態にあった法人処罰を現実化して行くべきである。

3 実行行為

A　行為と実行行為

　実行行為とは、形式的には、構成要件に該当する行為をいう。換言すれば、「行為のうち、構成要件に該当するものを実行行為という」（板倉101）ということになる。そうなると、「構成要件に該当するか」といった評価の前

提として「行為とは何か」を明らかにしなければならない。また、「行為といえないものは構成要件該当性の評価以前に犯罪にはならない」とすることは、人権侵害防止に役立ち、ある事態が犯罪になるか否かを速やかに判断するのにも役立つ。例えば、Xの運転する軽自動車が、信号の表示に従って横断歩道の手前で停車しているとき、大型車に追突されたため横断歩道内に進行して、歩行者Aに衝突し負傷させた場合、軽自動車の進行は、Xの意思に関わりのない外部から加えられた力によって生じたものであるから、過失運転致傷罪（自動車運転死傷5条）の構成要件該当性を検討するまでもなく、「軽自動車の横断歩道内への進行はXの行為ではない」として、犯罪になるか否かの検討対象からはずすべきである（警察官は、事態を把握したら、刑事責任を負うことになる可能性の高い大型車の運転手を重点的に取り調べることになる）。

　行為とはどのようなものか、についての理論を行為論という。行為論には、行為とは、①ある目的を達成しようとする目的的活動であるとする目的的行為論、②身体の動静であるとする自然的行為論、③社会的に意味のある態度であるとする社会的行為論、④行為者人格の主体的現実化とみられる身体の動静であるとする人格的行為論、⑤意思に基づく身体の動静であるとする有意的行為論、などがある。目的といった主観的要素を、①は重視し、②③は重視しない。折衷的なのは④⑤である。主観的要素を重視すると、「忘却犯（例えば、転轍手がポイントの切替えを忘れたために列車事故を起こした場合）は、行為による犯罪ではないのか」という疑問が生じる。主観的要素を軽視すると、「反射運動なども行為とされてしまい、行為論の実益が乏しくなるのではないか」という疑問が生じる。となると、④か⑤ということになる。④に対しては、「行為者人格といった不明確なものを基準とするため行為の範囲が曖昧化する」といった批判が妥当する。結局、⑤が無難ということになる（実際、⑤が通説的見解である）。

B　実行行為の機能・問題

　挙動犯であれ結果犯であれ、犯罪は行為であるから、行為が構成要件に該当する行為（実行行為）であるか否かの検討・判断は、犯罪の成否を判断する際、最初に行うべき重要な作業になる。ある行為が例えば窃盗罪（235

条）の実行行為（他人の財物を窃取する行為）といえるかが判断され、これが肯定されて、実行の着手（43条）が認められれば窃盗未遂罪の構成要件該当性は肯定されることになり、因果関係のある結果（被害者の意思に反する占有侵害）が認められれば、窃盗罪の構成要件該当性（他人の財物を窃取した、にあたること）が肯定されることになる。

　ちなみに、大判昭和9・10・19刑集13-1473は、窃盗罪の実行の着手は他人の財物に対する支配を犯すにつき密接な行為を行った時点で認められる旨述べているものの、このような行為を開始すれば実行行為が開始されたと考えられるのであり、判例が実行行為開始以前に実行の着手を認めていると考えるのは相当ではない。実行行為開始以前に着手を認める考えは、43条の「犯罪の実行に着手して」という文言にもなじまない。

　もっとも、実行行為を「既遂結果発生の具体的危険すなわち未遂結果と相当因果関係を有する行為」と定義し、行為と相当因果関係のある未遂結果が生じた時点において行為は実行行為性を取得する、という考えもある。このような考えによれば、夫が帰宅したら毒入りウイスキーを飲ませて殺害しようと考えて、妻がウイスキーに毒を入れて準備しておいたところ、予想外に早く帰宅した夫が勝手にウイスキーを飲み死亡した場合、ウイスキーに毒を入れる行為は夫がウイスキーを飲もうとした時点で殺人罪の実行行為になるものの、行為の時点（ウイスキーに毒を入れた時点）で未遂結果発生の認識・認容がないから故意がなく、殺人罪は成立しない、ということになる（西田83）。

　しかし、犯罪遂行の経緯を観察すれば、結果発生の危険のある行為を行い、その行為のもつ危険が時間経過とともに具体化・現実化して結果発生に至るとみるべきである。Xが毒入りウイスキーを歳暮の品に偽装してA宅に郵送しAを毒殺した場合、毒入りウイスキーを歳暮の品に偽装して発信するという人の生命を害する危険のある行為（殺人罪の実行行為）が行われ、毒入りウイスキーがA宅に到着した時点で実行の着手が認められ（類似の事案につき、被害者が受領した時点で殺人罪の実行の着手を認めた判例として、大判大正7・11・16刑録24-1352がある）、Aが死亡した時点で既遂に達し、結果を含めたXの行為（所為）は殺人罪の構成要件に該当する、ということになるのである。夫を毒殺しようとウイスキーに毒を入れる行為は、テー

ブルの上に出されたウイスキーに毒を入れるのであれば、放置しておいても夫が飲む可能性は高いので人の生命を害する危険のある行為として殺人罪の実行行為にあたる。しかし、妻の部屋で秘かにウイスキーに毒を入れるのであれば、妻が夫の手の届く所に持って行かなければ夫が飲む可能性は低いので殺人罪の実行行為にはあたらず、殺人予備罪に該当するに止まるのである。

　以上からわかるように、実行行為は（結果犯については）結果発生の危険のある行為でなければならない（結果惹起の「現実的危険性」のある行為、といった言葉もよく用いられる。最決平成16・1・20刑集58-1-1、大塚149、大谷125、山口51、参照）。43条の「犯罪の実行に着手」の「実行」とはこのような意味での実行行為を意味すると解することができ、結果発生の危険のない行為に着手しても未遂犯とはならない（このような場合を不能犯とよぶ）。

　また、実行行為は、他人の行為を利用して行うことも可能である（前述の毒入りウイスキーを歳暮の品に偽装して送る事例でも、郵便局の職員やAの行為を利用している。このように他人の行為を利用して行う犯行を間接正犯とよぶ）。さらに、他人と共同して実行行為をすることもできる。共同正犯について60条は「2人以上共同して犯罪を実行した者は、すべて正犯とする」と規定しているところ、この「実行」は実行行為を意味するといえる。なお、犯罪を実行した者が正犯であるということから、実行行為は正犯と共犯（教唆犯、従犯）とを区別する指標ともなりうる。伝統的な形式的客観説は、自ら実行行為を行った者が正犯であるとする（板倉291）。

　実行行為は作為に限らない。不作為を実行行為として予定している犯罪（真正不作為犯—130条後段の不退去罪など）もある。これに対し、通常作為による実行を予定している犯罪については、不作為による実行行為をどのような要件の下に認めるか（不真正不作為犯をどの範囲で認めるか）が問題になる。

C　実行行為と危険性
[1]　実行行為としての定型性と危険性
　実行行為は、可罰的な行為の類型である構成要件に該当する行為であるから、「（その罪の）類型にあてはまる行為でなければ、（その犯罪の）実行行為とはいえない」ということになる。かつて通説的立場を占めた定型説は、

「行為の実質的な内容について、それが実行行為としての定型性をもつかどうか」が不能犯、不作為犯、間接正犯などにおいて問題になる旨指摘し（団藤140）、「結果の発生が定型的に不能であるような方法による行為は、やはり実質的にみて実行行為の定型性を欠き、構成要件該当性を全然もたないために、未遂犯にもならないものといわなければならない」とする（団藤166）。「定型性」の意味するところは「類型にあてはまる性質」といったものであろう。そして、結果が発生しないような行為は定型性を欠くというのであるから、結果発生の一定程度の可能性のある行為とみられるものであることは、実質的に実行行為と認められるための必要条件であると考えることができる。この結果発生の一定程度の可能性が実行行為と認められるために必要な危険性である、といえる。

　このような意味での危険性は、純客観的な結果発生の可能性とは異なるものである。例えば、弾丸の装填されていない銃を人に向けて引き金を引いても弾丸が発射される可能性はなく、人の生命を害する可能性も（銃を向けられて驚いた被害者が転倒して路面で頭を打ち死亡することもありうるから、可能性なしとはいえないものの）ほぼないといってよい。それでも、「通常は弾丸が装填されている銃」を人に向けて引き金を引く行為は、人の死亡という結果発生の一定程度の可能性のある行為とみられるものであるから、殺人罪の実行行為としての危険性は有している、といえる。したがって、このような行為をした場合、不能犯ではなく、殺人未遂罪に問われることになる。福岡高判昭和28・11・10高刑判特26-58は、勤務中の警察官から弾丸が装填されていない拳銃を奪取し、これを殺害目的で人に向けて引き金を引いた事案につき、不能犯にはならず殺人未遂罪が成立する、とした。逆に、例えば、XがA主催のモデルガン展示即売会を妨害しようと企て、展示されていたモデルガンの1つを実弾が装填された実弾発射可能な改造銃とすりかえておいたところ、会場を訪れたBがCを脅かしてやろうと思って、モデルガンと誤信して改造銃をCに向けて引き金を引いたため、実弾が発射されCが被弾して負傷した場合は、Bの行為は、純客観的には人の死亡という結果発生の可能性が極めて高い行為ではあるものの、行為当時、一般人が認識・予見しえた事情（BがCに向けた拳銃はモデルガンの展示即売会で展示されていた弾丸の出ないモデルガンであり、その引き金を引いても弾丸は出ない）お

よび行為者（B）が認識・予見していた事情（自分は弾丸の出ないモデルガンをCに向けて引き金を引くのであり、このようにしても弾丸は出ない）を基礎として判断すると、結果発生の一定程度の可能性のある行為とはいえず、殺人罪の実行行為としての危険性を有しているとはいえない。したがって、Bは殺人未遂罪に問われない、ということになる。このように、行為当時、一般人が認識・予見しえた事情および行為者が特に認識・予見していた事情を基礎として、一般人の見地から危険性を判断する考えを具体的危険説とよぶ（板倉150）。

　以上のように、結果発生の危険性を有していることは実行行為の必要条件である。ただし、十分条件ではない。定型性があるといえるためには（結果発生の）危険性のみならず、その行為がその構成要件の予定している行為の型にあてはまらなければならない。型にあてはまるか否かの判断に際しては、行為の意味も考慮しなければならない。例えば、XがAを棒で殴って負傷させた場合、棒で殴る行為が傷害結果を発生させる危険のある行為であることは明白であるところ、それが侮辱的発言をしたAに対し腹を立てて行ったものであれば傷害罪（204条）の実行行為であり、Aの持っている現金を奪うために「金を出せ」といって行ったものであれば強盗罪（236条1項）の実行行為である（Aが負傷した時点で240条前段の強盗傷人罪が成立することになる）。どの犯罪の実行行為にあたるかは、結果発生の危険性だけでは判断できないのである（構成要件的故意との関係は、次のコラムおよび後述の[5] 実行行為と構成要件的故意・過失、参照）。

┃┃コラム┃┃　学生甲乙丙、実行行為としての危険性を語る

甲　モデルガンだと思って改造銃の引き金を引いた事例だけど、実際に使った銃は実弾を発射できる改造銃なのだから、人の生命を害する危険性のある行為とはいえるんじゃないかな。それでも、殺人罪の構成要件的故意が認められないから、結局、殺人罪の構成要件該当性は否定される、とする方がスッキリすると思うよ。だいたい、危険性というのは客観的に判断されるべきものであって、行為者の認識・予見していた事情を基礎とするなんていうのはおかしいよ。

乙 それじゃ別の事例を出すけど、Xが、都内在住のAを新幹線の事故に遭わせて殺害しようと思い、Aに指定券を渡して関西旅行を勧めたとして、実際に事故が起きてAが死亡したら、Xは殺人罪に問われるの？

甲 それは無理でしょう。新幹線事故で乗客が死亡するということは滅多にないことだから、Xの行為は殺人罪の実行行為とはいえないし、過失致死罪の実行行為とさえいえないでしょう。

乙 だったら、Xが交付した指定券に相当する列車に第三者が秘かに事故が起きるような仕掛けをしていたから事故が起きた、という場合でも、Xは殺人罪に問われないでしょう。Xが仕掛けがされていることを知っていたら別だけどね。これとモデルガンだと思って改造銃を人に向けて引き金を引いた事例は同じじゃないの？

甲 そうかあ。そうなると、殺人罪の実行行為か否かは構成要件的故意を考慮しなくても判断できる、ということになるわけだな。

丙 私も、構成要件的故意・過失を肯定するか否かと、ある犯罪の実行行為としての危険性が認められるか否かとは別のことだと思うよ。具体的危険説だと、行為者の認識・予見していた事情をも基礎にするので、行為者に改造銃だとわかっていたときには殺人罪の実行行為としての危険性が認められて構成要件的故意も認められ、モデルガンだと思っていたときには危険性も構成要件的故意も認められない、ということになるから、混同しがちだけれど、区別した方がいいだろう。さもないと、「実行行為だと認められるためにはまず故意が認められることが必要である」というような、主観的要素を重視しそれについての評価を先行させる判断になってしまうと思うな。また議論しよう。

[2] 複数行為による犯罪の実現と実行行為性

犯罪を実現するために行われる行為は、自然的意味で1つの「意思に基づく身体の動静」（以下、個別行為という）であるとは限らない。236条1項の強盗罪は、相手方の反抗を抑圧する程度の暴行または脅迫を加えた後、占有者の意思に反して財物を奪取するという複数の個別行為を実行行為として予定している。199条の殺人罪についても、例えば、XがAを射殺する

という犯行形態の場合、①銃をAに向けて狙いをつける、②引き金を引いて第1弾を発射する、③命中させることができずAが逃げだしたので追跡してAを捜す、④Aを発見して狙いをつける、⑤引き金を引いて第2弾を発射する、⑥第2弾が足に命中しAが倒れたので、止めを刺すために駆け寄る、⑦Aの心臓を狙って至近距離から第3弾を発射してAを即死させる、といった具合に、7個の個別行為を行って殺害目的を達成するということが考えられる。この場合、個別行為を一々評価して、①③④⑥はそれぞれ殺人予備罪にあたり、②⑤はそれぞれ殺人未遂罪にあたり、最終的にAの生命を奪った⑦のみが殺人罪（既遂）にあたる、と考えるべきではない。Xは、①から⑦までの個別行為によってAを射殺したのであり、これらの個別行為は「Aを射殺する」という1つの殺人罪の実行行為とみるべきである。「Xは、一連の行為によってAを殺害した」ともいえる。

　このように、一連の個別行為が1つの実行行為と認められる場合は、1つの個別行為が1つの実行行為と認められる場合（例えば、XがAを一撃で崖から突き落として殺害した場合）以上に多い。そうなると、第1に、複数の個別行為が1つの「一連の行為」といえるのはどのような場合か、第2に、実行行為としての危険性の有無は個別行為について判断されるべきか一連の行為全体について判断されるべきか、が問題になる。

　第1の問題について考える。行為が意思に基づく身体の動静であることを考えると、単一の意思に基づいた複数の身体の動静は1個の行為と評価されるべきである。したがって、個別行為が単一の意思に基づいて統制されているときは一連の行為であり、そうでないときは一連の行為ではないといえる。前述の事例のように、XがAを射殺しようとして①から⑦までの個別行為を行った場合、これらの個別行為は、「この機会にAを殺害する」という単一の意思に基づいて統制されているから、1つの行為と認められる。Xが、Aを射殺した直後、付近に目撃者Bがいることに気づいて新たにBを殺害しようと思い、第4弾を発射してBを殺害した場合、B射殺行為は「この機会にBを殺害する」という新たな意思に基づいたものであるから、A射殺行為と一連の行為にはならない。

　第2の問題について考える。一連の行為と認められたのであれば、実行行為としての危険性の有無は一連の行為全体について判断されるべきだ、

と考えることも可能ではある。しかし、実行行為の危険性が結果に現実化した場合に既遂と評価されることを考えると、結果と因果関係のある行為はそれ自体結果を惹起する危険を有していなければならない。とすると、危険性の有無は現実に結果惹起の原因（因果関係の起点）となった個別行為について判断されるべきであろう。例えば、Yが、Cを催涙スプレーを用いて視力を奪った上でナイフを用いて刺殺しようと計画し、Cに対し催涙液を吹きつけたところ、視力を奪われたCが階段から転落して死亡した場合、現実にYが行ったのは催涙液を吹きつけるという行為だけであるから、この行為について殺人罪の実行行為としての危険性があるか否かが判断されるべきである（殺人罪ではなく傷害罪の実行行為としての危険性があるに過ぎないと判断されたなら、Yは傷害致死罪に問われることになる）。「催涙液で視力を奪った上で刺殺する」という一連の行為について殺人罪の実行行為としての危険性の有無を判断するのでは、現実には行われていない刺突行為も含めて危険性を判断することになり、妥当性を欠く。

[3] 一連の行為と早過ぎた構成要件実現

　前述した催涙スプレーの事例は、早過ぎた構成要件実現（行為者が第1行為の後に行う第2行為で結果を発生させようとしたところ、第1行為により結果が発生した場合）の一例といえる。早過ぎた構成要件実現に関する判断を示した最決平成16・3・22刑集58-3-187は、クロロホルムを使って被害者を失神させ（第1行為）、その後、車ごと水中に転落させて（第2行為）殺害する計画の下、第1行為、第2行為を行ったところ、被害者は第2行為の前の時点で第1行為により死亡していた可能性が認められた事案について、「第1行為は第2行為に密接な行為であり、実行犯3名が第1行為を開始した時点で既に殺人に至る客観的な危険性が明らかに認められるから、その時点において殺人罪の実行の着手があったものと解するのが相当である」として、殺人罪（既遂）の成立を肯定した。この決定の事案（この事件は、クロロホルム事件とよばれることが多い）では第2行為が実際に行われている。しかし、被害者は第2行為の前に死亡しており、第2行為と死亡結果との間の因果関係は認められない、という前提で判断しているのであるから、第2行為が行われなかった場合と同様に考えて差し支えない。この決定も、基本的

に第1行為について殺人罪の実行行為としての危険性を肯定し、殺人罪の成立を肯定したものといえる。

┃┃コラム┃┃┃ 学生甲乙丙、早過ぎた構成要件実現を語る

甲 本文にはクロロホルム事件の最高裁決定は第1行為のみを評価して殺人罪の実行行為としての危険性があると評価したものであるという風に書かれているけれど、行為者はクロロホルムで失神させるつもりだったのだから、第1行為のみを評価するなら、せいぜい傷害致死罪じゃないかな。やっぱり、第2行為を含めた一連の行為全体について危険性の有無を判断しないと殺人罪にするのは無理だと思うな。

乙 板倉先生は、「クロロホルムで失神させるという部分行為のみを見ると、客観的には傷害行為であり、殺人罪の構成要件的行為でないとも見られるが、一連の行為を全体として見ると、殺人罪の構成要件に該当する実行行為と見られ、このような実行行為が開始されれば〔中略〕、その行為と被害者の死亡との間に相当因果関係が認められれば、殺人罪の構成要件を充足し、殺人既遂罪が成立するのである」と述べているね（板倉・後掲90）。これは「一連の行為」を殺人罪の実行行為とみているように読めるから……、そうだとすれば一連の行為全体について危険性を判断する考えということになるね。

丙 でも、「一連の行為を全体として」みて、第1行為を殺人罪の実行行為とみることができる、というように読めなくもないね。最高裁決定は、第1行為が第2行為を行うために必要不可欠なものであったこと等を指摘して、第1行為が「第2行為に密接な行為」であるとしているけれど、結局は、第1行為開始時点で客観的な危険が認められるとしているのだから、第1行為の危険性の有無を判断したとみるべきじゃないかな。

甲 それでも、クロロホルムで殺害する気はなかったんだから、第1行為だけ評価したのでは殺人罪にはなりえないんじゃないですか？

丙 必ずしもそうはいえないんじゃないか。実行行為としての危険性の有無は、行為の性質のみならず行為の具体的状況をも考慮して判断されるのだから、本文の催涙スプレーの事例のように催涙液を吹きつける行為

56 ■第4章■構成要件該当性

であっても、断崖のそばでやるとか、視力が奪われたら直ちに行為者や
共犯者がナイフで刺殺しようと待ち構えている状況でやるとかいった場
合は、殺人罪の実行行為としての危険性のある行為といえるだろう。ま
して、クロロホルム事件の第1行為は、直ちに港に運んで水没させる意
図で無理やりクロロホルムを吸わせて失神させるという危険な行為なの
だから、殺人罪の実行行為としての危険性のある行為であると評価する
余地があると思う。そのような行為を特段錯誤もなく行った者には殺人
罪の構成要件的故意——すくなくとも未必の故意は認められるだろう。ま
あ、また議論しよう。

もっと知りたい方へ
- 板倉宏監修・著、沼野輝彦＝設楽裕文編『現代の判例と刑法理論の展開』(八千代出版、
2014) 67以下〔板倉宏〕

[4] 実行行為の終了と遅過ぎた結果の発生

実行行為は、単一の意思に基づき統制された個別行為が終了したときに
終了する。前述の7個の個別行為によるA射殺の事例では、①銃をAに
向けて狙いをつける、②引き金を引いて第1弾を発射する、③命中させる
ことができずAが逃げだしたので追跡してAを捜す、④Aを発見して狙
いをつける、⑤引き金を引いて第2弾を発射する、⑥第2弾が足に命中し
Aが倒れたので、止めを刺すために駆け寄る、⑦Aの心臓を狙って至近距
離から第3弾を発射してAを即死させる、までが一連の殺人罪の実行行
為とみられる。⑦まで行った時点で「この機会にAを殺害する」という意
思に基づく殺人罪の実行行為は終了したといえる。その後、目撃者Bを射
殺する行為は、「この機会にBを殺害する」という別の意思に基づく別の
殺人罪の実行行為である。また、③の段階で追跡されたAが崖から転落
して死亡した場合、③の追跡行為は（①②の銃撃行為と接着し、追いつかれれば
④⑤の銃撃行為が直ちに行われうる状況での行為であるということから）生命を害す
る危険性のある行為と認められるので、殺人罪の実行行為と認められ、X
は殺人罪の罪責を負う。東京高判平成13・2・20東高時報52-1～12-7は、

被告人が、被害者を、①殺意をもって包丁で刺突した後、②ベランダの手すり伝いに逃げようとしたところを、連れ戻してガス中毒死させる意図でつかまえようとし、これを避けようとした被害者が転落死した事案について、刺突行為から被害者をつかまえようとする行為は同一の殺意に基づく一連の行為であるとして、殺人罪の成立を肯定している。

これに対し、崖から転落したＡがまだ生きているのに、ＸがＡは死亡したと誤信し、自殺に偽装しようと考えて自動車で付近の海岸まで運び、自動車ごと水没させたためにＡが溺死した場合は、ＸがＡ死亡を誤信した段階で「この機会にＡを殺害する」という意思に基づく行為は終了し、以後の行為は、①から③までの殺人罪の実行行為に含まれない。それでも、①から③までの殺人罪の実行行為とＡの死亡との間の因果関係が認められれば、Ｘは殺人罪の罪責を免れない。このように、行為者が第１行為によって意図した結果を発生させたと誤信して第２行為を行ったところ、第２行為により当初意図した結果が発生した場合を遅過ぎた結果発生とよぶ。大判大正12・4・30刑集2-378 は、被告人が、殺意をもって被害者の頸部を絞扼し、死亡したものと思って、犯行の発覚を防ぐため海岸砂上まで運んで放置したところ、被害者は頸部絞扼と砂末吸引により死亡した事案について、殺害の目的でなした行為と死亡結果との間の因果関係を認めて、殺人罪の成立を肯定している。

早過ぎた構成要件実現・遅過ぎた結果発生の場合、因果関係の錯誤が問題になる。これについては第６章（とくに、3、B、[2]、(3) 因果関係の錯誤）で述べる。

[5] 実行行為と構成要件的故意・過失

前述したように（1、B、[3] **客観的構成要件要素と主観的構成要件要素**、参照）、構成要件該当性段階でどの犯罪の成否が問題になるのかを確定するために、構成要件的故意・過失を承認する必要がある。構成要件的故意・過失を含む、故意・過失については、第６章で述べる。

注意すべきは、構成要件的故意・過失は、行為がどの犯罪の構成要件に該当するか判断するために主観的構成要件要素として認められるものに過ぎず、行為の危険性に影響を及ぼすものではない、ということである。拳

銃を人の頭部に向けて引き金を引く行為は、「殺人罪の故意があるから人の生命を害する高度の危険性を有する行為になる」のではなくて、「自分が行おうとしている行為は、人の生命を害する危険性のある、殺人という意味をもつ行為である、という認識・予見があるから殺人罪の故意があるということになる」のである。

殺人罪の構成要件的故意が認められない場合、その行為の殺人罪の構成要件該当性は否定されることになる。「それなら、最初に構成要件的故意が認められるかを判断すればよい」という考えにも一理あるとはいえる。しかし、主観的要素についての判断を先行させると、ともすれば、行為の客観的危険性についての評価がおざなりになり、行為の危険性が乏しいのに、「故意が認められるから構成要件該当性が肯定される」ということになりがちである。そのようなことは回避されるべきである。

D　他人の行為を利用した実行─間接正犯

実行行為は道具を用いて行われることが多い。例えば、X が A に傷を負わせる場合、素手で殴りつけるのなら道具を用いているとはいえないけれど、小石を投げつけるとか棒で叩くとかすれば、道具を用いた傷害罪の実行になる。テクノロジーが高度化してくると、ドローン、ロボット、AIの類を道具として操作し、傷害罪を実行することも可能となる。そのようなものに頼らなくても、訓練された鳥獣類を用いて人を殺傷するといったことは昔から行われている。これらの場合は、道具は─それがいかに優秀な猿やロボットであっても─人間ではないので、実行行為を行ったのは、その道具を用いた人ということになる。したがって、これらの場合は、道具を用いた X の行為が実行行為となるか否かを検討すれば足りる。しかし、人を「道具」として犯罪を行う場合─これを間接正犯とよぶ（団藤 154）─になると、考えなければならないことがある。

1つは、人を「道具」として使用した者が（正犯ではなく）共犯になることがある、ということである。

刑法は、「自己の意思に基づいて犯罪行為（実行行為）を行った者を正犯として処罰する」という考えを基本にしている。前述したように、伝統的な形式的客観説によれば、正犯とは、実行行為を行った者をいう（板倉 290）。

正犯が基本的構成要件に該当する行為を行った者として一次的に刑事責任を負うのであり、正犯の実行行為を、①行うよう唆した者は教唆犯として（61条1項）、②幇助した者は従犯として（62条1項）、正犯の実行行為を前提として二次的に刑事責任を負うに過ぎない。とすると、XがAに傷を負わせようと思って、①犬に「Aを咬んでこい」と命じ、犬がAに咬みついて負傷させた場合は、Xが傷害罪の実行行為をした者として正犯になるのに対し、②Y（人）に「Aに傷を負わせてこい」と命じ、YがAを殴って負傷させた場合は、Yが傷害罪の正犯になりXは教唆犯になる、ということになる（共謀共同正犯については、ここでは考えないことにする）。②の場合、YがXの忠実な部下で身体能力も高く、XがYに「Aに傷を負わせてこい」と命じればYは必ず遂行する、というようなときは、XがYに命じる行為の危険性は極めて高いといえる。それでも、YがYの意思に基づいて実行した以上、Yのみが正犯であってXは正犯とはならないのである（「正犯の背後の正犯」の否定）。

　もっとも、Yが自己の意思に基づいて実行行為を行ったと認められないときは、Yは正犯ではなく、Xを正犯とすることが可能となる。例えば、①XがYに「Aに傷を負わせてこい。逆らうなら、お前もお前の家族も殺す」といって絶対的強制下で実行させたとき、②Yが2歳の子供でおよそ判断能力がないとき、③XがYに病原菌入りの菓子を普通の菓子であるかのように装って「これをAの下に届けてこい」と命じたときのように、Yが事情を知らないとき、などは、Xを自ら実行行為を行った者、すなわち正犯であるとすることが可能になる。

　また、傷害罪など多くの犯罪では被害者自身は正犯とはなりえないから、例えば、ZがBに「お前の指を切れ」と命じて切らせた場合、204条の「人の身体」に傷害行為を行う者の身体は含まれないので、Bは傷害罪の正犯ではなく、Zを正犯とすることが可能である。

　もう1つは、他人の行為を利用して犯罪を実行した者を「実行行為を自ら行って犯罪を実現した者である」と評価するためには、「その犯罪の構成要件がそのような実行を予定しているものであること」が必要である、ということである。

　例えば、虚偽公文書作成罪（156条）は、「公務員が、その職務に関し、行

使の目的で、虚偽の文書……を作成」することが構成要件となっている。157条との関係につき議論はあるものの（最判昭和27・12・25刑集6-12-1387参照）、同罪の可罰性が「公務員が職権を濫用して虚偽内容の文書を作り出すところ」にある（公務員たるもの職務上虚偽内容の文書など作るべきではないのに、あえて作って国民の信頼を裏切ったのだから処罰されるべきだ。だから156条の規定が置かれているのだ）と考えるなら、同罪の構成要件は「作成に職務上関わる公務員が虚偽内容の文書を作成すること」を実行行為として予定している、といえる。そうなると、①作成に職務上関わる公務員であるＸが、事情を知らないＹに命じて虚偽内容の文書をタイプさせて作成した場合、Ｘは虚偽公文書作成罪の正犯となるものの、②そのような公務員ではないＺが、事情を知らないＸ（そのような公務員である者）にタイプした書面を渡して記名捺印させ、虚偽内容の文書を作成させた場合、Ｚは虚偽公文書作成罪の正犯とはならない、ということになる。定型説に立つ者も、「利用行為が構成要件的定型を具備しないかぎり、間接正犯の成立がないのはいうまでもない」として、「非公務員が情を知らない公務員に公文書に不実の記載をさせても、それは虚偽公文書作成の間接正犯にはなりえない」とする（団藤155参照。なお、「間接正犯が成立する」、「間接正犯になる」といった表現は、「他人を利用して犯罪を実現した者を正犯になると評価できる」というほどの意味で使われている）。

　ちなみに、他人の行為を利用して実行することが予定されていない犯罪（換言するなら、ある者が直接実行することが予定されている犯罪）を自手犯とよぶことがある（団藤155、大塚164）。

　以上のように、他人の行為を利用して実行する場合、利用者が実行行為を自ら行った者（正犯）であると評価されるためには、①利用者の行為に実行行為としての危険性が認められること、②被利用者が正犯にならないこと、③当該犯罪の構成要件が他人の行為を利用した実行を予定していないものでないこと、が必要である。

　他人の行為を利用した実行形態としては、間接正犯のほかに、複数の者が互に他人の行為を利用して犯罪を実行する共同正犯（60条）がある。間接正犯、共同正犯については種々の問題や判例・学説の蓄積があるものの、第8章（共犯）に譲る。

E 不作為による実行—不作為犯
[1] 総説

　行為は意思に基づく身体の動静であるから、身体の動である作為はもとより、身体の静である不作為も行為足りうる。とすれば、その構成要件が行為として予定している不作為であって、実行行為としての危険性を有するものは、実行行為足りうるということになる。

　構成要件が明らかに不作為を行為として予定している犯罪（真正不作為犯）においては、ある不作為を実行行為と認めることは容易である。例えば、不退去罪（130条後段）は、要求を受けたにもかかわらず人の住居等から「退去」しないことを行為として予定している真正不作為犯であり、XがAから「出て行け」といわれたのにAの家から退去しなかった場合、当該不作為にはAの住居の支配・管理権を害する危険性があると認められるから、Xの不作為は同罪の実行行為と認められることになる。保護責任者不保護罪（218条後段）も保護する責任のある者が要保護者の「生存に必要な保護」をしないことを行為として予定している真正不作為犯であり、Yが、専ら自分が育てている生後6か月のBにミルクを与えるべきときにミルクを与えなかった場合、当該不作為にBの生命・身体に対する危険性があると認められるときはYの不作為は同罪の実行行為と認められることになる（危険性がどのようなときに認められるかは問題である。Bがミルクを飲んで満腹しているときにミルクを与えなかったような場合は危険性は認められないということになろう。ちなみに、本罪は抽象的危険犯であると解されている）。

　これに対し、構成要件が不作為を行為として予定しているか明らかではない犯罪—通常は作為により実現されることが予定されている犯罪—について、不作為を実行行為として認めるとなると難しい問題が生じる。これが不真正不作為犯（を認めるか）の問題である。

　例えば、殺人罪（199条）は、人を殺したことを行為として予定している犯罪であり、「人を殺す」行為は通常は作為である。前述した保護責任者不保護罪が人の生命・身体の安全を害する不作為を一定の要件の下に処罰していることを考えると、不作為により人の生命・身体を害する行為は同罪に該当する場合に処罰されるのみであり、殺人罪については不真正不作為犯は認められない、と解釈することも不可能ではない。また、保護責任者

不保護罪においてさえ保護責任者の不作為のみが処罰対象になっているのだから、保護責任者でさえない者について、その不作為が殺人罪の実行行為にあたると解釈することは許されない、と考えることもできる。例えば、繁華街に病人が倒れていて放置しておけば死亡する可能性が高いのに、通行人が事情を知りながら何もしなかったために病人が死亡した場合、通行人が携帯電話で救急車を手配すれば病人は助かったのであるとすると、通行人の不作為には病人の生命を害する危険性が十分認められることになる。しかし、この不作為は「定型性」を欠き、殺人罪の実行行為にはあたらないのである（団藤147）。

　それでも、判例・学説は一定の限度で不真正不作為犯を許容する。限定のための要件として認められているのが、作為義務を有する者、あるいは保障者的地位にある者の不作為であること、である（このような者であることを身分とする身分犯として不真正不作為犯を構成する見解もある。団藤149参照）。殺人罪についていえば、「人を殺す」行為には、「作為義務を有する者が不作為により人を殺す行為」が含まれる、と解釈するのである。このような解釈が文言から大きく離れたものであることは否定できない。また、「作為義務を有する者」、「保証者的地位にある者」とはどのような者かは、なお抽象的で不明確である。前述した、繁華街に倒れている病人を放置した事例でも「条理上作為義務を有すると認められるから通行人は殺人罪の罪責を負う」と考えることもできなくはない。どのような場合に作為義務を有する者ないし保障者的地位にある者にあたるか、について、なお検討しなければならない。

[2] 作為義務・保障者的地位に関する学説

　不真正不作為犯の成立範囲を限定する要件として、学説は、（作為可能性を前提に）作為義務を有する者ないし保障者的地位にある者（以下、「作為義務」あるいは「作為義務者」という言葉を用いて表現する）の不作為であることをあげる（これに加えて、作為との等価値性を要件とするものとして板倉107、結果回避可能性を要件とするものとして西田118）。作為義務は不真正不作為犯の中核的な要件である。

　従来の通説的立場は、作為義務の発生根拠として、法令、契約、事務管

理（民697条1項）、条理・慣習といったものをあげてきた（団藤149、大塚153）。
しかし、法令上の義務を果たさないのはその法令に違反するというだけの
ことであり、契約上の義務を果たさないのはその契約に違反するというだ
けのことであり、民法上の事務管理に該当することは、それによる民法上
の義務（例えば、民700条の管理継続義務）を負うというだけのことである、と
もいえ、作為義務が生じる理由は不明である。条理や慣習となると、内容
は不明確であり、どうして条理や慣習から法律上の義務である作為義務が
生じることになるのかもよくわからない。結局、これらから作為義務の存
否・内容を明らかにすることはできず、より具体化しなければ、事案にあ
てはめて結論を出すこともできない、ということになる。
　そこで、作為義務が肯定されるのはどのような場合かにつき、①先行行
為説：不作為者が先行行為により法益侵害に向かう因果の流れを設定した
場合であるとする見解（日高義博『不真正不作為犯の理論』〔慶應通信、1979〕148以
下）、②具体的依存性説：事実上の「引受け行為」により法益保護が不作為
者に具体的に依存している場合であるとする見解（堀内捷三『不作為犯論―作
為義務論の再構成―』〔青林書院新社、1978〕249以下）、③排他的支配領域性説：不
作為者が意思に基づき排他的支配を獲得した場合であるとする見解（西田
125）、④排他的支配・危険創出説：排他的支配に加えて不作為者が危険を創
出または増加させた場合であるとする説（注釈（1）288-290〔佐伯仁志〕）、など
の学説が唱えられている。不真正不作為犯の成立範囲を合理的に限定する
には、先行行為、引受け、排他的支配のみでは十分ではないと考えるなら、
④の見解が支持できるということになろう。

[3] 不真正不作為犯に関する裁判例
(1) 不真正不作為犯が肯定される犯罪
　不真正不作為犯を肯定した裁判例には、殺人罪に関するものと放火罪に
関するものが多い。もっとも、詐欺罪や死体遺棄罪などについても不作為
による実行が認められている（詐欺罪に関し、大判大正7・7・17刑録24-939、大
判昭和4・3・7刑集8-107など、死体遺棄罪に関し、大判大正6・11・24刑録23-1302）。
(2) 殺人罪関係
　自分の保護下にある嬰児に食物等を与えず餓死させた場合、被害者の親

権者であるか否かにかかわりなく、不作為による殺人罪の成立が肯定される（大判大正 4・2・10 刑録 21-90、大判大正 15・10・25 大審院判決拾遺 1-刑 87）。

　自動車の運転者が過失により重傷を負わせた被害者を救護のため自車に収容して出発した後、救護の意思を喪失して病院に搬送しなかった場合、不作為による殺人罪の成立が肯定される（東京地判昭和 40・9・30 下刑集 7-9-1828）。もっとも、最判昭和 34・7・24 刑集 13-8-1163 は、過失により重傷を負わせた被害者を自車で他所に運び、医者をよんできてやると欺いて下車させ、放置して立ち去った事案について、保護責任者遺棄罪の成立を肯定している。被害者に意識があり放置により直ちに死亡結果を惹起するほど危険な状況ではなかったことが考慮されたのであろう。

　故意に暴行を加えて傷を負わせた被害者を医師による治療を受けさせず自宅内に放置して死亡させた事案について、自己の行為により危険を発生させたことや被害者の救助を引き受けて支配領域内に置いていたこと等を考慮し、不作為による殺人罪の成立を肯定したものとして、東京地八王子支判昭和 57・12・22 判タ 494-142 がある。

　最決平成 17・7・4 刑集 59-6-403 は、「シャクティパット」という治療を施す能力があるなどとして信奉者を集めていた X が、脳内出血で倒れて入院中の A の親族から同治療を依頼され、宿泊先のホテル内で病院から運ばれてきた A に同治療を施した後、約 1 日間放置し、A を痰による気道閉塞により窒息死させた事案について、X は、自己の責めに帰すべき事由により A の生命に具体的な危険を生じさせた上、X を信奉する A の親族から A に対する手当を全面的に委ねられた立場にあって、A の重篤な状態を認識し、これを自らが救命できるとする根拠はなかったのであるから、直ちに患者の生命を維持するために必要な医療措置を受けさせる義務を負っていたというべきである、などと述べて、不作為による殺人罪の成立を肯定した。自己の責めに帰すべき事由により、病院で治療を受けている状態からホテル内に移して生命に対する危険を増加させた点と A の親族を含め信奉者しかいないホテル内で A を病院に移すかどうかは X の指示があるか否かにかかっていた点が考慮されたといえる。

(3) 放火罪関係

　先行行為により物件の発火や発火の危険が生じたのに、これを利用する

意思で放置し物件を焼損した場合、不作為による放火罪の成立が肯定される（大判大正7・12・18刑録24-1558、大判昭和13・3・11刑集17-237）。また、過失の程度が大きい先行行為により発火した場合は、発覚を恐れて立ち去るなど焼損を認容するに止まったとしても、不作為による放火罪の成立が肯定される（最判昭和33・9・9刑集12-13-2882、広島高岡山支判昭和48・9・6判時743-112）。学説には、主観的態度を重視し結果発生について単なる認容があるに過ぎないときに不真正不作為犯の成立を肯定することを疑問視するものもある（藤木135）。しかし、これらの事案では先行行為による危険創出と排他的支配といった観点から不真正不作為犯の成立を肯定することが可能である。あえて主観的要素による絞りをかける必要はなかろう。

4　因果関係

A　総説

　結果犯が完成する（既遂に達する）ためには、実行行為によって結果が発生することが必要である。例えば、殺人罪の構成要件は、199条の文言から考えても、「人を殺したこと」であり、それをさらに具体化すると、「人を殺すような行為（殺人罪の実行行為）によって人を死なせたこと」であるといえる。実行行為が行われ実行の着手（43条）が認められても、①結果が発生しなかった場合、②結果が発生しても、実行行為と結果発生との間に因果関係が認められない場合、は結果犯は完成せず、未遂犯として処罰することが認められているとき（44条にいう「各本条」で未遂を罰すると定めているとき）は未遂罪が成立することになる。例えば、XがAを毒殺しようと思ってAのコーヒーに毒を入れたにもかかわらず、①Aを死亡させることができなかった場合、②Aは死亡したものの、それは、毒の効いてくる前に、散歩中のAが居眠り運転の自動車に轢かれたためであった場合、殺人罪の構成要件に該当せず、殺人未遂罪の構成要件には該当するので、殺人未遂罪が成立することになる。このように、因果関係は、「実行行為によって結果が発生した」という関係であり、（既遂の）結果犯の構成要件要素とな

るものである。

　通説によれば、このような因果関係が認められるか（事実が、構成要件の予定している「実行行為によって結果が発生した」という関係にあてはまるか）を判断する際には、まず、条件関係（「その行為がなければ、その結果は発生しなかったといえる」という関係）があるかを判断し、これが肯定されたなら、次に、相当因果関係（社会生活の経験に照らして、「その行為からその結果が発生することが相当であるといえる」という関係）があるかが判断され、これも肯定されたなら、因果関係が認められる、ということになる。前述のＡが居眠り運転の自動車に轢かれて死亡した事例では、「Ｘがコーヒーに毒を入れなければ、Ａが死亡することはなかった」とはいえないので、条件関係がなく、因果関係は認められないことになる（このような場合を因果関係の断絶という）。そして、相当因果関係の相当性判断の基礎となる事情（判断基底）の範囲については議論があるところ、行為当時、一般人が認識しえた事情および行為者が特に認識していた事情を基礎として相当性を判断する折衷説が多数説の座を占めてきた。

　ところが、判例は、多数説とは異なった考えをしているようにみえる。例えば、最決平成22・10・26刑集64-7-1019は、行為の「危険性が現実化した」ときに因果関係があるといえる旨述べている[2]。学説として、「危険の現実化説」など相当因果関係説とは異なる見解も唱えられている。現在、因果関係論はかなりの変容を迫られている。

B　条件関係

[1]　条件関係公式

　因果関係が認められるためには、条件関係が認められることが必要である。条件関係とは、「その行為がなければ、その結果は発生しなかったといえる」という関係である（このような「あれなければ、これなし」の公式を条件関係公式とよんだりする）。したがって、条件関係は、「その行為を取り除いても、その結果は発生したか」という問いの形式で判断され、「その結果は発生した」ということになれば否定され、「その結果は発生しなかった」ということになれば肯定される、ということになる。

[2] 作為犯、不作為犯における条件関係

　X が A を毒殺しようと思って A の飲むコーヒーに毒を入れたところ、毒の効いてくる前に A が居眠り運転の自動車に轢かれて死亡した場合（作為犯の事例）では、「X の当該毒入れ行為を取り除いても、A の当該死亡結果は発生した」といえるので、条件関係は否定され、相当性について判断するまでもなく因果関係は認められず、X は殺人未遂罪の罪責を負うに止まる、ということになる。これに対し、作為義務のある Y が重傷を負って路上に横たわっている B を救助せずに放置しておいたところ、居眠り運転の自動車に轢かれて死亡した場合（不作為犯の事例）では、Y が放置せずに救助をしていれば、A は路上に横たわっていないので轢かれることもなかった、といえるので、「Y の当該放置を取り除いても、A の当該死亡結果は発生した」とはいえず、条件関係は肯定される。不作為犯の場合、「不作為を取り除く」とは「作為をしたと仮定すること」を意味するのである。

[3] 結果回避可能性と因果関係

　「作為をしたと仮定しても、結果は発生した」といえるとき、不作為と結果発生との因果関係（条件関係）が否定されるなら、作為による結果回避可能性がないときにも同様の結論になる、ということになる。例えば、作為義務のある Z が重傷を負って路上に横たわっている C を救助せずに放置し、C は 5 分後に死亡しているところ、最寄りの病院は 30 km 離れた所にあり、Z が C を病院に搬送したとしても C は同時刻に死亡したと認められる場合、「Z が放置せずに救助（病院への搬送）をしていれば、C は傷のために死ぬことはなかった」とはいえないので、条件関係は否定されることになる。盛岡地判昭和 44・4・16 刑月 1-4-434 や札幌地判平成 15・11・27 判タ 1159-292 は、このような観点から当該事案における因果関係を否定している。

　また、最決平成 1・12・15 刑集 43-13-879 は、被告人がホテルの客室内で覚せい剤のため錯乱状態に陥った被害者を放置して数時間後に死亡させた事案について、被告人が救急医療を要請していれば被害者の救命は合理的な疑いを超える程度に確実であったと認められるとして、因果関係を肯定している。逆に、最判平成 15・1・24 裁時 1332-4 は、交差点内での死傷

事故の事案について、被告人が交差点手前で減速して安全を確認していれば衝突を回避することが可能であったといえるかにつき合理的な疑いをいれる余地があるとして、業務上過失致死傷罪（当時）の成立を否定している。

このように考えてくると、故意作為犯の場合にも結果回避可能性が認められないことから条件関係を否定してよいのではないか、と思えないではない。例えば、医師が重病の患者を安楽死させようと思って毒薬を注射したところ、患者は、病気により死亡すべき時点で死亡した場合、毒薬注射をしなくても患者はその時点で死亡したといえるから、結果回避可能性が認められないことを理由に結果の帰責を否定し、医師は殺人未遂罪の罪責を負うに止まる、とする見解もある[3]。今後の検討課題である。

[4] 条件関係に関する諸問題
(1) 仮定的因果経過の問題
　仮定的因果経過とは、ある行為からある結果が発生しているものの、仮にある行為をしなくても他の事実によって結果が発生したであろうといえる場合をいう。例えば、死刑執行人 X が A に対する死刑を執行するためボタンを押そうとした瞬間、Y が X の手を押しのけてボタンを押したため、A が死亡した場合、Y がボタンを押さなくても、同時刻に X がボタンを押し A は死亡したといえるから、Y のボタン押し行為と A の死亡との間の条件関係は認められないのではないか、という問題である。通説は、条件関係の判断は現実に行われた行為と現実に発生した結果とについてなされるべきであり、仮定的に「その行為が行われなかったら何が起こったか」といったことを付け加えて判断してはならない、とする。前述の事例でも、「Y がボタンを押さなかったら、どうなったか」を付け加えることなく、「Y のボタン押し行為」を取り去ってみれば「A のその死亡結果」は発生しなかったといえるから、条件関係は認められることになる。

(2) 択一的競合の問題
　複数の行為が行われ、それにより 1 つの結果が発生した場合（例えば、X と Y とが各自、A の飲もうとしているコーヒーに毒を入れ、これを飲んだ A が死亡した場合）、それぞれの行為と結果との条件関係が認められるか問題になる。①X と Y の入れた毒がそれぞれ致死量に達していず、双方の入れた毒が

相まって致死量に達しAを死亡させたとき、②XとYの入れた毒の相乗作用により、片方が毒を入れた場合より早期にAが死亡したとき、であれば、Xの毒入れ行為、Yの毒入れ行為のいずれかを取り去れば、その時点におけるAの死亡結果は生じなかったことになるから、条件関係は認められる（このような因果関係を重畳的因果関係とよぶ）。これに対して、③XとYとが、飲んで10分後に死亡する量の毒を各自入れ、Aが10分後に死亡した場合は、Xの毒入れ行為を取り去ってもYの毒入れ行為により、Yの毒入れ行為を取り去ってもXの毒入れ行為により、飲んでから10分後に死亡結果が発生したといえるから、両行為とも結果との間の条件関係は認められないのではないか、という疑問が生じる。これが択一的競合の問題である。条件関係を認める見解が多数説ではあるものの、その根拠は明確とはいえない（大コン（2）123-126〔岡野光雄〕参照）。

C　相当因果関係など

　条件関係が認められた場合、最終的に因果関係が認められるか否かの検討に入ることになる。条件関係が認められれば基本的に因果関係は認められるとする見解を条件説という。この見解をそのまま適用すると、例えば、XがAを射殺すべく狙撃してAに軽傷を負わせ、その後、Aが病院で治療を受けている時点でYが病院に放火し、Aが焼死した場合、Xの狙撃を取り去ると、「Aは病院に行くことはなく焼死することもなかった」といえるから、狙撃と死亡との条件関係は認められ、因果関係は認められることになり、Xは殺人罪の罪責を負うことになる。しかし、Aが病院放火の被害者になることは狙撃の時点では予見し難い事情であり、Xは殺人未遂罪の罪責を負うに止まる（Yは、殺人罪および108条の放火罪の罪責を負う）とするのが妥当であろう。条件説を採る者は、このような場合には因果関係の中断があるとして、同様の結論を導こうとする。しかし、中断を認める根拠や基準は明確ではない。

　そこで、通説的立場を占めるようになったのが、社会生活の経験に照らして結果発生が相当といえる場合に因果関係を肯定する相当因果関係説である。相当因果関係説は、相当性判断の基礎となる事情（判断基底）の範囲によって、①主観説：行為当時、行為者が認識していた事情および認識し

えた事情を基礎とする見解、②折衷説：行為当時、一般人が認識しえた事情および行為者が特に認識していた事情を基礎とする見解、③客観説：行為当時存在した全事情および行為後に生じた一般人に予見可能な事情を基礎とする見解、に分かれる。②が従来の多数説であり（団藤177、大塚229、大谷207など）、近年は③が有力説となっている（平野Ⅰ142、板倉115—ただし、行為当時存在した全事情のみを基礎とする）。

相当因果関係説に対しては、「相当性の判断構造が明確ではない」という批判が向けられてきた。とくに、行為後に生じた事情について、折衷説は「行為当時、一般人が認識しえた事情」として、客観説は「行為後に生じた一般人に予見可能な事情」として、いずれも一般人に予見可能であったかを問題にするところ、予見可能であれば判断基底に入れて相当性を肯定し、予見可能でなければ判断基底から除外して相当性を否定する、というのでは、予見可能性といったあいまいな概念で因果関係の存否を決定することになって不合理であり（板倉117参照）、ともすれば相当性の判断を先取りする形で判断基底に入れるか否かの判断をすることにもつながりかねない（大コメ（2）111〔岡野光雄〕参照）。さらに、危険性の高い実行行為を行った場合でも介在事情が第三者の故意行為のように異常なものであれば因果関係を否定してよいのか、といった問題もある（西田107-108参照）。そのようなことから、行為後の介在事情がある場合、実行行為に結果を帰属せしめるか否かは、①実行行為に存する危険性の大小、②介在事情の異常性・実行行為との関連性の大小、③介在事情の結果への寄与の大小を考慮要素として判断するべきであるとの見解が有力になっている（前田139）。「実行行為の危険性が結果へと現実化したか」を基準とする危険の現実化説（山口60以下）の志向するところも同様であろう。

なお、因果関係と帰責の問題を区別し、構成要件の射程範囲内の危険を創出しこれが結果に現実化したといえる場合に帰属を認める客観的帰属論という見解もある。この見解は事実的なつながりよりも規範的評価を重視するところに特徴がある（山中256以下、高橋131以下、参照）。

判例は、行為時に被害者の病気などの予想できない特殊事情があったため結果が発生した場合でも因果関係を肯定している（最判昭和25・3・31刑集4-3-469、最判昭和46・6・17刑集25-4-567）。とすると、判例は、相当因果関係

説の折衷説とは異なった考えを採用していると考えられる。行為後に、被害者・行為者・第三者の行為が介在した場合については、因果関係を否定する趣旨とみうる判示をした裁判例が若干あるものの（第三者の故意行為が介在した事案について最決昭和 42・10・24 刑集 21-8-1116、行為者の故意行為が介在した事案について最決昭和 53・3・22 刑集 32-2-381）、多くの裁判例は介在行為があっても因果関係を肯定している（被害者の行為が介在した事案について、①最決平成 4・12・17 刑集 46-9-683、②最決平成 15・7・16 刑集 57-7-950、③最決平成 16・2・17 刑集 58-2-169、第三者の行為が介在した事案について、④最決平成 2・11・20 刑集 44-8-837、⑤最決平成 16・10・19 刑集 58-7-645、⑥最決平成 18・3・27 刑集 60-3-382、⑦最決平成 22・10・26 刑集 64-7-1019）。このうち、⑦は、航空管制官（被告人）の過失行為（便名を誤った降下指示）とニアミスによる航空機の乗客らの負傷との間に機長の過失行為（降下操作の継続）が介在した事案について、機長の行為は「異常な操作などとはいえず、むしろ機長が降下操作を継続したのは被告人から降下指示を受けたことに大きく影響されたものであったといえる」ことから、「本件ニアミスは、言い間違いによる本件降下指示の危険性が現実化したもの」であるとして、因果関係を肯定している。ほかに、危険の現実化という言葉を用いているものとして、最決平成 24・2・8 刑集 66-4-200[4]がある。

　以上のように、判例は、相当因果関係説ではなく、実行行為の影響や介在行為の異常性などを考慮する考えを採用しているとみることができる。もっとも、寄与度等を考慮すれば、相当因果関係説によっても同様の結論に達することは可能である[5]。

▌▌▌コラム▌▌　学生甲乙丙、因果関係を語る

甲　何のかんのいっても相当因果関係説が一番便利だよね。行為後の介在事情がある場合、一般人に予見可能なら判断基底に入れて相当性肯定、予見可能でないなら判断基底から除外して相当性否定、と単純だし。

乙　それだと、X が殺意をもって A に斬りつけ、傷を負った A が救急車で病院に搬送される途中、交通事故に遭って、死亡した、という事例ではどうなるの？

甲　交通事故は斬りつけ行為をしたときに予見できなかったから相当性否

定で、因果関係は認められず、Xは殺人未遂罪、となるんじゃないか。

乙 Aの傷は軽かったのに救急車がトラックと正面衝突してAが即死した場合なら、それでいいと思うけど、Aの傷が重くて、一刻も早く病院で治療を受ける必要があったのに、軽い追突事故のために到着が遅れて手遅れになったという場合は、Xは殺人罪（既遂）に問われてもしかたがないんじゃないかな。

丙 因果関係というのは、その結果を誰のどの行為に帰属させられるか、それが誰のどの行為によって生じたことなのか、あるいは「誰の仕業か」ということなのだから、結果発生への寄与度を考慮することが大事だと思うな。もっとも、あまり「規範的判断」を重視すると、事実的な因果関係とは別のものになってしまうおそれもあるから、判断基準の明確化も含めて検討する必要があるね。また議論しよう。

5 被害者の同意と構成要件該当性

　被害者の同意（「被害者の承諾」ともいう。以下、同意と表記する）とは、行為者の行為ないしそれにより法益が害されることにつき、その法益の主体が、その意思に基づいて賛成ないし是認することをいう。同意は、構成要件該当性や違法性の段階で、犯罪の成否に影響を及ぼすことがある。ここでは、同意が構成要件該当性にどのような影響を及ぼすかについて述べる。

　同意が構成要件該当性にどのような影響を及ぼすかは、構成要件によって異なる。

　被害者の意思に反して、ある行為が行われることを予定している構成要件であれば、同意があれば構成要件該当性が否定される。住居等侵入罪（130条前段）、窃盗罪（235条）、器物損壊等罪（261条）などでは、同意があれば構成要件該当性が否定される。

　被害者の意思にかかわらず、ある行為が行われることを予定している構成要件であれば、同意があっても構成要件該当性は肯定されることになる。13歳未満の者に対する強制わいせつ罪（176条後段）・強制性交等罪（177条後

段）では、同意があっても構成要件該当性が肯定される。

　同意があることを前提に、ある行為が行われることを予定している構成要件であれば、同意があるからこそ構成要件該当性が肯定されることになる。同意殺人罪（202条後段）、同意堕胎罪（213条前段）、業務上堕胎罪（214条前段）では、同意（嘱託・承諾）があるからこそ構成要件該当性が肯定されるのであり、同意がなければ、別の犯罪—殺人罪（199条）や不同意堕胎罪（215条1項）の構成要件に該当することになる。

　同意に関しては、同意の存否に関する問題など種々の問題がある。第5章（2、D、[3] **被害者の同意**）で述べる。

注）

1) 佐伯仁志『刑法総論の考え方・楽しみ方』（有斐閣、2013）32参照。
2) この判例について、板倉宏監修・著、沼野輝彦＝設楽裕文編『現代の判例と刑法理論の展開』（八千代出版、2014）29以下〔清水洋雄〕参照。
3) 佐伯・前掲注1）54以下参照。
4) この判例について、板倉・前掲注2）55以下〔神例康博〕参照。
5) 板倉・前掲注2）38以下〔清水洋雄〕参照。

74 ■ 第 4 章 ■ 構成要件該当性

知識を確認しよう

問題

(1) X は、モデルガンのコレクターである A の経営する喫茶店で B と話をしているうちに B を殺害しようと考え、近くに飾ってあったモデルガンを本物の銃で実弾が装填されているものと誤信し、B がトイレに行っている隙にこれを手に取り、戻ってきた B に銃口を向け、引き金を引いた。X は殺人未遂罪の罪責を負うか。

(2) X は、狩猟に行った際、過失により A を猟銃で撃って重傷を負わせ、意識を失っている A を病院に運ぼうと考え、自分の自動車に A を収容して、3 km 先の病院に向かって出発した。その後、X は、責任を追及されることが恐ろしくなり、病院から 100 m 離れた地点で、A を路上に降ろし放置して逃げ去った。A は出血のため、3 時間後に死亡した。X の罪責を論じなさい。

解答への手がかり

(1) 殺人罪の実行行為としての危険性がある行為をしたといえるかが問題である（本章、3、C、[1]、参照）。

(2) A に重傷を負わせた行為は業務上過失致傷罪の構成要件に該当する。さらに、過失行為と死亡結果との間に因果関係が認められれば、業務上過失致死罪の構成要件に該当することになり、同罪が成立することになる（法条競合）ものの、X の放置行為が介在している（本章、4、参照）。放置したことについては殺人罪の不真正不作為犯となるかが問題となる（本章、3、E、参照）。

第5章 違法性

本章のポイント

1. 違法性とは、法に違反する性質をいう。犯罪の成立要件との関係では、違法性阻却事由にあたるかが重要な問題になる。

2. 違法性阻却事由には、正当行為（35条）、正当防衛（36条1項）、緊急避難（37条1項本文）がある。これらの規定の解釈・適用の際には、条文の趣旨・目的、違法性の本質・実質について考える必要がある。

3. 正当行為には、法令行為、正当業務行為、その他の正当行為がある。

4. 正当防衛と緊急避難は、緊急行為である。不正の侵害に対抗する正当防衛と異なり、緊急避難においては補充性や害の均衡（法益権衡）が要件になる。

5. 誤想防衛、誤想過剰防衛、誤想避難、誤想過剰避難の場合は、正当防衛、緊急避難にはならず、違法性は阻却されない。ただ、責任故意が阻却されることがある。

76 ■第5章■違法性

1 総説

A 犯罪の成立要件と違法性

　違法性とは、法に違反する性質（法的に許されないものであること）をいう。ここで問題になるのは、犯罪の成立を肯定するに足りる違法性であり、構成要件に該当する行為の違法性である。犯罪の成立要件は、①構成要件に該当する、②違法で、③有責な、行為であること、である。構成要件は、法的に許されない行為を「した者」を処罰すると規定した罰条を基にして導き出された可罰的な行為の類型であるから、原則として「構成要件に該当する行為は違法である」となる（構成要件の違法性推定機能）。例外は、違法性阻却事由—構成要件に該当し違法であると推定される行為について、その推定を覆して、当該行為は違法ではないとする事由（具体的には、35条の正当行為、36条1項の正当防衛、37条1項本文の緊急避難が明文による違法性阻却事由である。ほかに超法規的違法性阻却事由を認める見解もある）—に該当する場合である。したがって、ある犯罪が成立するか否かを検討する際には、まず、①ある行為がある犯罪の構成要件に該当するかを検討し、これが肯定されたなら、次に、②違法性が阻却されるか—違法性阻却事由に該当するかを検討することになる。検討の結果、違法性阻却事由に該当し違法性が阻却されるときには犯罪不成立となり、違法性阻却事由に該当せず違法性が阻却されないときには、さらに、③責任が阻却されるかを検討することになる。

　具体例によって説明しよう。

　【事例1】Xが、Aに石を投げつけて傷を負わせようと思って、手頃な石を探している間に、Xの意図に気づいたAが、逃げようとして駆け出し、転倒して頭部に傷を負った。

　【事例1】のXは、傷害罪（204条）の構成要件的故意（なお、同罪の故意は暴行罪〔208条〕の故意で足りる。最判昭和22・12・15刑集1-80参照）をもって傷害結果発生の危険のある行為を開始していないので、傷害罪の構成要件に該当する行為を行ったとはいえない。したがって、傷害罪は成立しない（なお、暴行を開始していないので、暴行罪の構成要件に該当する行為を行ったともいえない）。

　【事例2】Xは、Aに石を投げつけて傷を負わせようと思って、鶏卵大の

石を A の頭部めがけて投げつけ、A の頭部に傷を負わせた。

【事例 2】では、X は傷害罪の構成要件的故意をもって同罪の構成要件に該当する行為（実行行為）を行い、それと因果関係のある同罪の結果（人の身体の傷害）を発生させている。したがって、X の行為は、傷害罪の構成要件に該当するということになり（204 条の文言に即していうなら、X は「人の身体を傷害した」ことになり）、とくに事情のない限り、人の身体を故意に傷害することは違法で有責なので、傷害罪が成立することになる。

【事例 3】X は、公園を散歩しているときに、A が B を日本刀で斬殺しようとしているのを目撃し、B の生命・身体を守るためには A に多少の傷を負わせてもやむを得ないと考え、A に石を投げつけて傷を負わせようと思って、鶏卵大の石を A の頭部めがけて投げつけ、A の頭部に傷を負わせた。

【事例 3】で、X は（【事例 2】と同様に）傷害罪の実行行為を行って A に傷を負わせている。したがって、X の行為は傷害罪の構成要件に該当する。しかし、X は、A による B への「急迫不正の侵害に対し」、B という「他人の権利を防衛するため、やむを得ずに」このような行為を行ったのであるから、36 条 1 項の正当防衛にあたることになり、違法性が阻却されて、傷害罪は成立しないことになる。

【事例 4】X は、公園を散歩しているときに、A と B が演劇の練習を小道具の摸擬刀を用いてしているのを目撃し、A が B を日本刀で斬殺しようとしていると誤信し、B の生命・身体を守るためには A に多少の傷を負わせてもやむを得ないと考え、A に石を投げつけて傷を負わせようと思って、鶏卵大の石を A の頭部めがけて投げつけ、A の頭部に傷を負わせた。

【事例 4】では、X の行為は傷害罪の構成要件に該当し、「急迫不正の侵害」が実際に存在しないので正当防衛にはあたらず、違法性は阻却されない。となると、傷害罪が成立するように思えるけれど、X は急迫不正の侵害に対し B の権利を防衛するため、やむを得ずに傷害行為を行っていると思っているので、38 条 1 項の「罪を犯す意思」、すなわち、犯罪事実（①客観的構成要件に該当し、②違法性阻却事由に該当しない事実）を認識・予見しながらあえて行為に出る意思が認められない（①の認識・予見はある—それ故、構成要件的故意は認められる—ものの、②の認識・予見はないので、犯罪事実を認識・予見しながらあえて行為に出る意思は認められない。これを「責任故意が阻却される」と表

現する）。したがって、ここでも故意犯である傷害罪は成立しないことになる。【事例4】のような場合を「誤想防衛」とよぶ。誤想防衛は違法性阻却事由に関する錯誤の一類型であり責任故意が阻却されるかが問題になるので、本来は第6章（責任）で取り扱うべき問題である（第6章、3、**C　違法性阻却事由該当事実に関する事実の錯誤**、参照）。ただ、本書では本章で取り扱うことにする（5、**A　総説**、参照）。

B　違法性阻却事由と違法性の本質

　犯罪の成立要件としての違法性は、「違法性阻却事由に該当して違法性が阻却され犯罪不成立となるか」という場面で問題となる。したがって、このような意味での違法性の問題は、まずは違法性阻却事由についての規定（35条・36条1項・37条1項本文）の解釈・適用の問題になる。明文のある違法性阻却事由に該当するか否かの問題として検討され、その結果が妥当なら、超法規的違法性阻却事由といったものを考える必要はない。

　それでも、違法性の本質について考える必要がないわけではない。構成要件該当性段階では、かなり具体的に記述された罰条（例えば、「人の身体を傷害した」と記述された204条）の解釈が問題になり、基本的に条文の文言にそって解釈を行えばよい（逆からいうと、「利口な猿の身体を傷つけた者も傷害罪に問われてしかるべきだ」と考える者でも、204条に「人の身体」と記述されている以上、これに猿の身体が含まれると解釈することは、類推禁止に反するので、できない）。しかし、違法性阻却事由についての規定になると、例えば、36条1項には、「急迫不正の侵害に対し、自己又は他人の権利を防衛するため、やむを得ずにした行為」と、抽象的な記述がされているに止まる。「不正」とは、「防衛するため」とは、「やむを得ずにした」とは、どういうことなのか、文言からはよくわからない。構成要件段階でも規範的構成要件要素というものが考えられるけれど、違法性阻却事由の要件は、とりわけ規範的であるともいえる。35条になると、法令による行為のほか、「正当な業務による行為」も違法性が阻却されるとしており、どのような場合が「正当」となるのか、ますますわからない。さらに、刑法解釈においても行為者の利益になる類推（解釈）は許されるので、違法性阻却事由の規定を、文理にとらわれずに趣旨・目的を考えて、より柔軟に解釈することや類推解釈すること

が許される。そうなると、そのような解釈をするために、個々の違法性阻却事由の趣旨・目的、さらに、それらの上にある違法性の本質や実質について考えることが必要になる。

また、違法性の判断基準を提示するためにも、違法性の本質や実質についての議論は必要である。違法か否かの判断が全て裁判官や裁判員の直観に委ねられるというのでは、法的安定性の見地から問題があるし、罪刑法定主義の要請にも反することになる。そこで、違法性の本質・実質と関連づけて判断基準をできる限り明確にしておくことが必要になる。

C 違法性の本質に関する理論

[1] 客観的違法性論と主観的違法性論

客観的違法性論は、行為者の主観的能力にかかわらず、そのようなことは許容できないと評価した法に客観的に反することが違法である、とする考えである。主観的違法性論は、そのようなことはしてはならないという法の禁止・命令に反することが違法である、とする考えである。主観的違法性論によれば、禁止・命令の内容を知り、これに従って意思決定をする能力のある者が禁止・命令に違反したときが違法である、ということになる。とすると、責任無能力者は違法行為を行えない、ということになる。それでは、心神喪失状態（39条1項）にある A が B を斬殺しようとした場合、A の行為は違法ではないので急迫「不正」の侵害にはあたらず、B の生命・身体を守るために A に石を投げつける行為は正当防衛にならない、ということになりかねない。このような結論は妥当ではない（もっとも、正当防衛にならないとしても、緊急避難や正当行為として違法性を阻却する余地がないではない）。また、構成要件該当性、違法性、責任の順で犯罪の成否を検討する三分説の体系にもなじまない。そのようなことから、客観的違法性論が支配的な考えになっている。

客観的違法性論を徹底するなら、動物の行為も違法であるということになる。そうなると、例えば、地震によって逃げ出した A 所有の犬が X 所有の猫に襲いかかり、X は、猫（猫についての所有権）を守るために犬に石を投げつけて傷を負わせた場合（対物防衛の事例）、X の行為は、器物損壊等罪（261条）の構成要件に該当するものの、犬が猫に襲いかかったことは急迫

80 ■ 第5章 ■ 違法性

「不正」の侵害であり、正当防衛として違法性が阻却されるということになる。このような結論でよいかについて、学説は分かれている（3、B、[1]、(2)不正、参照）。

　客観的違法性論によっても、違法性の判断において主観面を考慮しないということにはならない。通説は、判断が客観的になされるなら判断の対象となる違法要素は客観的要素に限定されないとして、主観的違法要素（違法性の有無、強弱の程度に影響を及ぼす主観的要素—例えば、通貨偽造罪における行使の目的）や主観的正当化要素（違法性阻却事由の要件となる主観的要素—例えば、正当防衛における防衛の意思）を肯定する（団藤197-199、大塚361-364、藤木149-150、板倉175、大谷235）。もっとも、主観的違法要素・主観的正当化要素をどこまで肯定するかについては見解が分かれている。

[2] 形式的違法性論と実質的違法性論

　形式的違法性論は、違法性は（形式的に）実定法規（法令の条文）に違反することである、とする考えである。実質的違法性論は、違法性を実質的に捉える考えである。形式的違法性論と実質的違法性論とは必ずしも相反するものではない（実定法規に違反する行為は実質的にも違法であることが多い）。ただ、形式的違法性だけでは違法性の実質を十分に捉えることはできない。そこで、実質的違法性論が主流になっている。

[3] 実質的違法性の内容に関する理論
(1) 規範違反説、法益侵害説、二元説

　実質的違法性の内容に関する学説は、①規範に違反することをいうとする規範違反説（団藤188）、②法益侵害またはその危険（の惹起）をいうとする法益侵害説（西田127、山口105）、③規範に違反する法益侵害（または、その危険）をいうとする二元説（大塚356、藤木78、板倉172、大谷230）に大別できる。通説は③の二元説である。もっとも、「規範」の意味については、国家的な観点から規制された社会的倫理規範（大塚356）、歴史的に形成された社会倫理秩序（大谷230）、社会生活上のルールとして客観化されている社会規範（板倉171）といった具合に、主張者によって差異がある。また、②の法益侵害説は、法益侵害またはその危険を（行為によって）惹起することが違法だ、と

いうのであるから、「結果（法益侵害またはその危険）のみならず、その結果を惹起した行為をも評価して違法性を判断する考えである」といえる（西田134は、違法性阻却の原理に関して行為の「社会的有用性」を取り上げている。山口106は、当罰性が認められる違法行為に処罰が限定されることは結果無価値論も当然の前提としている旨述べている）。

(2) 結果無価値論、行為無価値論

近年は、結果無価値論と行為無価値論の対立という形で違法性の実質が論じられることが多い。山口厚に倣うなら、結果無価値論は、違法性の実質を、結果無価値（法益侵害・危険）の惹起と理解する立場であり、行為無価値論は、違法性の実質に、反倫理性等の行為に対する社会的非難（行為無価値：法益侵害・危険に解消できない、否定的に評価される行為の属性）が含まれると理解する立場である（山口105参照）。結果無価値論は、前述の法益侵害説と同義であるといってよい（山口105は、法益侵害説と結果無価値論は同義であり、現在、学説では結果無価値論の名称がより一般的に用いられている旨述べている）。行為無価値論は、前述の規範違反説あるいは二元説に相応するものと考えてよい（大谷236は、行為無価値論とは、違法性の本質を行為の規範違反性に求める見解をいうとする）。

結果無価値論は、行為や主観的要素をおよそ評価の対象としないというものではなく、法益侵害・危険に解消できない「社会倫理」といったものによって評価することを否定する見解である。行為無価値論は、結果無価値に加えて行為無価値を考慮するものであって、行為無価値のみが違法性の実質であるとするものではない（二元的行為無価値論、折衷的行為無価値論）。要するに、行為無価値論はもとより結果無価値論も、行為と結果の一方のみで違法性に関する評価・判断をするものではない。本来、犯罪は実行行為と結果を含む「行為」（所為）であり（単純行為犯についても結果が考えられることにつき、山口46参照）、このような「行為」について（35条・36条1項・37条1項本文による）違法性阻却が問題になるのであるから、「結果と行為の一方だけを考慮する違法性の実質論は現行刑法の解釈論として受け容れ難い」ともいえる。

また、行為無価値論が刑法による社会倫理の保護に直結しているわけではない（板倉170-172参照）。「刑法の任務を法益保護に求めながら、行為無価

値を考慮する立場もあり得るし、現在では、そのような立場が、ドイツで
もわが国でも一般的である。現在の結果無価値論と行為無価値論の争いは、
刑法の任務が法益保護にあることを当然の前提としながら、これを達成す
るために、刑罰をどのようにどこまで用いるべきかをめぐる争いなのであ
る」という指摘もある（佐伯仁志『刑法総論の考え方・楽しみ方』〔有斐閣、2013〕
8-9）。さらに、結果無価値論者からも、行為無価値論の立場であっても法
益衡量の観点を無視する必要はなく、また説得力のある理由づけを求める
ため、実際にも無視されていないのであって「この意味で、違法性阻却判
断における結果無価値論と行為無価値論の差は、その基本的な理念の違い
ほど大きくはないともいえる。それは、法益衡量以外にどのような要素を
考慮するかという点にあるといってもよいであろう」といわれる（山口109-
110）。

　このように、結果無価値論と行為無価値論の差異はそれほどのものでは
ない。そして、個々の解釈論を展開する際には、「結果無価値論だからこう
解する」というのではなく、条文の文言、趣旨を考慮しつつ合理的に処罰
範囲を確定する作業が必要になる。

▌▌コラム▌▌▏学生甲乙丙、結果無価値論、行為無価値論を語る

甲　僕は結果無価値論に与するよ。だって、刑法の任務は法益の保護であ
　　って社会倫理や道徳を守らせることじゃないからね。

乙　本文を読んでいないのね。まあ、「刑法の任務は法益保護だ」っていう
　　のも「それって刑罰の任務じゃないの」とツッコミたい気分だけれど、
　　それは置いとくとして、刑法の任務が法益保護だとすると、どうして法
　　益侵害・危険の惹起が違法性の実質だということになるのかな？

甲　だから、法益を保護するために刑法は法益侵害・危険の惹起を禁止し
　　ているのであって、禁止されていることをするのが違法ということだか
　　ら、違法性の実質は法益侵害・危険の惹起と、こうなるのじゃないの。

乙　禁止されていることをするのが違法だというのは規範違反説でも同じ
　　じゃないの？　それに、刑法の任務ないし機能としては法益保護のほか
　　に秩序維持や自由保障が考えられるのだから、法益保護だけ強調するの

はフェアじゃないのでは？　秩序を維持して国民が安心して暮らせるように するのも刑罰ないし刑法の任務だといえるように思えるし。

丙　結果無価値論のねらいは、法益侵害・危険に関連づけて違法性の認められる範囲を画することなのじゃないかな。法益侵害・危険に関係のない主観的な目的とか社会倫理とかを考慮すると判断が曖昧になってしまわないか、という懸念があるように思えるね。

乙　でも、結果無価値論者だって主観的違法要素をある程度は認めるし、違法性判断の明確な基準を示しているとはいえないんじゃないの？「法益侵害・危険の惹起が違法性の実質だ」といってみても、「違法な法益侵害・危険の惹起」と「違法でない法益侵害・危険の惹起」とを区別する基準は出てこないよ。

丙　法益の価値の高低について絶対的な基準がないことは、結果無価値論のパイオニアともいえる平野先生も認めているね（平野Ⅱ216）。やはり、「結果無価値論か行為無価値論か」で割り切るのではなく、自由保障や秩序維持、法益保護を視野に入れて、妥当性のある刑法の解釈・適用を実現するよう努力することが大事だと思うな。また議論しよう。

D　違法性阻却事由の本質（一般的原理）

[1]　違法性の本質との関係

　違法性の本質・実質をどう考えるかは、違法性阻却事由の本質ないし一般的原理（違法性阻却事由に該当する場合、なぜ違法性を阻却するのか）をどう考えるかに影響してくる。結果無価値論からは優越的利益説（法益衡量説）が主張され、行為無価値論からは社会的相当性説が主張されることになる。

　なお、違法性の本質を国家的に承認された共同生活の目的に反することであるとする立場から、行為が国家的に承認された共同生活の目的を達成するための適当な手段であるときに違法性を阻却すると考える目的説という見解もある[1]。目的説に対しては、行為無価値を考慮する見解ではあるものの、国家的に承認された共同生活の目的達成を強調すると国家的秩序を前面に押し出し過ぎたものになる可能性がある、といった批判がある（板倉188参照）。また、目的説と優越的利益説を総合したものとして社会的相

当性説を捉える見解もある（大塚 377）。

[2] 優越的利益説

優越的利益説（法益衡量説）は、価値の大きい利益のために価値の小さい利益を犠牲にするので違法性が阻却される、とする見解である。「構成要件該当行為によって害された法益 α と保護された法益 β とを衡量し、前者（α）よりも後者（β）が優越しているときに違法性が阻却されるとする見解である」ともいえる。この見解は、α の要保護性ないし法益性が欠如しているときにも違法性阻却を肯定する。さらに、α と β とが同等であるとき（同等利益）でも違法性阻却を肯定しうるとする考えもある（山口 110）。

なお、この見解によっても、単純な利益衡量だけではなく、利益の衝突状況を回避できたか否か（西田 134-135）や代替手段があったか否か（山口 110）が、違法性阻却について判断する際、考慮されることになる。

[3] 社会的相当性説

社会的相当性説は、社会的相当性のある行為であるから違法性が阻却される、とする見解である。社会的相当性の意義については、①国家・社会的倫理規範によって行為が許されたものであるとみられること（大塚 377）、②行為が、現代の社会においてほぼ一般に承認を受けている健全なる社会通念によって、一見して不法性、処罰感情を喚起するに値しないとされること、つまり、日常の一般の市民生活、あるいは社会生活上の主要な一部をなしている職域その他各種の生活領域の中で、通常性、日常性ありと一般に承認されていること（藤木 78）、③結果の法益侵害性を含めて当該行為が個々の生活領域において日常性または通常性を有しているため健全な社会通念によって許容されるという性質（大谷 242）、④社会生活上のルールとして客観化されている社会規範上是認されること（板倉 171）などの見解がある。

[4] 判例の考え

外務省機密漏洩事件──被告人（事件当時、新聞記者）が外務省の事務官と肉体関係をもった後、秘密を漏示するようそそのかし、国家公務員法 111 条

の罪（秘密漏示のそそのかしをする罪）で起訴された事件—の上告審決定（最決昭和53・5・31刑集32-3-457）は、「報道機関の国政に関する取材行為は、国家秘密の探知という点で公務員の守秘義務と対立拮抗するものであり、時としては誘導・唆誘的性質を伴うものであるから、報道機関が取材の目的で公務員に対し秘密を漏示するようにそそのかしたからといって、そのことだけで、直ちに当該行為の違法性が推定されると解するのは相当ではなく、報道機関が公務員に対し根気強く執拗に説得ないし要請を続けることは、それが真に報道の目的からでたものであり、その手段・方法が法秩序全体の精神に照らし、相当なものとして社会観念上是認されるものである限りは、実質的に違法性を欠き正当な業務行為というべき」であり、取材の手段・方法が刑罰法令に触れるものであるときはもとより、触れないものであっても「取材対象者の個人としての人格の尊厳を著しく蹂躙する等法秩序全体の精神に照らし社会観念上是認することのできない態様のものである場合にも、正当な取材活動の範囲を逸脱し違法性を帯びるものといわなければならない」などと述べて、有罪と判断した原判決は結論において正当であるとした。この決定は、「相当なものとして社会観念上是認されるもの」であれば違法性が阻却されるとしている点からすると、社会的相当性説に近い考えを採用しているともいえる。もっとも、取材行為と守秘義務との「対立拮抗」について述べた部分は法益衡量の観点を示しているように思えなくはない。「基本的には社会的相当性説に近い基準によりつつ、総合的に違法性阻却の可否を決したもの」と評価するのが妥当である（なお、判例は基本的に社会的相当性を考えているとするものとして、大コメ（2）427〔古田佑紀＝渡辺咲子〕）。

最決昭和55・11・13刑集34-6-396は、X（被告人）が、Aらと共謀の上、保険金を詐取する目的で玉突き事故を装い、Xの運転する自動車をAの運転する自動車に追突させてAに軽微な傷害を負わせた事案について、「被害者が身体傷害を承諾した場合に傷害罪が成立するか否かは、単に承諾が存在するという事実だけではなく、右承諾を得た動機、目的、身体傷害の手段、方法、損傷の部位、程度など諸般の事情を照らし合せて決すべきものであるが、本件のように、過失による自動車衝突事故であるかのように装い保険金を騙取する目的をもって、被害者の承諾を得てその者に故

意に自己の運転する自動車を衝突させて傷害を負わせたばあいには、右承諾は、保険金を騙取するという違法な目的に利用するために得られた違法なものであって、これによって当該傷害行為の違法性を阻却するものではないと解するのが相当である」と述べている。この決定は、保険金詐取という違法な目的があったことを強調している点は目的説的であり、行為無価値を重視したものであるといえる。もっとも、身体傷害の手段・方法は、路上において玉突き事故を装って自動車を追突させるという危険なものである（その結果、A以外の者にも傷害を負わせている）ことからすると、優越的利益説によれば違法性を阻却すると即断することもできない。

結局、判例は、諸般の事情を考慮した総合判断により違法性阻却の可否を決しているといってよい。

E 可罰的違法性の理論

[1] 可罰的違法性

可罰的違法性とは、刑罰を科すに値する質と量を備えた違法性をいう。実質的な違法性は、（存否のみではなく）量（程度）のある概念である。また、ある法領域で違法であるとされても刑法上違法であるといえない場合がある（違法性の相対性）。例えば、緊急避難にあたり違法性が阻却される場合であっても、民法上は不法行為による損害賠償責任（民709条）を免れないことがある（大判大正3・10・2刑録20-1764）。刑法上の違法性—犯罪の成立要件としての違法性は、可罰的違法性であることを要する。

[2] 可罰的違法性の理論

可罰的違法性の理論とは、可罰的違法性が認められないことを理由に犯罪の成立を否定する理論をいう。この理論は、刑罰法規を形式的に適用して犯罪の成立を肯定することは不合理である、という思考から提唱された（この理論の展開過程と批判については、大コメ（2）188-205〔小林公夫〕参照）。例えば、Xが朝のラッシュ時に満員電車に乗るに際して前にいる乗客Aの背中を肩で押した場合、Xの行為は人の身体に対する有形力（形のある力、端的にいうなら物理的な力）の行使であるから暴行罪（208条）の構成要件に該当し、正当防衛や緊急避難にはあたらず、35条の「法令又は正当な業務による行

為」にあてはまるともいえないから、違法性は阻却されず、責任阻却事由にあたるともいえないから、結局、暴行罪が成立することになる……とするのは、いかにも形式的・杓子定規的な刑法の解釈・適用であって、妥当とはいえない。そもそも「暴行」の日常用語的意味は、不当・不法な物理的な力（暴力）の行使といったものであるから、Ｘの行為が暴行罪の構成要件に該当すると考えることには無理がある（判例―例えば、最決昭和28・2・19刑集7-2-280―も、208条の「暴行」とは、人の身体に対する不法な有形力の行使をいう、としている）。仮に暴行罪の構成要件に該当するとしても、Ｘの行為は社会生活上許容される範囲内のものであると認められるから、35条を準用（類推適用）して違法性が阻却されるとするべきであろう。

　このように考えると、わざわざ「可罰的違法性の理論」を主張しなくても、「構成要件該当性の判断に際して当該構成要件が予定している違法性を考慮し、それでも処罰しない方がよいと考えられるときは35条を準用すれば、妥当な結論にたどりつけるのではないか」と思えなくもない。実際、当該罰則の予定した類型的な程度の実質的違法性のない行為については構成要件該当性を否定する、という「可罰的違法性の理論」を提唱した藤木英雄は、同理論は「実質的には構成要件概念の縮小解釈を行おうとするものである」と述べている（藤木117-119）。また、可罰的違法性が問題になる事案は構成要件該当性判断の中で処理されるもの（絶対的軽微型）と違法性阻却事由との直接の関連が問題になるもの（相対的軽微型）とに分類でき、後者については「実質的違法性阻却事由を正面から認めて処理する方が合理的で、『可罰的違法性』という概念は不要なのである」とする有力な見解（前田230-231）もある。

　ただ、「裁判所は必ずしも適切な判断をするとは限らない」という前提に立つと、「一見すると構成要件に該当し違法性阻却事由に該当しないような行為であっても可罰的違法性が欠如するから無罪になる」という主張は現在もなお意味があるといえる。前述の満員電車に乗る際にほかの乗客の背中を肩で押した行為なら、文言から考えても「暴行」にあたらないと解釈できないではなく（その意味で、縮小解釈ではなくストレートな文理解釈ということになる）、構成要件該当性が否定される可能性は高く、仮に構成要件該当性を肯定したとしても35条により違法性が阻却される可能性は高い（実

際、毎日のようにこのような行為をしている人は相当多数いると推定されるのに、暴行罪で検挙されたとか起訴されたという話は聞かない）。しかし、例えば、A社の工場から排出された有害物質のために公害病になったXが抗議するためにA社本社を訪れたところ、A社社長から「会う気はない、追い返せ」と指示された制服警備員Bらに建物外に押し出されかけ、怒りのあまり手拳でBの胸付近を殴打し打撲傷を負わせた……という場合はどうであろうか。裁判所は手拳で殴る行為は「暴行」にあたらないとか、Xの行為は35条により違法性が阻却されると判断してくれるだろうか。微妙なものがある。このような場合は、構成要件該当性の判断ではまかないきれず、といって社会的に相当だから違法性阻却事由に該当するともいいにくい（本来、会社の建物内に誰を立ち入らせるか判断する権限はA社社長にあり、「社長の指示を受けたBの、この程度の追出し行為は適法である。このような追出行為に対する抵抗に社会的相当性はない」といえなくはない）。しかし、Xの行為が処罰に値するともいいかねる。このようなときに「可罰的違法性の理論」が登場することに意味がないとはいえない。ちなみに、チッソ川本事件──水俣病の患者らが、交渉のために加害企業の本社を訪れた際、同企業の従業員らと小競り合いになり、その際に従業員に傷を負わせたとして、患者の1人が傷害罪で起訴された事件──において、第1審判決は検察官の懲役刑求刑に対し罰金5万円（1年間執行猶予）という軽い刑を言い渡し、第2審判決は「被告人に対する訴追はいかにも偏頗、不公平であり、これを是認することは法的正義に著るしく反するというべきである」として公訴（検察官の起訴自体）を棄却し、上告審決定（最決昭和55・12・17刑集34-7-672）は、公訴を棄却すべきと第2審判決が判断したのは失当であるものの、「本件のきわめて特異な背景事情に加えて、犯行から今日まですでに長期間が経過し、その間、被告人を含む患者らとチッソ株式会社との間に水俣病被害の補償について全面的な協定が成立して双方の間の紛争は終了し、本件の被害者らにおいても今なお処罰を求める意思を有しているとは思われないこと、また、被告人が右公害によって父親を失い自らも健康を損なう結果を被っていることなどをかれこれ考え合わせると、原判決を破棄して第1審判決の執行猶予付きの罰金刑を復活させなければ著しく正義に反することになるとは考えられず、いまだ刑訴法411条を適用すべきものとは認められない」として上告を棄

却した。もっとも、この決定は、可罰的違法性の理論と相通ずる思考に基づいてはいるものの、同理論を採用したものとはいい難い（コラム「学生甲乙丙、可罰的違法性等について語る」、参照）。ただし、第2審判決を基礎づける公訴権濫用論（検察官が不起訴にすべき事件を起訴した場合は公訴権の濫用として公訴棄却をなしうるとする理論）を可罰的違法性の理論と同列に位置づける有力な見解がある（西田203）。

なお、違法性阻却の基準として往々用いられる社会的相当性と可罰的違法性とは別の概念である。社会的相当性が認められない行為であっても刑罰という制裁を加えるまでもないときは可罰的違法性が欠如するということになる（藤木128参照）。

また、可罰的違法性の理論は刑法の謙抑性・補充性の観念から唱えられるものである。同理論は、構成要件に該当し違法性阻却事由に該当しないように思える行為であってもなお刑罰を科すべきではないといえる行為につき犯罪の成立を否定するものであって、処罰範囲を拡張するために用いられるべきものではない。同理論に対しては、「可罰的違法性を認める基準が曖昧である」といった批判が加えられるけれど、およそ感覚的に可罰的違法性が認められるか否かを判断するのではない以上、行為態様や被害の軽微性など一定程度の基準は定立可能である。さらに、処罰範囲限定の方向に用いられるべき理論であることからすれば、基準に多少の曖昧さがあっても人権侵害の危険は少ないともいえる。

[3] 可罰的違法性に関連する判例
(1) 量的に軽微な行為に関わる判例と違法性の相対性に関わる判例

可罰的違法性に関連する判例は、「量的に軽微な行為であることから処罰に値する違法性が認められないのではないか」が問題になるもの（量的に軽微な行為に関わる判例）と、「違法性の相対性の考えから他の法令では違法とされていても刑法上処罰に値する違法性が認められないのではないか」が問題になるもの（違法性の相対性に関わる判例）とに分けられる（このような視点について、大コメ (2) 211〔小林公夫〕参照）。(2)(3)で主要な判例を概観する（その余の判例については、大コメ (2) 206-318〔小林公夫〕参照）。

なお、近年の判例において可罰的違法性が欠如するとして犯罪の成立が

否定されることは少ない。あえてあげるなら、被告人が、職務上の必要から入手した護身用の催涙スプレーを、健康上の理由で深夜サイクリングを行う際に専ら防御用としてズボンのポケットに入れて隠匿携帯したことから、軽犯罪法1条2号の罪で起訴された事案につき、被告人の行為は、社会通念上、相当な行為であって、同号にいう「正当な理由」によるものであったとして、同罪の成立を否定した最判平成21・3・26刑集63-3-265がある。もっとも、「可罰的違法性」という言葉は用いていない。

(2) 量的に軽微な行為に関わる判例

量的に軽微な行為であることから無罪の結論を出した判例として、一厘事件—たばこ耕作者である被告人が、政府に納入すべき葉たばこ約2.6グラム（価格にして1厘—現在の1〜2円—程度）を手刻みにして喫煙したことから、当時の「煙草専売法」違反の罪で起訴された事件—の上告審判決（大判明治43・10・11刑録16-1620）がある。旅館買置たばこ事件—当時の「たばこ専売法」上の小売人ではない被告人が、自己の経営する旅館の客の需要に備えて、たばこを定価で購入して保管し、客に売り渡したことから、同法の販売罪、販売準備罪で起訴された事件—の上告審判決（最判昭和32・3・28刑集11-3-1275）も、被告人の行為は「たばこ専売法の趣旨、目的に反するものではなく、社会共同生活の上において、許容さるべき行為であると考え」られ、同法の規定する、販売・販売の準備にはあたらないとして、無罪の結論を出している。

もっとも、軽微な財物を窃取したとして窃盗罪で起訴された事案については、大審院以来、窃盗罪の成立が肯定されてきている（価格2銭程度の一塊の石を窃取した事案につき大判大正1・11・25刑録18-1421、消印済みの収入印紙を再生する目的で、使用済み医療品需要者割引証明書を窃取した事案につき最決昭和30・8・9刑集9-9-2008、価格5〜60円程度の生花を花畑から窃取した事案につき大阪高判昭和29・1・23高刑判特28-72、さい銭箱から2円を窃取した事案につき神戸地判平成18・3・14公刊物未登載、LEX/DB28115177）。

マジックホン事件—被告人が、発信側の通話料金が課金されなくなるマジックホンと称する電気機器1台を電話回線に取り付け、1回通話を試みたことから、有線電気通信法21条の有線電気通信妨害罪および偽計業務妨害罪で起訴された事件—の上告審決定（最決昭和61・6・24刑集40-4-292）は、

被告人の行為の違法性は否定されないとした。

　住居侵入罪に関して、ビラ等を投函する目的で住宅の敷地内に立ち入る行為の可罰的違法性が問題になることがある。判例には、違法性を認めて、住居侵入罪の成立を肯定する傾向がある（最判平成 21・11・30 刑集 63-9-1765、東京高判平成 17・12・9 刑集 62-5-1376）。

(3) 違法性の相対性に関わる判例

　労働争議を禁止した法令に違反する行為の違法性阻却に関する判例がかなりある。労働者の争議権は憲法の団体行動権の一内容として保障されているものの（憲 28 条）、公務員等の争議行為—同盟罷業（ストライキ）や怠業（作業能率を低下させる行為）等は法令により禁止されている（ただし、違反すると直ちに刑罰が科されるわけではない）。構成要件に該当する行為が公務員等の争議行為ないし争議行為の際の行為である場合、「争議行為が禁止されている故に違法性が阻却されることは（およそ）ないのか、それとも、なお刑法上は違法性を阻却する余地があるのか」が問題になる。

　公共企業体等労働関係法（以下、公労法と略記する。現在の「行政執行法人の労働関係に関する法律」に相当する）17 条 1 項は、①職員・組合が、公共企業体等に対して、同盟罷業、怠業その他、業務の正常な運営を阻害する一切の行為をすること、②職員、組合の組合員・役員が、このような禁止された行為を共謀すること、そそのかすこと、あおること、を禁止していた（ただし、これに違反しても刑罰が科されるわけではない）。他方、労働組合法（以下、労組法と略記する）1 条 2 項本文は、刑法 35 条の規定は、労働組合の団体交渉その他の行為であって労組法 1 条 1 項に掲げる目的を達成するためにした正当なものについて適用があるものとする、としている。そこで、公労法 17 条 1 項違反の行為が労組法 1 条 2 項により正当化されるか否かが問題になる。これについて、全逓東京中郵事件—春闘の際に、全国逓信労働組合に所属する被告人らが、東京中央郵便局の従業員らに対し、職場大会に参加するよう説得し、これに応じた従業員 38 名が職場を離れて郵便物の取扱いをしなかったため、旧郵便法 79 条 1 項の罪（郵便の業務に従事する者が殊更に、郵便の取扱いをせず、または、これを遅延させる罪）の教唆として起訴された事件—の上告審判決（最大判昭和 41・10・26 刑集 20-8-901）は、「争議行為が労組法 1 条 1 項の目的を達成するためのものであり、かつ、たんなる罷業または

怠業等の不作為が存在するにとどまり、暴力の行使その他の不当性を伴わない場合」は、労組法1条2項の適用があり、刑事制裁の対象とはならないと解し、このような場合は郵便法の罰則は適用されないとした。松田裁判官の補足意見に、「労働法規が争議行為を禁止してこれを違法として解雇などの不利益な効果を与えているからといって、そのことから直ちにその争議行為が刑罰法規における違法性、すなわちいわゆる可罰的違法性までをも帯びているということはできない」とか、「公共企業体等の職員の行なう争議行為は、公労法上違法ではあるとしても、争議行為として正当な範囲内にとどまるものと認められる限り、右の違法性は刑罰法規一般の予定する違法性、すなわち可罰的違法性の程度には達していないと解すべきである」とかあることからも、この判決は可罰的違法性の理論を採用したものといえる。

　国家公務員の争議行為については、国家公務員法（以下、国公法と略記する）98条2項前段により、職員が、①公衆に対して同盟罷業、怠業その他の争議行為をすること、②政府の活動能力を低下させる怠業的行為をすること、が禁止されており、同法110条1項17号により、98条2項前段に規定する違法な行為の遂行を、共謀すること、そそのかすこと、あおること、これらの行為を企てること、をした者は処罰される。地方公務員の争議行為については、地方公務員法（以下、地公法と略記する）37条1項前段により、職員が、①住民に対して同盟罷業、怠業その他の争議行為をすること、②地方公共団体の機関の活動能力を低下させる怠業的行為をすること、が禁止されており、同法61条4号により、37条1項前段に規定する違法な行為の遂行を、共謀すること、そそのかすこと、あおること、これらの行為を企てること、をした者は処罰される。全司法仙台事件——全司法労働組合所属者を含む被告人らが仙台高裁等の裁判所職員らに対し、新安保条約に反対するための職場大会への参加を慫慂したことが国公法110条1項17号のあおり行為にあたるとして起訴された事件（建造物侵入罪でも起訴されている）——の上告審判決（最大判昭和44・4・2刑集23-5-685）および都教組事件——東京都教職員組合に所属する被告人らが、一斉休暇闘争を行うに際して、指令配付や趣旨伝達等をしたことが地公法61条4号のあおり行為にあたるとして起訴された事件——の上告審判決（最大判昭和44・4・2刑集23-5-305）

は、あおり行為等をしたことによる処罰は、①争議行為自体が違法性の強いものであり、②あおり行為等が争議行為に通常随伴する行為と認められるものでない場合に肯定される、という限定的な解釈論（「二重の絞り論」とよばれるもの）を展開した。この解釈論は、①②の要件を充たさない行為は刑罰をもってのぞむだけの違法性、すなわち可罰的違法性を有するものとはいえない、という考えによるものであるといえる（もっとも、全司法仙台事件の被告人らの行為は①②の要件を充たすと認定され、被告人らの上告は棄却された）。

　全逓東京中郵事件、全司法仙台事件、都教組事件の各上告審判決に示された可罰的違法性に基づく考えは、その後、維持されていない。

　「公労法17条1項違反の争議行為についても労組法1条2項の適用があり違法性が阻却されるとする考え」は変更されていった。久留米駅事件―国鉄労働組合に所属する被告人らが、年度末手当要求に関する闘争の際、久留米駅東てこ扱所2階の信号所の勤務者を職場集会に参加させる意図で同信号所に侵入したりしたため、建造物侵入罪で起訴された事件（公務執行妨害罪でも起訴されている）―の上告審判決（最大判昭和48・4・25刑集27-3-418）は、「勤労者の組織的集団行動としての争議行為に際して行われた犯罪構成要件該当行為について刑法上の違法性阻却事由の有無を判断するにあたっては、その行為が争議行為に際して行われたものであるという事実をも含めて、当該行為の具体的状況その他諸般の事情を考慮に入れ、それが法秩序全体の見地から許容されるべきものであるか否かを判定しなければならない」と述べて、公労法17条1項に違反する争議行為についても労組法1条2項の適用は排除されないという解釈論を前提にした原審の無罪判決を破棄した。この上告審判決は、公労法違反の争議行為に際して行われた行為であるから刑法上も違法性が認められるという思考方式ではなく（この意味で、違法性の相対性をなお肯定しているとはいえる）、争議行為に際して行われた行為であることを資料の1つとして法秩序全体の見地から刑法上の違法性が阻却されるか否かを判断するという思考方式（「久留米駅事件方式」とよばれるもの）によっている。そして、全逓名古屋中郵事件―全逓信労働組合に所属する被告人らが、名古屋中央郵便局の職員9名に対し、職場大会参加を促して郵便物の配達をさせなかったことが、旧郵便法79条1項の罪の教唆（もっとも、第1審判決において教唆ではなく幇助が認定された）にあたる

等の事実で起訴された事件（建造物侵入罪、公務執行妨害罪でも起訴されている）
—の上告審判決（最大判昭和 52・5・4 刑集 31-3-182）は、「刑罰を科するための
違法性は、一般に行政処分や民事責任を課する程度のものでは足りず、一
段と強度のものでなければならないとし、公労法 17 条 1 項違反の争議行
為には右の強度の違法性がないことを前提に、労組法 1 条 2 項の適用があ
ると解すべきである、とする見解がある。確かに、刑罰は国家が科する最
も峻厳な制裁であるから、それにふさわしい違法性の存在が要求されるこ
とは当然であろう。しかし、その違法性の存否は、ここに繰り返すまでも
なく、それぞれの罰則と行為に即して検討されるべきものであって、およ
そ争議行為として行われたときは公労法 17 条 1 項に違反する行為であっ
ても刑事法上の違法性を帯びることがないと断定するのは、相当でない」
として、公労法 17 条 1 項違反の争議行為についても労組法 1 条 2 項の適
用があり原則として刑法上の違法性が阻却されるとした点において全逓東
京中郵事件上告審判決は変更を免れないことになるとした。もっとも、全
逓名古屋中郵事件上告審判決は、公労法 17 条 1 項違反行為の単純参加行
為（単なる労務不提供のような不作為を内容とする争議行為）については、違法性
を阻却しないけれども「諸般の考慮から刑事法上不処罰とするのが相当で
ある」と解され、処罰が阻却される旨も述べている（これについては、コラム
「学生甲乙丙、可罰的違法性等について語る」、参照）。

　「二重の絞り論」も排斥されている。全農林警職法事件—全農林労働組
合に所属する被告人らが、警察官職務執行法改正案反対運動として、組合
員である農林省（当時）職員らに正午出勤の指令を発したり職場集会への参
加を慫慂したりしたことから、国公法 110 条 1 項 7 号の罪にあたるとして
起訴された事件—の上告審判決（最大判昭和 48・4・25 刑集 27-4-547）は、全司
法仙台事件の上告審判決の限定的な解釈論を排斥し、同判決は変更を免れ
ないとした。岩手県教組事件—岩手県教職員組合に所属する被告人らが、
同組合の傘下の組合員である市町村立中学校教員に争議行為を行わせるた
めに、指令書、指示書を発したり、指令の実行を慫慂したことから、地公
法 61 条 4 号の罪にあたるとして起訴された事件（道路交通法違反の罪でも起
訴されている）—の上告審判決（最大判昭和 51・5・21 刑集 30-5-1178）は、都教組
事件の上告審判決の限定的な解釈論は是認できず、同判決はこの限度で変

更すべきものであるとした。

コラム　学生甲乙丙、可罰的違法性等について語る

甲　全逓名古屋中郵事件判決は可罰的違法性の考えを否定したのかな？

乙　公労法17条1項違反の争議行為について「原則としてその刑事法上の違法性が阻却されるとした点において、東京中郵事件判決は、変更を免れない」としているけれど、その前に「刑罰は国家が科する最も峻厳な制裁であるから、それにふさわしい違法性が要求されるのは当然であろう」ともいっているから、可罰的違法性の概念を排斥したとまではいえないように思う。ただ、後の方で、争議行為の単純参加者については、「違法性を阻却しないけれども、……刑事法上不処罰とするのが相当である」といっているのは何かしら？

丙　団藤先生は「超法規的な処罰阻却原由」を認めたものと理解しているね（団藤515-516）。板倉先生は、実質的可罰性のない行為、「非当罰的不問行為」のような考えをとるものともいえるとしている（板倉65）。

乙　そうなると、本文にあった公害病の患者Xが加害企業の警備員を殴った事例でも超法規的に処罰阻却がされると考えていいのかな……。

丙　チッソ川本事件の上告審決定を読むと、事件の背景事情のほか事件後の事情も「かれこれ考え合わせ」て、原審判決を破棄しなければ著しく正義に反することになるとは考えられないとしているね。板倉先生は、この決定は行為後の事情をも考慮して要罰性がないとしたものだと評価している（板倉386-387）。可罰的違法性論よりさらに広い範囲の事情を考慮して、可罰性・要罰性の判断をしているように思えるな。

乙　裁判所はいろいろなことに配慮して判断するんですね。ちょっと、学説とか理論とか学ぶことにむなしさを感じます。

丙　でも、「実務家は万能だ」などとは考えない方がいいよ。チッソ川本事件でも、検察官は起訴猶予（刑訴248条）にはしていないし、第1審判決は（宣告刑は軽いものの）有罪判決なのだからね。上告審決定が、「きわめて特異な背景事情」といったり、事件後の事情まで考えて、ようやく上告棄却の結論に達していることからも、裁判所がこのような判断をするのは

例外的だと考えた方がいいと思う。また議論しよう（全体につき、大コメ(1)
182-184〔朝倉京一＝東山太郎〕参照）。

2 正当行為

A　35条と法令行為、正当業務行為、その他の正当行為

35条は、「法令又は正当な業務による行為は、罰しない」と規定している。
これは、法令による行為（法令行為）や正当な業務による行為（正当業務行為）
について違法性が阻却されるとしたものである。さらに、法令行為、正当
業務行為にあてはまらない行為であっても、実質的な違法性が認められな
い行為は、35条により違法性が阻却されると解する（その意味で、超法規的違
法性阻却事由を認めない）のが多数説である（大塚408、大谷245、西田133、前田
232など）。このような考えによると、35条は、①法令行為、②正当業務行
為、これら以外の③その他の正当行為について違法性が阻却されるとした
規定であるということになる（大コメ(2) 423-425〔古田佑紀＝渡辺咲子〕参照）。

　法令行為は、法令によって認められる行為である点で法秩序の一部であ
るともいえるものの、具体的な行為が法令行為に該当するか否かは法令の
理念に照らして実質的に判断しなければならない（大塚409、大コメ(2) 346
〔小林公夫〕）。例えば、他人に対して権利を有する者が、その権利を実行す
ることは、権利の範囲内で、方法が社会通念上一般に許容されるものと認
められる程度を超えない限り、違法の問題を生じないけれど、このような
範囲、程度を逸脱するときは違法となるのであって、債権者が債務者を畏
怖させて支払をさせた場合、恐喝罪が成立するということがある（最判昭和
30・10・14刑集9-11-2173）。

　正当業務行為の違法性が阻却されるのは、社会通念上、正当なものと認
められる業務行為であることによる。そして、業務行為とはいえないもの
であっても、社会通念上正当なものと認められる行為については、その他
の正当行為として違法性が阻却されることがある。

　正当なものと認められるか否かの判断基準は、違法性阻却事由の本質（一

般的原理）をどのように考えるかにより異なる。すなわち、優越的利益説からは優越的利益の保護となるかにより（西田197）、社会的相当性説からは法秩序全体の見地から社会的に相当と認められるかにより（大コメ (2) 388〔小林公夫〕）、判断することになる。

B　法令行為
[1] 意義と分類
　法令行為とは、法律、命令、その他の成文法規によって許容される行為をいう（注釈 (1) 378〔今井猛嘉〕）。法令行為は、①職権行為、②権利・義務行為、③（本来違法であるのに）政策的理由により違法性を解除された行為、④（理論的に違法性阻却を認めうるのに）注意的に適法性を明示された行為、に分類できる（団藤 203-208、大塚 410、板倉 189）。もっとも、本来違法か否かは判断者の評価によるし、立法の背景には往々にして政策的理由があるといえるから、③と④の境界は明確とはいい難い。

[2] 職権行為
　職権行為（職務行為）は、法令の規定上、これを行うことが一定の公務員の職権とされている行為である。例えば、自由刑の執行（12条・13条、刑訴471条以下）、被疑者・被告人の逮捕、勾留（刑訴 58条・60条・199条・210条等）は逮捕・監禁罪（220条）にならない。また、捜索、差押え（刑訴 102条・218条以下）の際に他人の住居に立ち入っても住居侵入罪（130条前段）にならない。

[3] 権利・義務行為
　権利・義務行為は、法令の規定上、ある者の権利・義務とされている行為である。例えば、私人による現行犯逮捕（刑訴 213条）は逮捕罪（220条前段）にはならない。なお、現行犯人の抵抗を排除するため、具体的状況から社会通念上逮捕のために必要かつ相当と認められる限度内で実力を行使した場合、その実力行使が刑罰法令に触れても違法性が阻却される（最判昭和50・4・3刑集 29-4-132）。
　親権者は子の利益のための監護・教育に必要な範囲内で子を懲戒するこ

とができ（民822条）、校長・教員は教育上必要があると認めるときには文部科学大臣の定めるところにより児童・生徒・学生に（体罰を除く）懲戒を加えることができる（学教11条）。こうした懲戒権の行使と認められる行為の違法性は阻却される。ただ、頭部を殴打する暴行などは、原則として、社会通念上正当と認められる限度を超え、違法性は阻却されない。親権者が子を殴打等して死亡させた事案につき東京高判昭和35・2・13下刑集2-2-113は傷害致死罪の成立を肯定し、教員が生徒の頭部を殴打した事案につき最判昭和33・4・3裁判集刑事124-31は暴行罪の成立を肯定している。

　もっとも、教員が生徒の頭部を平手および軽く握った拳で軽く叩いた事案につき東京高判昭和56・4・1刑月13-4=5-341は暴行罪の成立を否定している。これは、当該事案における行為の程度が口頭による説諭・訓戒・叱責と同一視してよい程度の軽微な身体的侵害に止まっていると認められることなどから例外的な判断をしたものである。

[4] 政策的理由により違法性を解除された行為

　政策的理由により違法性を解除された行為は、本来違法であるはずなのに、一定の政策的理由により法令によって違法性が解除されている行為である。具体例としてよくあげられるのは、当せん金付証票法4条（同法1条によれば、同法は、経済の現状に即応して浮動購買力を吸収し地方財政資金の調達に資することを目的とする）による宝くじの発売である（なお、転売すると同法18条2項により処罰される）。これを行っても富くじ発売罪（187条1項）にはならない。

[5] 注意的に適法性を明示された行為

　注意的に適法性を明示された行為は、理論的に違法性阻却を認めうる場合に、とくに法令が注意的に適法性を明示するとともに、方法・範囲などに制限を設けて逸脱の防止が図られている行為である。具体例としてよくあげられるのは、母体保護法14条の要件を充たす人工妊娠中絶（同法2条2項により、「胎児が、母体外において生命を保持することのできない時期に、人工的に、胎児及びその付属物を母体外に排出すること」に限定される。したがって、胎児が母体外で生命を保持できる時期に行う手術は、人工妊娠中絶にはならない）である。これ

を行っても業務上堕胎罪（214条）にはならない。

C　正当業務行為

[1]　意義

　正当業務行為とは、社会通念上、正当なものと認められる業務行為をいう。正当業務行為に該当するには、①業務（人が社会生活上、反復または継続して行う仕事）自体が正当なものであり、かつ、②行為がその業務の正当な範囲内のものであることを要する。（大塚412、大コメ（2）387-388〔小林公夫〕）。例えば、麻薬密売業は、業務自体正当なものとはいえない。また、「さくら」（売子と組み、客のふりをして商品をほめたり買ったりする者）を用いて商品の効用が大きく世評も売れ行きもよいように偽装して効用の乏しい商品を売ることは、業務の正当な範囲内の行為であるとはいえない。

[2]　具体例

　以下では、医療行為、弁護活動、取材活動に関し、具体例を示して概説する（具体例全般については、大コメ（2）388-423〔小林公夫〕参照）。

（1）医療行為

　医師、看護師などの医療専門家が行う医療行為は、医療目的で、医学上認められた学理、技術に従って行われ、患者（状況によっては、その保護者）の同意（状況によっては、推定的同意）がある場合、正当業務行為にあたるといえる。医療行為の中でも治療行為については問題が多い[2]。これについては後述する（D、[5]　治療行為、参照）。

（2）弁護活動

　刑事事件の弁護を担当した弁護士が、被告人の正当な利益を擁護するためにした正当な弁護活動は、構成要件に該当したとしても35条により違法性が阻却される。もっとも、その範囲はかなり限定される。例えば、弁護士が、証拠が偽造されたものであることを知りつつ、その取調べを裁判所にさせたときは、偽造証拠使用罪（104条）に問われる（大判大正7・4・20刑録24-359）。また、丸正事件──弁護士であるXらが、担当事件の被害者は被告人以外の者（A）らによって殺害されたものであると考え、Aらが真犯人であることを社会に報道して世論を喚起し、無罪の証拠収集に協力を求め、

最高裁判所の職権発動による原判決破棄ないし再審請求への途を開くために、新聞記者らに対しＡらが真犯人である旨の発表をし、同様の内容の単行本を執筆して発売頒布したことから、名誉毀損罪で起訴された事件—の上告審決定（最決昭和51・3・23刑集30-2-229）は、35条の適用を受けるためには、「その行為が弁護活動のために行われただけでは足りず、行為の具体的状況その他諸般の事情を考慮して、それが法秩序全体の見地から許容されるべきものと認められなければならない」のであり、その判断にあたっては、それが法令上の根拠をもつ職務活動であるか、弁護目的の達成との間にどのような関連性をもつか、弁護を受ける被告人自身がこれを行った場合に刑法上の違法性阻却を認めるべきか、といった点を考慮すべきである旨述べて、本件においては違法性阻却は認められないとしている。

(3) 取材活動

　報道機関の取材行為の違法性阻却について、前述した（1、D、[4] 判例の考え、参照）外務省機密漏洩事件の上告審決定（最決昭和53・5・31刑集32-3-457）は、「それが真に報道の目的からでたものであり、その手段・方法が法秩序全体の精神に照らし、相当なものとして社会観念上是認されるものである限りは、実質的に違法性を欠き正当な業務行為というべき」であるとしている（ただし、当該事案においては違法性阻却を否定している）。

　ちなみに、取材に応じる者の取材協力行為の違法性阻却に関し、少年事件の鑑定人である医師がジャーナリストらに少年らの供述調書等の写しを閲覧させたりしたことが秘密漏示罪（134条1項）に問われた事案について、奈良地判平成21・4・15判時2048-135は、取材行為の目的・手段・方法、取材協力者の立場・目的・行為の態様等と漏示される秘密の内容や秘密の主体が受ける不利益とを具体的に考慮して判断すべきであるとしつつ、当該事案における違法性阻却（直接的には、134条1項の「正当な理由」の存在）を否定している3)。

D　その他の正当行為

[1] 意義

　その他の正当行為とは、法令行為、正当業務行為以外の35条において規定されている正当行為をいう（大谷251）。以下では、これに該当するか問題

のあるものを取り上げて概説する。

[2] 労働争議行為

労働争議行為は、憲法 28 条が争議権を保障し、労働組合法 1 条 2 項が労働組合の団体交渉その他の行為で同条 1 項の目的を達成するためにした正当なものについて刑法 35 条の規定の適用があるとしていることから、法令行為とみることもできる。また、正当業務行為とみる余地もある。いずれにしても、違法性が阻却されるかについては実質的な判断が必要になるので、ここでは、その他の正当行為の問題として取り扱うことにする。

一般的に争議行為とは、同盟罷業、怠業、作業所閉鎖その他、労働関係の当事者が、その主張を貫徹することを目的として行う行為およびこれに対抗する行為であって、業務の正常な運営を阻害するものをいう(労調 7 条)。もっとも、憲法 28 条は労働者(勤労者)の争議権を保障したものであるから、この関係で違法性阻却が問題になる争議行為は労働者が使用者を相手方として行うものに限られる(大谷 247 参照)。

争議行為ないし争議行為に付随する行為の違法性阻却に関し基本となる判例は、前述の(1、E、[3]、(3) 違法性の相対性に関わる判例、参照)久留米駅事件上告審判決(最大判昭和 48・4・25 刑集 27-3-418)である。この判決は、争議行為に際して行われた行為の違法性阻却の可否について、「その行為が争議行為に際して行われたものであるという事実をも含めて、当該行為の具体的状況その他諸般の事情を考慮に入れ、それが法秩序全体の見地から許容されるべきものであるか否かを判定しなければならない」とした。争議行為の違法性阻却についても、判例の立場からは、目的や行為態様など諸般の事情を考慮に入れて法秩序全体の見地から判断されることになる(大コメ (2) 479-490〔吉村徳則 = 松本裕〕参照)。

法令により争議行為が禁止されている場合、禁止された争議行為であることから(刑法上も)違法性が認められることになるのか、という問題がある。全逓東京中郵事件上告審判決(最大判昭和 41・10・26 刑集 20-8-901)、全司法仙台事件上告審判決(最大判昭和 44・4・2 刑集 23-5-685)、都教組事件上告審判決(最大判昭和 44・4・2 刑集 23-5-305)の示した可罰的違法性に基づく考えが変更されていることは前述した(1、E、[3]、(3) 違法性の相対性に関わる判例、

参照)。もっとも、判例は可罰的違法性の考えを完全に否定したわけではないとの評価もされている（大コメ (2) 481〔吉村徳則＝松本裕〕、注釈 (1) 388-389〔今井猛嘉〕参照）。

[3] 被害者の同意
(1) 意義と犯罪の成否への影響

　被害者の同意とは、行為者の行為ないしそれにより法益が害されること（法益の侵害・危殆化）につき、その法益の主体（法益について処分権限のある者を含む）が、その意思に基づいて賛成ないし是認することをいう。「被害者の承諾」という表現もよく用いられるものの、ここでは、刑法の条文が「嘱託」と「承諾」をあわせて「同意」としていることから（202 条後段・213 条・214 条・215 条—ちなみに、被害者の側から犯罪行為をするよう依頼するのが「嘱託」、行為者の犯罪行為を被害者が受け容れることが「承諾」である）、「被害者の同意」という表現を用いることにする。

　被害者の同意と犯罪の成否の問題は、実際上、個人的法益に対する罪に関して生じる。国家的法益に対する罪や社会的法益に対する罪についても被害者の同意が考えられないではないものの、現実には問題とならない。

　被害者の同意は、構成要件該当性、違法性の段階で問題になる（もっとも、山口 163 は、同意により構成要件該当性が否定される場合と違法性が阻却される場合とを区別しなくてよい旨述べている）。さらに、被害者の同意に関する錯誤が（違法性阻却事由に関する錯誤として）責任の段階で問題になることもある。

　被害者の同意による行為が構成要件に該当しない場合、違法性（阻却）の段階で被害者の同意が問題になることはない。例えば、X が A の財布を A の同意を得て持ち出した場合、X の行為は窃盗罪（235 条）の構成要件に該当せず実行行為は認められない（もとより、結果や構成要件的故意も認められない）ので、違法性阻却を検討するまでもなく不可罰になる。

　被害者の同意による行為が（同意があっても）構成要件に該当する場合は、違法性阻却の段階で、被害者の同意を一要素として違法性が阻却されるかが判断されることになる。この場合、被害者の同意があるという一事をもって違法性が阻却されることはないといってよい（反対の考えとして、同意傷害に関し、注釈 (1) 364〔深町晋也〕）。例えば、X が A の同意を得て A を殺害

した場合、Xの行為は同意殺人罪（202条後段）の構成要件に該当するところ、Aの同意があることから直ちに違法性が阻却されることはない。ただ、「（被害者の同意があっても）構成要件該当性が認められた行為である以上、被害者の同意を考慮した違法性阻却はおよそ認められない」というわけではない。例えば、医師Yが患者Bの同意を得て外科手術を行った場合、Yの行為が傷害罪の構成要件に該当するとしても、それが治療目的で医学上認められた学理、技術に従って行われたものであれば、違法性が阻却される（後述［5］治療行為、参照）。また、医師Zが患者Cの同意を得て安楽死を行った場合、同意殺人罪の構成要件に該当するZの行為であっても、一定の要件を充たせば違法性が阻却されると考えることもできる（後述［6］安楽死、治療行為の中止、尊厳死、参照）。

▌▌コラム▐▐　学生甲乙丙、同意により違法性が阻却されうる犯罪について語る

甲　本文には、「『（被害者の同意があっても）構成要件該当性が認められた行為である以上、被害者の同意を考慮した違法性阻却はおよそ認められない』というわけではない」とあるけれど、同意殺人罪のような、同意の存在が犯罪構成要件に組み込まれている犯罪や構成要件上同意の有無を問わない犯罪（例えば、13歳未満の者に対する強制わいせつ罪〔176条後段〕）については同意が違法性阻却事由として問題になる余地はないとする見解もあるね（大コメ（2）433〔古田佑紀＝渡辺咲子〕）。

乙　確かに、同意殺人行為は同意による行為が実行行為として予定されているのだから、同意があっても行為の構成要件該当性が否定されることはないよね。むしろ、同意があるからこそ同意殺人罪の構成要件に該当するわけだ。とすると、「同意により違法性が阻却されることもない」と考えなければ、「同意殺人は構成要件に該当しても必ず違法性が阻却されて不成立」というおかしなことになるでしょう。でも、安楽死の場合のように、同意を考慮した違法性阻却は考えられるのじゃないかな。

甲　そうだね。でも、それは、「被害者の同意による違法性阻却」ではなく、「社会的相当行為としての違法性阻却」か何かじゃないの？

丙　前者を「被害者の同意（のみ）による違法性阻却」、後者を「被害者の同

意を（一要素として）考慮した違法性阻却」という風に考えるなら、一応の区別はできそうだね。いずれにしても、「同意があっても構成要件該当性がある行為については同意が違法性阻却の段階で考慮されることはおよそない」とまではいえないと思うよ。同意傷害の違法性阻却に関する問題（後述（4））だって、同意による傷害行為が傷害罪の構成要件に該当することを前提に議論しているのだろう。また議論しよう。

(2) 被害者の同意の存否に関する問題

　構成要件該当性の段階で問題にするにせよ違法性阻却の段階で問題にするにせよ、被害者の同意は、行為者の行為ないしそれにより法益が害されることについての法益主体の意思（真意）に基づいてなされたものでなければならない。法益主体でない者が同意した場合、同意能力のない者が同意した場合、真意に基づかない同意である場合、犯罪の成否に影響する被害者の同意が存在するとはいえない。

　法益主体でない者の同意は、被害者の同意ではない。例えば、X が A の同意を得て B を殴った場合や Y が C の同意を得て D の財布を盗み取った場合は、法益主体の同意があるとはいえず、X は暴行罪（208 条）の罪責を、Y は窃盗罪（235 条）の罪責を、負うことになる。

　法益主体が複数の場合、全員の同意がなければ、（犯罪の成否に影響する）被害者の同意があるとはいえない。例えば、X が AB 両名の住んでいる住居に立ち入る場合、住居侵入罪（130 条前段）の構成要件該当性が否定されるためには AB 両名の同意が必要である。

　法益主体に同意能力（同意およびその結果の意味を理解し適切な判断をする能力）がない場合、事実上同意があっても、被害者の同意があったとはいえない。例えば、X が時価 100 万円のブローチを着けている A（3 歳）に対し「おじさんにそのブローチをちょうだい」といって譲り受けた場合、（A にはおよそ判断能力がないので、詐欺罪〔246 条 1 項〕はもとより準詐欺罪〔248 条〕ですらなく）窃盗罪が成立することになる。同意殺人罪（202 条後段）の同意（嘱託または承諾）があったといえるかが問題になった事案で、判例は、5 歳 11 か月の幼児（大判昭和 9・8・27 刑集 13-1086）、精神病のため意思能力がない者（最決昭和

27・2・21 刑集6-2-275）の同意能力を否定し、いずれについても殺人罪（199条）の成立を肯定している。

　同意能力がある法益主体の同意であっても、強制や錯誤によるものは、真意に基づいたものとはいえず、無効である。例えば、被害者に暴行・脅迫を加え水中に飛び込ませて殺害した場合、自殺関与罪（202条前段）ではなく殺人罪が成立することになる（最決昭和59・3・27刑集38-5-2064、殺人未遂の例として最決平成16・1・20刑集58-1-1）。強盗等の犯罪を行う目的であることを秘し居住者の同意を得て住居に立ち入った場合、同意は錯誤により無効であり住居侵入罪が成立することになる（最判昭和23・5・20刑集2-5-489、最大判昭和24・7・22刑集3-8-1363）。心中を申し出た被害者に対し追死するかのように装って毒物を渡して飲ませ死亡させた、偽装心中の事案で、自殺関与罪ではなく殺人罪の成立を肯定した判例（最判昭和33・11・21刑集12-15-3519）も被害者の決意が真意に基づいたものでないことを重視したものであるといえる。「真意に基づかない同意は無効である」という考えは、「錯誤がなければ—事実を知っていたら—同意しなかったといえる場合、同意は無効である」という見解につながる（大塚419-420、大谷255など）。このような見解を条件関係的錯誤説、あるいは重大な錯誤説とよぶ（大コメ(2) 446〔古田佑紀＝渡辺咲子〕）。これに対し、近時は、法益関係的錯誤説—法益処分の内容（処分する法益の存否・種類・質・量）について錯誤がなければ同意は有効であるとする考え—から同意が無効となる範囲を画そうとする見解（西田193、山口170-172など）が有力である。

(3) 被害者の同意と行為者の行為の関係に関する問題

　同意能力のある者の真意に基づいたものでなければ被害者の同意とはいえない、ということについては、判例や行為無価値論の考えによっても結果無価値論の考えによっても、それほど違いが生じない。これに対して、被害者の同意が（行為者の）行為の違法性に影響を及ぼすためには、①同意が行為の時に存在することが必要か、結果発生の時に存在すれば足りるか、②同意が外部に表示されることが必要か（必要とする見解を意思表示説とよび、不要とする見解を意思方向説とよぶ）、③行為者が同意の存在を認識して行為に出たことが必要か、ということになると、違いが生じてくる。判例や行為無価値論の考えによるなら、(a) 行為の時に同意が存在して、それが外部

に（明示であれ黙示であれ）表示され、行為者が同意のあることを認識して行為に出たときに、同意が行為の違法性に影響を及ぼす、ということになる（大塚 420、板倉 193、高橋 314-315 など）。これに対し、結果無価値論の考えを徹底するなら、(b) 同意は結果発生の時に存在すれば足り、同意が外部に表示されることは不要であり、行為者が同意のあることを認識して行為に出なくても、同意は行為の違法性に影響を及ぼす、ということになる（山口 168-169）。行為者の行為の違法性評価の問題としては、(a) のような考えが妥当である。ただ、構成要件該当性の段階では、実行の着手（43 条）までに同意がなくても、その後の同意により結果発生が否定され未遂犯が成立するに止まる、ということは考えられる。

┃┃コラム┃┃ 学生甲乙丙、被害者の同意と行為者の行為の関係について語る

甲 本文にある「実行の着手（43 条）までに同意がなくても、その後の同意により結果発生が否定され未遂犯が成立するに止まる」というのはどんな場合なのかな？

乙 例えば、X が A 宅の庭石を B を道具とする間接正犯の形態で盗み出そうと企んで、B に対し、「A 宅にある庭石を譲り受けたので持ってきてくれ」と嘘をいい、B が庭石を運び出そうとした段階で、事情を知った A が「そんなに欲しいなら X にやろう」と考えて運び出しに同意した場合（事例 1）じゃないかな。この場合は、窃盗罪（235 条）の実行の着手（43 条）は認められるけれど、結果（占有者 A の意思に反する占有移転）が発生していないから、窃盗未遂罪になるでしょう。

甲 なるほどね。それでは、X が窃盗罪の実行行為を開始する前から「X にこの庭石をやろう」と考えていた場合（事例 2）はどうなるのかな？意思方向説からは、この場合も窃盗未遂罪が成立する余地がある、ということになるように思えるけれど（西田 192 参照）。

乙 結果が発生していないのは事例 1 と同じだから、既遂にはならないね。でも、Y が C の財物を C の同意を得て持ち出した場合（事例 3）、窃盗未遂罪も成立しないのだから、意思方向説を徹底するなら、事例 2 でも窃盗未遂罪は成立せず不可罰ということになるような気もするな。

丙 これは、実行行為といえるだけの危険性が認められるかどうかの問題じゃないかな。行為当時に一般人が認識・予見できた一般的事情および行為者が認識・予見していた事情を基礎として危険性を判断する具体的危険説によるなら、事例1はもとより事例2でも窃盗罪の実行行為といえるだけの危険性が認められ、構成要件的故意もあるといえるだろう。これに対して、事例3では、そのような危険性は認められず、構成要件的故意もないということになるだろうね。

甲 教科書や概説書ではたいてい被害者の同意を違法性のところで取り上げているので、構成要件のところの記述と関連づけることができず、混乱してしまいますね。

丙 構成要件該当性段階の問題なのか違法性阻却の問題なのか、よく考えて読む必要があるね。また議論しよう。

(4) 同意傷害の違法性阻却に関する問題

　同意傷害（被害者の同意の下、身体に傷害を負わせた場合）に関して、被害者の同意による違法性阻却の問題が議論されている。なお、負わせた傷害によって被害者が死亡したときは傷害致死罪（205条）の成否が問題になる。この場合、傷害行為について違法性が阻却されて（基本犯である）傷害罪が成立しないときは、（結果的加重犯である）傷害致死罪も成立しない、ということになる。もっとも、後述するように、傷害致死罪の構成要件に該当する場合は、生命を害するような危険な行為が行われ、また社会的相当性も否定されることから、同意があっても違法性が阻却されないと判断されることが多い。

　前述したように（1、D、[4] 判例の考え、参照）、判例は、同意が存在する事実のほか、同意を得た動機、目的、傷害の手段・方法・程度など諸般の事情を照らし合わせて違法性が阻却されるか否かを決定している（最決昭和55・11・13刑集34-6-396）。下級審の裁判例にも、同意に基づく加害行為が危険なものであることなどから社会通念上相当でない（あるいは社会的に相当ではない）として違法性阻却を肯定しないものが多い（祈祷の際の暴行により被害者を死亡させた事案につき札幌地判昭和36・3・7下刑集3-3=4-237、指をつめることを

依頼されて出刃包丁で被害者の小指を切断した事案につき仙台地石巻支判昭和62・2・18判時1249-145、豊胸手術等を行う際に被害者を死亡させた事案につき東京高判平成9・8・4高刑集50-2-130、性交中の加虐行為により被害者を死亡させた事案につき大阪高判昭和40・6・7下刑集7-6-1166、東京高判昭和52・11・29東高時報28-11-143、空手練習の際の加撃により被害者を死亡させた事案につき大阪地判昭和62・4・21判時1238-160)。

　判例のような考えは、行為無価値論ないし社会的相当性説からは支持しやすい(大塚421)。もっとも、最決昭和55・11・13刑集34-6-396が、同意が保険金騙取という違法な目的に利用するために得られた違法なものであることから違法性を阻却しないとしたことや仙台地石巻支判昭和62・2・18判時1249-145が、被告人の行為は「公序良俗に反するとしかいいようのない指つめにかかわるもの」であると述べて違法性を阻却しないとしたことに対しては、傷害罪の法益に関係のない動機・目的や社会倫理、公序良俗を考慮するのは妥当でない旨の批判がある(西田180、高橋313、注釈(1)367〔深町晋也〕)。学説としては、生命の危険を生じるような重大な傷害についての同意は無効であるとする見解(平野Ⅱ254、西田189、山口175、大谷254、高橋313)が有力である。

(5) 推定的同意

　推定的同意とは、被害者の同意はないものの、(行為者の)行為の時点で、もしその行為をする事情を被害者が知っていたならば当然同意すると、客観的合理的判断により推定される場合をいう。推定的同意により行われた行為は、他の事情とあいまって、違法性が阻却されるか判断されることになる。例えば、意識を失っている患者に対して医師が治療のために(医学上認められた学理、技術に従って)手術を行った場合、違法性が阻却されて傷害罪は成立しないことになる。

[4] 危険の引受け

　危険の引受けとは、被害者が行為の危険性を認識しつつ、その行為を行うことを甘受したところ、その行為から法益侵害結果が発生してしまった場合をいう。この概念は、ダートトライアル事件—ダートトライアル競技(未舗装の道路を自動車で走行して所要時間を競うモータースポーツ)の初心者Xが

練習走行する際に、7年程度の競技歴を有するAが同乗して指導にあたっていたところ、自動車が下り坂カーブを曲がり切れずに防護柵に激突したためAが死亡し、Xが業務上過失致死罪 (211条前段) で起訴された事件——についての千葉地判平成7・12・13判時1565-144で登場した。この判決は、①走行の危険性や運転者が一定の危険を冒すことを認識・予見して同乗していた者は危険を自己の危険として引き受けたとみることができ、その危険が現実化した事態 (同乗者の死亡) については違法性の阻却を認める根拠があること、②本件の練習走行がルールに準じて行われていたなどの事情から社会的相当性を欠いたものではないことから、違法性が阻却され、無罪である旨判示した。

　この判決は、被害者の死亡が引き受けた危険が現実化した事態であることと、社会的相当性の双方から、違法性が阻却されるとの結論を導いているものの、社会的相当性の有無を判断する一要素として危険の引受けを位置づける見解もありうる (大コメ (2) 450〔古田佑紀＝渡辺咲子〕参照)。もっとも、この判決の事案では、XがAの助言により三速ギアで走行して事故発生に至っていることから、相当因果関係や予見可能性を否定することも可能であったのではないか、との指摘もされている (注釈 (1) 377〔深町晋也〕、大コメ (2) 451〔古田佑紀＝渡辺咲子〕)。

[5] 治療行為

　治療行為は、患者の疾病を治療するための行為である。ここで問題になる治療行為は、患者の身体への侵襲となり傷害罪などの構成要件該当性が認められる行為に限られる。このような意味での治療行為は、①治療目的で、②医学上認められた学理、技術に従って行われ、③患者 (状況によっては、その保護者) の同意 (状況によっては、推定的同意) がある場合、35条により違法性が阻却される。近時は、①②にかえて、医学的正当性のあること——すなわち、行為が患者の生命・健康の維持・回復・増進に必要なものであること (医学的適応性) と行為が医学準則に則っていること (医術的正当性) を要件とする学説が有力である (山口 112-113、大コメ (2) 451-452〔古田佑紀＝渡辺咲子〕参照)。なお、学説の多くは医師の行為であることを要件としていないものの、実際には医師による治療行為の違法性阻却が問題になることが多

い。

　治療目的（あるいは、医学的適応性）との関係で、いわゆる美容整形や輸血のための血液採取、臓器移植のための臓器摘出が問題になる。これらの行為は、侵襲を受ける者の健康の回復・維持のための行為ではないので（むしろ、健康を害する行為ともいえる）、治療行為として違法性を阻却するものではない。もっとも、侵襲を受ける者の同意（侵襲を受ける者の不利益にもなりうる行為であることを考えると、推定的同意では足りないであろう）を得て、侵襲を受ける者の健康を著しく害したり生命の危険をもたらしたりしない、医学上認められた学理、技術に従った方法によって行った場合は、違法性阻却を認める余地がある（大コメ（2）455-460〔古田佑紀＝渡辺咲子〕参照）。東京高判平成9・8・4高刑集50-2-130は、医師免許を有していないＸが、美容整形手術と称して、降鼻手術、豊胸手術を行って被施術者Ａを死亡させた事案につき、ＡはＸが医師免許を有しているものと思って同意したこと、Ｘは豊胸手術を行う際に必要な検査や準備をせずに滅菌管理の全くないアパートの一室で手術等を行ったこと、Ｘの行った行為は鼻部と左右乳房周囲に麻酔薬を注入しメス等で皮切してシリコンを注入するというものであることなどから、Ｘの行為は「身体に対する重大な損傷、さらには生命に対する危難を招来しかねない極めて無謀かつ危険な行為であって、社会通念上許容される範囲・程度を超えて、社会的相当性を欠くもの」であるとして、違法性阻却を否定している。

　患者の同意との関係では、専断的治療行為（患者の同意がないのに行う治療行為）の違法性阻却が問題となる。違法性阻却を否定する見解（大塚423）もあるものの、治療行為が患者の生命・健康の維持・回復・増進に資する行為であることを考えると、推定的同意にそって他の要件（①②の要件、あるいは、医学的正当性）が充たされれば、治療行為として違法性阻却を肯定すべきであるとする見解が有力である（注釈（1）397〔今井猛嘉〕、山口176-177参照）。このような結論は社会的相当性説の見地からも是認されうる。また、患者の生命に対する危険が迫っているような場合には、緊急避難の規定（37条1項本文）を援用して違法性阻却を肯定することも可能である（前田238参照）。

2 正当行為 ■ 111

[6] 安楽死、治療行為の中止、尊厳死

(1) 安楽死、治療行為の中止

　安楽死とは、死期の迫っている傷病者の肉体的苦痛を緩和・除去して安らかな死を迎えさせることをいう。この意味の安楽死（広義の安楽死）には、純粋安楽死（苦痛の除去・緩和措置により死期が早められることのないもの）が含まれることになるものの、純粋安楽死の場合は、肉体的苦痛を緩和・除去する行為と死亡との間に因果関係は認められないので、殺人罪、同意殺人罪の構成要件には該当せず、行為が傷害罪の構成要件に該当しても、（肉体的苦痛の緩和・除去も治療の一環といえるので）治療行為の要件を充たせば（[5] 治療行為、参照）違法性が阻却されることになる。これに対し、死期を早める安楽死（狭義の安楽死）については、殺人罪等の構成要件に該当し、（死亡させることは治療とはいえず）治療行為の要件を充たしただけでは違法性は阻却されない、ということになる。

　狭義の安楽死は、その形態によって、①間接的安楽死（苦痛の除去・緩和措置の副作用により死期を早めるもの）と②直接的安楽死（苦痛から解放するために生命を断つもの―山口 177）、③消極的安楽死（延命措置を中止して死期を早めるもの）と④積極的安楽死（生命を断つ作為により死期を早めるもの）に分類することができる（②と④を合わせて「積極的安楽死」とよぶ例も多い―板倉 195 など）。③は、治療行為の中止に相当する。

　③の治療行為の中止、②④の積極的・直接的安楽死における違法性阻却の要件が裁判例において問題になったものの、当該事案において違法性阻却は否定されている（②④の要件につき名古屋高判昭和 37・12・22 高刑集 15-9-674、③および②④の要件につき横浜地判平成 7・3・28 判時 1530-28）。その後、最決平成 21・12・7 刑集 63-11-1899[4]は、気管支ぜん息の重責発作を起こして入院し昏睡状態にある患者 A の主治医 X が、家族からの要請に基づいて A の気道確保のために挿入されていた気管内チューブを抜き取り、呼吸確保の措置をとらなかったところ、A が苦悶様呼吸（のけぞる姿勢をして苦しそうな呼吸音を出す呼吸）を始めたので、これを鎮めるため鎮静剤を注射するなどし、さらに、准看護師に指示して筋弛緩剤を注射させ、その直後、A は死亡し、後に X が殺人罪で起訴された事案につき、本件における気管内チューブの抜取り（抜管）は法律上許容される治療中止にあたるとの主張に対し、事

実経過によれば、Aの入院後、抜管時までにAの余命等を判断するのに必要な脳波等の検査は実施されておらず、発症から2週間の時点でもあり、「その回復可能性や余命について的確な判断を下せる状況にはなかったものと認められ」、Aは本件の時昏睡状態にあり、抜管はAの回復をあきらめた家族からの要請に基づき行われたものであるものの、「その要請は上記の状況から認められるとおり被害者の病状等について適切な情報が伝えられてなされたものではなく、上記抜管行為が被害者の推定的意思に基づくということもできない」として、本件の抜管は法律上許容される治療中止にはあたらないと判断した（殺人罪の成立を肯定）。

　学説の多くは、一定の要件の下に、積極的・直接的安楽死についても違法性が阻却されるとする（団藤226、大塚426-427、板倉196-197、大谷263-264）。その要件は、①傷病者が現代医学の知識と技術からみて不治であり、死期が目前に迫っていること、②傷病者が耐え難い肉体的苦痛に苦しんでいること、③傷病者の明示の同意があること（意思を表明できない場合には推定的同意でよいとするものとして、板倉196）、④専ら死苦緩和の目的でなされること、⑤方法が社会通念上相当なものであること（医師の手によることを要するとするものとして、大塚427）といったものになる。

(2) 尊厳死

　尊厳死とは、回復の見込みのない末期状態の患者に対し生命維持治療を差し控えるか中止して、自然の死を迎えさせることをいう。行為態様は消極的安楽死ないし治療行為の中止に似ているものの、死期が目前に迫っている必要はなく、患者に意識がない場合や肉体的苦痛が認められない場合にも尊厳死は問題になる。学説には、厳格な要件の下に尊厳死の正当化を肯定する見解がある（大塚428、大谷265）。

[7] 義務の衝突

　義務の衝突とは、互いに相容れない複数の法律上の義務が存在し、その中のあるものを履行するためには、ほかのものを怠らざるをえない場合をいう。例えば、医師が重症の患者を治療するために軽症の患者の治療を一時拒絶する場合である。このように高度の義務を履行するために低度の義務を怠ったときはもとより、いずれの患者も重症である場合のように同等

の義務の一方を履行したときも、法秩序全体の見地から違法性が阻却されるといえる（大塚432、板倉190）。

[8] 自救行為

自救行為とは、法益を侵害された者が私的に自力でその回復を図ることをいう（私法上は、自力救済とよばれる）。正当防衛や法令行為として違法性が阻却されない場合（例えば、Xが、Xの財布を盗んだAを翌日発見して取り押さえ財布を取り戻した場合、Xの行為は、正当防衛はもとより現行犯逮捕の要件も充たさないので、36条1項、35条の法令行為としては、違法性を阻却されない）、その他の正当行為として違法性を阻却しうるかが問題になる。学説には、①法益に対する違法な侵害がなされ、②国家機関の手に委ねたのでは回復が事実上不可能か著しく困難になるおそれがある状態で、③自救（回復）の意思をもって、④社会観念上、（補充性を含む）相当性のある行為がなされたのであれば、違法性を阻却するとする見解が多い（大塚429-430、大谷269-270、大コメ（2）502-504〔土本武司〕）。裁判例には、事案により、違法性阻却を否定したもの（最判昭和30・11・11刑集9-12-2438、最決昭和46・7・30刑集25-5-756）と肯定したもの（福岡高判昭和45・2・14高刑集23-1-156、岐阜地判昭和44・11・26刑月1-11-1075）とがある。

3　正当防衛

A　違法性が阻却される理由

36条1項は、「急迫不正の侵害に対して、自己又は他人の権利を防衛するため、やむを得ずにした行為は、罰しない」と規定している。構成要件に該当する行為であっても、同項の要件を充たせば、正当防衛として違法性が阻却され、不可罰となる。違法性が阻却される理由（正当化理由）としては、①法の自己保全（緊急状態の下では国家機関による法秩序侵害の予防・回復は期待し難いので、私人による法秩序の維持が許される、という考え）、②法確証の原理（法ないし正義の存在を示すために法秩序を防衛することが許される、という考え）

が考えられる。②は不正の侵害に対抗する正当防衛特有の正当化理由であり、①は正当防衛、緊急避難（両者を緊急行為ということがある）に共通する正当化理由である。さらに、社会的相当性説からは、社会的相当性が認められることが（板倉199）、優越的利益説からは、侵害者の利益の法益性が否定されることや（平野Ⅱ228）、被侵害者の利益に質的な優位性が認められることが（山口119）、理由に加えられることになる。

B　正当防衛の要件
[1]　急迫不正の侵害に対する行為であること
(1)　急迫
　「急迫」とは、侵害が現に存在しているか間近に迫っていることをいう。正当化理由から考えて、侵害を予期していた場合でも、急迫性が否定されるとは限らない（最判昭和46・11・16刑集25-8-996）。例えば、ひったくりが頻発する道を歩いて帰宅する途中、予期した通りひったくり犯人が現れてバッグを奪おうとしたので、犯人の胸を手拳で殴打して撃退した場合、正当防衛が成立しうる。法確証の原理や社会的相当性から考えて、予期された侵害を避ける義務が被侵害者に課されるとはいえない。これに対し、その機会を利用して積極的に加害行為をする意思（積極的加害意思）をもって侵害に臨んだときは急迫性が否定されることになる（最決昭和52・7・21刑集31-4-747）。

(2)　不正
　「不正」とは、違法であることをいう。人の行為によるものであれば、構成要件に該当しない行為や責任能力のない者の行為であっても、不正の侵害足りうる。

　人の責めに帰すべからざる事由によって物による侵害がなされた場合、物に対する反撃行為は正当防衛になるか（対物防衛の問題―例えば、Aの犬が天災により逃げ出してXの猫に襲いかかってきた際にXが猫を守るために犬に石を投げつけて怪我をさせた場合、Xの行為は器物損壊等罪〔261条〕の構成要件に該当するといえるところ、正当防衛になるか、という問題）については、肯定説（平野Ⅱ232、大塚384）と否定説（緊急避難の問題になるとするものとして、団藤237、高橋270、準正当防衛して違法性が阻却されるとするものとして、板倉201、大谷277）とがある。

（3）侵害

　侵害とは、他人の権利に対し実害または危険を及ぼす行為をいう。

　自招侵害（被侵害者の行為によって誘発された侵害）に対する反撃行為は正当防衛となるか。例えば、XとAとが路上で口論になり、Xが、Aを手拳で殴って（先行行為）、立ち去った後、追いかけてきたAが背後から腕でXを殴打して転倒させ（攻撃）、さらに、XがAを殴打して（反撃）負傷させた場合、Xの反撃は正当防衛になりうるか。最決平成20・5・20刑集62-6-1786は、Aの攻撃はXの（先行行為に相当する）暴行に触発された、その直後における近接した場所での一連一体の事態ということができ、Xは不正の行為により自ら侵害を招いたものといえるから、Aの攻撃がXの（先行行為に相当する）暴行の程度を大きく超えるものでないなどの事実関係の下では、Xの（反撃に相当する）傷害行為は、何らかの反撃行為に出ることが正当とされる状況における行為とはいえないので、正当防衛にはならない旨述べている。この決定から考えて、反撃行為が正当防衛となるか否かは、①先行行為が不正のものか、②攻撃が先行行為によって誘発されたものといえるか、③攻撃が先行行為との関係で通常予期しうる態様・程度のものか、といった事情を考慮して判断される（①は「不正」の侵害かに関わり、③は「急迫」の侵害かに関わり、②は双方に関わる）ということになる。

　なお、喧嘩闘争の場合、侵害の急迫性や不正性が否定されて正当防衛にならないことが多いものの、一度闘争が終了した後に攻撃された場合などには正当防衛が成立する余地もあるので、個々の行為につき正当防衛の要件を充たすか否かを検討して判断すべきである（最判昭和32・1・22刑集11-1-31参照）。

（4）侵害に対する行為

　正当防衛は侵害に対抗して被侵害者の権利を守る行為であるから、侵害に対する行為でなければ正当防衛にはならない。例えば、AがXに日本刀で斬りかかった場合、XがAを突き飛ばして負傷させたときは正当防衛になるものの、Xが（走って逃げる際に）前を歩いていた通行人Bを突き飛ばして負傷させたときは緊急避難の問題になる。

　侵害に対する行為が第三者の法益を害した場合は、正当防衛になるか。①被侵害者が第三者の物を利用して防衛行為を行った場合（例：Aが木刀で

Xに殴りかかろうとしたので、XがB所有の花瓶をAに投げつけて壊した場合）、②
侵害が第三者の物を利用してなされた場合（例：AがXにB所有の花瓶を投げ
つけてきたので、Xが花瓶を杖で叩き壊した場合）、③防衛行為の結果が第三者に
生じた場合（例：Aが木刀でXに殴りかかろうとしたので、XがAに石を投げつけた
ところ、ねらいがはずれてBに当たりBが負傷した場合）に問題になる。

　侵害行為ないし侵害者に向けられた行為であれば侵害に対する行為にな
ると考えるなら、①②③とも正当防衛になり、侵害者の法益を害するもの
でなければ侵害に対する行為ではないと考えるなら、①②③とも正当防衛
にはならない（緊急避難の問題になる）ということになりそうである。だが学
説はそのように割り切らない。①については、学説の多くが正当防衛には
ならず緊急避難の問題になるとする（平野II 233、大塚389、大谷279、西田159、
山口129）。②については、学説の多くは、第三者の物が侵害行為の一部を
なしているといった理由から、正当防衛になるとする（平野II 233、大塚389、
大谷279、西田159、高橋281）。これに対し、③については、正当防衛になると
する説[5]は少なく、緊急避難の問題になるとする説（大塚389、大谷279、山口
129）と誤想防衛として故意責任を阻却しうるとする説（板倉203、前田315、
大阪高判平成14・9・4判タ1114-293）とが有力である。

[2] 自己または他人の権利を防衛するためにした行為であること
(1) 自己または他人の権利

　「他人」とは侵害者および防衛行為をする者以外の者をいう。自然人に
限らない。「権利」とは、法により保護に値する利益（法益）をいう。個人的
法益に限らない（大塚387、板倉201など）。

(2) 防衛の意思

　「防衛するため」にした行為であるためには防衛の意思が必要か。判例は、
必要であり、防衛の意思は、防衛者が憤激・逆上して反撃したからといっ
て認められないものではなく（最判昭和46・11・16刑集25-8-996）、攻撃意思と
併存することも可能である、としている（最判昭和50・11・28刑集29-10-983）。
学説には、必要説（団藤238、板倉202、大谷282）と不要説（平野II 243、西田171）
とがある。なお、必要説は、防衛の意思の内容を、急迫不正の侵害を認識
しつつそれに対応する心理状態といったものと解している（大谷283）。

急迫不正の侵害の存在を認識せずに行為した、偶然防衛の場合—例えば、AがBを射殺しようとした際に、これを認識せずにXがAを射殺した場合—の罪責については見解が分かれている。防衛の意思についての必要説からは、正当防衛にはならず殺人罪が成立することになる（板倉202、大谷283）。不要説からは、正当防衛になり不可罰となると考えられる。もっとも、不要説を採りつつ、違法な結果発生の危険はあったとして未遂犯の成立を肯定する見解がある（平野Ⅱ243、西田171）。

[3] やむを得ずにした行為であること

「やむを得ずにした行為」とは、反撃行為が自己または他人の権利を防衛する手段として必要最小限のものであること、すなわち、反撃行為が侵害に対する防衛手段として相当性を有するものであることをいう（最判昭和44・12・4刑集23-12-1573）。このような行為にあたるか否かは、具体的事態の下において、社会通念上、当然性、妥当性を認めうるものであるかにより判断される（最判昭和24・8・18刑集3-9-1465参照）。例えば、素手の攻撃に対し刃物を用いて反撃する行為は、通常は相当性を欠くといえるものの、攻撃者が年齢や体力などの点で優っているときには相当性を認めることが可能になる（最判平成1・11・13刑集43-10-823参照）。

C　過剰防衛

[1] 意義等

過剰防衛とは、「防衛の程度を超えた行為」（36条2項）をいう。防衛行為としての相当性を欠き「やむを得ずにした行為」（36条1項）にあたらない場合である。したがって、正当防衛の他の要件を充たす事実（例えば、急迫不正の侵害）が認められないときは、過剰防衛にはならないと考えられる（大谷288、大コメ（2）635〔堀籠幸男＝中山隆夫〕）。

また、過剰防衛は刑の任意的減免事由であり、犯罪不成立の場合は問題にならない。任意的に刑が減免される根拠に関する有力な学説には、①緊急状態での心理的動揺（恐怖、驚愕、興奮、狼狽）に基づく行為であるため責任が減少することをあげる責任減少説（平野Ⅱ245、板倉204、西田107）と②責任減少のほかに侵害に対する防衛行為であることから違法性が減少するこ

118 ■ 第5章 ■ 違法性

とをあげる違法性・責任減少説（大塚395、大谷291）とがある。

[2] 複数の反撃と量的過剰防衛

　質的過剰（侵害に対し質的に相当性が欠ける行為）の場合（例えば、素手で殴りか
かってきた者に対し日本刀で反撃する場合）、過剰防衛になることには問題がな
いものの、量的過剰あるいは事後的過剰（侵害が弱まったか終了した段階での反
撃行為）の場合、過剰防衛になるかについて問題がある。とくに、侵害が終
了した段階で反撃行為をした場合は、侵害が認められない以上（[1]で述べ
たように）過剰防衛にはならないと考えられる。そこで、侵害終了前の反撃
行為と侵害終了後の反撃行為を一連一体のものとみて過剰防衛になる（36
条2項を適用する）とする考えが出てくる。このような考えによるなら、例
えば、灰皿投げつけ事件に関する最決平成20・6・25刑集62-6-1859の事
案—AがXを素手で殴打したり灰皿を投げつけたりした（急迫不正の侵害）
のに対し、Xが素手で反撃して（第1暴行）Aに傷を負わせて動けない状態
にさせた（侵害終了）後、Xが素手で追撃して（第2暴行）Aに新たな傷を負
わせ、第1暴行による傷が原因となってAが死亡した事案—においては、
①第2暴行の時点では侵害が終了しているものの、第1暴行の時点では侵
害が継続しているので、第1暴行と第2暴行を一連の傷害罪致死罪の構成
要件に該当する量的過剰行為とみることができるなら、傷害致死罪の成立
を肯定し、36条2項の適用を認める、ということになり（第1審判決である静
岡地沼津支判平成19・8・7刑集62-6-1866は、そのように考えた）、②第1暴行と第
2暴行を一連の行為とみることができないなら、第1暴行は傷害致死罪の
構成要件に該当するものの正当防衛となり不可罰、第2暴行は傷害罪の構
成要件に該当し侵害が終了した時点で行われているので正当防衛はもとよ
り過剰防衛にもならず、結局、傷害罪が成立し36条2項は適用されない、
ということになる（第2審判決である東京高判平成19・12・25刑集62-6-1879およ
び上告審決定は、そのように考えた）。第1暴行と第2暴行を一連の行為とみる
か別個の行為とみるかはたぶんに事実認定の問題になる。もっとも、①の
ように考えると、本来、第1暴行（傷害致死罪の構成要件に該当）は正当防衛に
なり不可罰とされるはずであったのに、一連の行為とみられて傷害致死罪
の罪責を負うことになるので不合理ではないか、という疑問もある。この

ような疑問に対し、最決平成21・2・24刑集63-2-1は、第1暴行に違法性が認められない点は有利な情状として考慮すれば足りる旨述べている。

┃┃コラム┃┃　学生甲乙丙、複数の反撃と量的過剰防衛を語る

甲　量的過剰、まあ事後的過剰ともいうようだけれど、「量的過剰」と「量的過剰防衛」とはどこが違うのかな？

乙　「量的過剰」というのは侵害が弱まったか終了した段階での反撃行為自体のことで、この行為に36条2項が適用されたときに「量的過剰防衛」というのじゃないかしら。

甲　そうだとして、灰皿投げつけ事件の事案で、第1暴行と第2暴行を分断してとらえた場合、第1暴行とその結果が正当防衛で不可罰になるのはよいとして、傷害罪になる第2暴行に36条2項を適用することはできないのかな？

乙　だって、第2暴行の時点では侵害は終了しているんでしょう。急迫不正の侵害に対する反撃でないものに36条2項は適用できないんじゃないの。正当防衛の要件のうち「やむを得ずにした行為」であるという要件だけが充たされない場合が過剰防衛なのだから。

甲　36条2項は同条1項を受けたものだと考えるとそういう解釈になるのかも知れないけれど、2項には「防衛の程度を超えた行為」とあるだけだから、質的に程度を超えた場合のほかに時間的に程度を超えた場合も含まれると解釈してよいように思えるんだよね。

丙　そうだね。それに責任減少という点から考えると、侵害が終了していても心理的動揺から反撃をやめることが困難な状態なら36条2項を適用して刑の任意的減免が可能になるようにしてもいいように思うよ。もっとも、灰皿投げつけ事件の事案では36条2項適用の要件は充たさないように思えるね（板倉・後掲130参照）。また議論しよう。

● もっと知りたい方へ
- 板倉宏監修・著、沼野輝彦＝設楽裕文編『現代の判例と刑法理論の展開』（八千代出版、2014）117以下〔板倉宏〕。

D　盗犯等防止法における特則

盗犯等防止法（盗犯等ノ防止及処分ニ関スル法律）1条は、正当防衛に関する特則として、①同条1項所定の場合には防衛行為があったものとし、②同条2項所定の場合は不可罰としている。もっとも、判例は、①の場合でも正当防衛が成立するためには一定程度の相当性が認められることが必要であるとする（最決平成6・6・30刑集48-4-21）。

4　緊急避難

A　違法性が阻却される理由

37条1項本文は、「自己又は他人の生命、身体、自由又は財産に対する現在の危難を避けるため、やむを得ずにした行為は、これによって生じた害が避けようとした害の程度を超えなかった場合に限り、罰しない」と規定している。構成要件に該当する行為であっても、同項本文の要件を充たせば、緊急避難として違法性が阻却され、不可罰となる（もっとも、法益同価値の場合などは責任阻却事由と解する見解も有力である―大コメ（2）682-686〔安田拓人〕参照）。違法性が阻却される理由としては、（正当防衛と共通の）法の自己保全をあげることができる。また、社会的相当性説からは、社会的相当性が認められることが（大谷297）、優越的利益説からは、同等利益・優越的利益を保護するものであることが（山口146）、理由に加えられることになる。

B　緊急避難の要件

[1]　生命・身体・自由・財産に対する現在の危難があること

(1)　生命・身体・自由・財産に対する危難

37条1項本文には「生命、身体、自由又は財産」と書かれているものの、多数説は、これは例示であり、名誉などに対する危難についてはもとより、国家的法益や社会的法益に対する危難についても緊急避難は認められるとする（大塚401、板倉207など）。

「危難」とは、法益に対する実害または危険の及ぶ状態をいう。危難の原

因はとくに限定されていないので、正当防衛とは異なり「不正」のもので
なければならないといったこともない。もっとも、法律上甘受する義務の
ある危難は除かれる（例えば、適法な逮捕をされそうになったXがAに無断でA
宅に逃げ込むことは緊急避難にはならず、住居侵入罪が成立する）。

(2) 現在の危難

「現在の」とは、危難が現に存在するか間近に迫っていることをいう。正
当防衛の要件である「急迫」と同様のものといってよい。

自招危難（避難者の行為によって誘発された危難）を避けるためにした行為は
緊急避難となるか。これについては、危難を招いた先行行為と危難の内容、
避難行為の態様等を検討して、緊急避難の場合に違法性が阻却される理由
を考慮しつつ、要件が充たされるか否かを判断するべきである。社会的相
当性説からは社会的相当性を有するか否かの見地から判断されることにな
る（大谷301）。判例には、危難が有責行為によって自ら招いたもので社会通
念に照らして避難行為を是認することができない場合には緊急避難の規定
は適用されない旨述べたものがある（大判大正13・12・12刑集3-867）。なお、
避難行為が緊急避難になると認められたとしても、先行行為により結果を
発生させたことにつき刑事責任を問うことは可能である（例えば、Xが、①前
方を注視せずに自己の運転する車を進行させたため、②自車が歩行者Aに衝突しそう
になったので、③衝突を避けるため方向転換してB運転の車に自車を衝突させ、④Bに
傷を負わせた場合、③の行為が緊急避難になるとしても、①の行為が過失運転致傷罪の
実行行為にあたり、これと④の結果との間に因果関係が認められれば、Xは同罪の罪責
を免れないことになる）。

[2] 危難を避けるためにした行為であること

正当防衛における防衛意思と同様に、避難の意思が必要か否かについて
議論がある。裁判例は必要説によっている（大阪高判平成10・6・24高刑集51-
2-116、広島高松江支判平成13・10・17判時1766-152）。避難の意思の内容は、危
難を認識しつつそれに対応する心理状態といったものになる。

なお、避難行為が過失犯の構成要件に該当する場合でも緊急避難は成立
しうる（対向車との衝突を避けるため自己の運転する車両を左に寄せ、A運転の自動2
輪車に衝突させてAに傷を負わせた事案につき、大阪高判昭和45・5・1高刑集23-2-

367 は、過失を認定しつつ緊急避難の成立を肯定している）。

[3] やむを得ずにした行為であること

「やむを得ずにした」とは、当該避難行為をする以外に方法がなく、そのような行為をすることが条理上肯定しうる場合をいう（最大判昭和24・5・18刑集 3-6-772）。不正の侵害に対抗する正当防衛の場合と異なり、緊急避難の場合は、他に方法がないという補充性が要求される（補充の原則）。さらに、社会的相当性を要求する見解もある。この見解によれば、例えば、X が着ている高価な服が雨水で傷むのを避けるために、廉価な服を着ている A の傘を奪う行為は、補充性があっても社会的相当性を欠くため緊急避難にはならないことになる（大谷 301）。

[4] 生じた害が避けようとした害の程度を超えなかったこと

緊急避難においては、避難行為によって生じた害が避けようとした害の程度を超えなかったことも要件とされる（害の均衡の要件、あるいは法益権衡の原則）。この要件を充たすかどうかは、法益の重要性とそれに対する侵害・危険の程度（量）を衡量して判断することになる（大コメ (2) 696〔安田拓人〕参照）。人の生命に対する危難を避けるために財産を毀損したといった場合なら、要件を充たすことは明らかであるけれど、人の生命と人の生命、財産と財産というように同一の法益になると、単純に生命の数や財産の価格で比較してよいのか疑問が生じる。結局、具体的事案に応じて社会通念により判断するしかないところがあることは否定できない（大谷 300 参照）。

C 過剰避難

過剰避難とは、「その程度を超えた行為」（37条1項ただし書）をいう。害の均衡の要件を充たさない場合が過剰避難となることは文言から明らかである。さらに、多数説（大塚 407、板倉 210、大谷 303、西田 152）は、補充性が認められない場合（やむを得ない程度を超えた場合）も過剰避難になるとする（補充性の否定される行為につき過剰避難となるとしたものとして最判昭和28・12・25刑集7-13-2671 がある。もっとも、大阪高判平成10・6・24高刑集 51-2-116 は反対の趣旨を述べており、判例の考えは明確ではない）。緊急避難の他の要件（現在の危難など）

が充たされていないときは過剰避難とはならない（大谷303）。

過剰避難は刑の任意的減免事由である。任意的に刑が減免される根拠に関する学説には、過剰防衛に準じて、責任減少説（平野II 245、板倉210、西田152）や違法性・責任減少説（大塚407、大谷303）がある。

D 業務上特別の義務がある者についての例外

37条1項の規定は業務上特別の義務がある者には適用しない（37条2項）。これは、業務の性質上危険に対応することが義務づけられている者（例えば、警察官、消防士）について、その義務との関係で37条1項の適用を排除したものである（例えば、消防士が危険であることを理由に火災に対処しないことは許されない）。もっとも、義務の範囲を超える危難に対し避難行為をすることは許されうる（例えば、消防士が火災現場で倒れてきた建物を避けるために隣家の塀を破って退避することは許されよう）。

5 違法性阻却事由に関する錯誤

A 総説

前述したように（1、A 犯罪の成立要件と違法性、参照）、違法性阻却事由—例えば、正当防衛—に該当する事実が存在しない場合、違法性は阻却されないものの、違法性阻却事由に該当する事実が存在すると誤信（誤って認識・予見）しているときは、故意（責任故意）は認められないことになる（第6章、3、C 違法性阻却事由該当事実に関する事実の錯誤、参照）。故意（38条1項の「罪を犯す意思」）については第6章、2で説明してある。初めての方はそちらを先に読んでいただきたい。要するに、故意は、犯罪事実（①客観的構成要件に該当し、②違法性阻却事由に該当しない事実）を認識・予見しながらあえて行為に出る意思である。

本章、1、Aの【事例4】（Xは、公園を散歩しているときに、AとBが演劇の練習を小道具の摸擬刀を用いてしているのを目撃し、AがBを日本刀で斬殺しようとしていると誤信し、Bの生命・身体を守るためにはAに多少の傷を負わせてもやむを得ない

と考え、Aに石を投げつけて傷を負わせようと思って、鶏卵大の石をAの頭部めがけて投げつけ、Aの頭部に傷を負わせた―という事例）では、Xの行為は傷害罪の構成要件に該当し、「急迫不正の侵害」が実際に存在しないので、正当防衛にはならず、違法性は阻却されないけれども、Xは急迫不正の侵害に対しBの権利を防衛するため、やむを得ずに傷害行為を行っていると思っているので、正当防衛という違法性阻却事由に該当する（実際には存在しない）事実の認識・予見があり、それは裏を返すと、違法性阻却事由に該当しない事実の認識・予見がないということになり、結局、犯罪事実の認識・予見はなく、犯罪事実を認識・予見しながらあえて行為に出る意思は認められない、ということになるのである（これを「責任故意が阻却される」と表現する）。

繰返しを厭わず述べると、違法性阻却事由に関する錯誤は本来第6章で取り扱うべき問題である。とはいえ、とくに誤想防衛、誤想避難の類は正当防衛、緊急避難と関連させて論じられることが多いので、本書でも本章で述べ、さらに、概説書ではあまり触れられていない、正当行為に関する錯誤（いわば「誤想正当行為」）についても言及することにした。犯罪の成否は、①構成要件該当性、②違法性（違法性が阻却されるか）、③責任（責任が阻却されるか）の順で検討されるのであり、「違法性阻却事由に関する錯誤により故意が阻却されるか」は③の段階の問題であることを意識してほしい（「誤想過剰防衛の場合、36条2項が準用できるか」という問題になると、③段階もクリアして犯罪の成立が肯定された後、すなわち科刑の段階での、刑の減免事由に関する規定の解釈・適用の問題になる）。

B　誤想防衛、誤想過剰防衛

誤想防衛とは、①急迫不正の侵害が存在するものと誤信し、その侵害に対するものとして相当性のある反撃行為をした場合、および②急迫不正の侵害は存在し反撃行為に相当性が認められないのに（つまり、客観的には過剰防衛になるところ）、行為者が反撃行為には相当性があると誤信した場合、をいう（大塚395、大谷291、高橋292）。具体例としては、①については、前述（A総説）の【事例4】、②については、XをAが竹竿で突いてきたのに対し、自分も竹竿で反撃しようと思ったXが、誤って槍をつかみ、これでAを突き刺して重傷を負わせた、といったものになる。

誤想防衛の事案では正当防衛は成立せず、故意（38条1項）が阻却される
かが問題になる。違法性阻却事由該当事実の錯誤にあたる場合、前述した
ように（A　総説、参照）責任故意が阻却される。もっとも、誤想防衛の事案
でも違法性の錯誤（第6章、2、B、[3]、(1) 違法性の錯誤は故意を阻却しない、参
照）になり、責任故意が阻却されないこともある（第6章、3、C　**違法性阻却事
由該当事実に関する事実の錯誤**、参照。例えば、警察官 A が X に対し緊急逮捕〔刑訴
210〕の要件を充たす適法な逮捕をしようとした際、X が「逮捕状を示さない逮捕は違法
だから、これは急迫不正の侵害だ」と誤った評価をして反撃した場合、責任故意は阻却
されない）。

誤想過剰防衛とは、急迫不正の侵害が存在しないのに存在するものと誤
信し、その侵害に対するものとして相当性のない反撃行為（過剰行為）を行
った場合をいう。例えば、A が自分の竹竿を捨てようとして持ち上げた際、
X が、A が竹竿で突いてくるものと誤信し、槍で A を突き刺して重傷を負
わせた場合である。

誤想過剰防衛の事案でも、責任故意が阻却されるかが問題になる。行為
者に相当性のない反撃行為をすることの認識がない場合（上の例で、X が竹
竿で反撃するつもりで誤って槍をつかみ、これで A を突いた場合）であれば、違法性
阻却事由該当事実に関する事実の錯誤があり、責任故意を阻却すること
になる。これに対して、行為者が相当性のない反撃行為をすることを認識し
ている場合（「過剰性の認識がある場合」といった言い方もされる。上の例で、X が槍
で反撃するつもりで槍をつかみ、これで A を突いた場合）は、行為者の認識・予見
した事実は違法性阻却事由に該当する事実ではないから（上の例だと、X の
認識・予見した事実は、「A が竹竿で突こうとするのに対し槍で突き刺して重傷を負わ
せる」というもので、正当防衛の要件を充たす事実ではないから）責任故意を阻却し
ないということになる（最判昭和24・4・5刑集3-4-421 は、棒様のもので打ちかか
ってきた者に対し「斧だけの重量のある棒様のもの」と認識しつつ斧で頭部を殴打して
死亡させた事案につき、傷害致死罪の成立を肯定している）。

誤想過剰防衛の事案で故意が阻却されず故意犯が成立する場合、判例は、
36条2項を準用できるとする（最決昭和41・7・7刑集 20-6-554、最決昭和62・3・
26刑集41-2-182）。準用の可否は 36条2項により任意的に刑が減免される
根拠に関連する（3、C、[1] **意義等**、参照）。急迫不正の侵害が存在しない以上、

違法性の減少があるとはいい難いものの、急迫不正の侵害が存在すると誤信して心理的動揺に基づいた過剰な反撃行為を行ったといえる場合には、責任の減少は認められるので準用を肯定できる、ということになる。このようなことから、責任減少説支持者は準用を肯定し（平野Ⅱ 246-247、西田 184）、違法性・責任減少説支持者の中にも肯定する者がある（大塚 397 など）。なお、故意が阻却されて故意犯は成立しないものの、過失犯は成立する場合（例えば、上の例で、X が注意していれば自分のつかんだものが竹竿でなく槍だとわかったという場合）にも 36 条 2 項を準用しうるとする見解もある（平野Ⅱ 247、前田 320 参照）。

C 誤想避難、誤想過剰避難

誤想避難とは、①現在の危難が存在するものと誤信し、相当な避難行為を行った場合、および②存在する現在の危難を避けるために相当性のない避難行為を相当性があるものと誤信して行った場合、をいう（大塚 408 参照）。誤想過剰避難とは、現在の危難が存在しないのに存在するものと誤信し、その危難に対するものとして相当性のない避難行為（過剰行為）を行った場合をいう（大谷 303 参照）。誤想防衛、誤想過剰防衛と同様に、責任故意を阻却するか、37 条 1 項ただし書の準用が認められるかが問題になる。誤想防衛、誤想過剰防衛におけるのと同様に考えれば足りる（誤想過剰避難にあたる事案につき、故意の阻却を認めず 37 条 1 項ただし書によって刑を減軽した裁判例として、大阪簡判昭和 60・12・11 判時 1204-161 がある）。

D 正当行為に関する錯誤

誤想防衛、誤想避難に限らず、違法性阻却事由に関する事実の錯誤があり、違法性阻却事由該当事実の認識・予見があるときは、責任故意が阻却されることになる（各則の違法性阻却事由である 230 条の 2 に関して、最大判昭和 44・6・25 刑集 23-7-975 は、事実が真実であると誤信したことにつき確実な資料・根拠に照らして相当な理由があるときは、故意がなく、名誉毀損罪は成立しない旨述べている）。

以下、いくつか具体例をあげる。

現行犯逮捕（刑訴 213 条）は法令行為として違法性が阻却されるところ（2、

B、[3] **権利・義務行為**、参照)、現行犯人でない者を現行犯人だと誤信して逮捕した場合は、正当行為に関する錯誤ということになる。東京高判昭和27・12・26高刑集5-13-2645は、窃盗の実行に着手していないので現行犯人とは認められない者を逮捕した事案につき、逮捕行為が法律上許されたものと信じたことにつき相当の理由があり故意を阻却するとした。この判決を違法性の意識を欠くことについて相当の理由があるとして故意を阻却するとしたものと評価することもできなくはないけれど、現行犯人であるかどうかの認識は逮捕行為を正当化する事実に関する錯誤という側面も有しているといわれている（大コメ (3) 254〔佐久間修〕）。最高裁判例が違法性の意識を欠くことについて相当の理由がある場合をかなり限定していることを考えると（例えば、最決昭和62・7・16刑集41-5-237参照）、現行犯人と間違えて無関係な者を逮捕したような場合は、違法性阻却事由該当事実に関する事実の錯誤があることを理由に責任故意を阻却すると解しうる。

　加持祈祷を業とする者が治療目的で複数の者と共同して被害者の身体に強圧強扼を加えて死亡させた事案についての、東京高判昭和31・11・28高刑集9-12-1251も、行為者は違法性の意識を欠いたに過ぎないので傷害致死罪が成立するとしている。被告人は自己の行為が医学上認められたものでないことを認識していたと認められるから、正当行為に関する錯誤の問題として考えても、この判決と同様の結論になる。

　ほかに、電源切替のため電燈が消えた電車内で友人がふざけて頭をつついたので、これに対応して友人の足を段ろうとしたところ、暗かったため間違えて車掌の足を段って軽傷を負わせてしまった場合は、社会的相当性のある行為をしているとの認識があるので、責任故意を阻却することになりうる（大コメ (3) 261〔佐久間修〕参照。なお、このような事案につき、東京高判昭和45・1・27刑月2-1-8は、被告人の行為は暴行としての違法性を欠くとして傷害罪の成立を否定している）。

　なお、医師Xが患者Aの同意がないのに同意があるものと誤信して、治療目的で医学上認められた学理、技術に従って手術をした場合は、同意がない点を推定的同意で補えないときであっても、その他の正当行為にあたる事実の認識・予見があるので、責任故意を阻却することになりうる。

128 ■ 第5章 ■ 違法性

注）

1) 木村亀二＝阿部純二『刑法総論〔増補版〕』（有斐閣、1978）252 参照。

2) 「医療」、「医療行為」の意義は必ずしも明確ではない。医療法 1 条の 2 は、医療の内容には、治療のほかに、疾病の予防のための措置、リハビリテーションが含まれるとしている。医師法 17 条は、医師でなければ医業をなしてはならないと規定しているところ（違反者は同法 31 条 1 項により処罰される）、業とすることを禁じられている行為が医療行為全てであると解することには無理がある。医師の典型的な業務行為である診療は、診断行為と治療行為に分けることができ、いずれも医療行為にあたる。また、刑法上の違法性阻却が問題になる医療行為は、前提として構成要件該当性のある行為でなければならないから、例えば、問診や通常の血圧測定などは除かれることになる。

3) この判決は、控訴審判決（大阪高判平成 21・12・17 刑集 66-4-471）、上告審決定（最決平成 24・2・13 刑集 66-4-405）で是認されている。これらにつき、板倉宏監修・著、沼野輝彦＝設楽裕文編『現代の判例と刑法理論の展開』（八千代出版、2014）93 以下〔杉山和之〕参照。

4) この決定について、前掲 3) 105 以下〔高瀬俊明〕参照。

5) 中野次雄『刑法総論概要〔第 3 版補訂版〕』（成文堂、1997）171 など。

知識を確認しよう

問題

(1) X は、A に頼まれて A の身体を傷害した。X が傷害罪（204 条）の罪責を負うのはどのような場合か。

(2) X は、路上で突然殴りかかってきた A の顔面を手拳で殴打した。A は、転倒して路面で頭を打ち気絶した。さらに、X は、「俺の強さがわかったか」といいながら A の身体を蹴り肋骨骨折の傷害を負わせた。その後、A は、路上で頭を打った時に生じたクモ膜下出血により死亡した。X の罪責を論じなさい。

解答への手がかり

(1) 同意傷害の問題である（本章、2、D、[3]〔とくに、その (4)〕参照）。

(2) 複数の反撃と量的過剰防衛の問題である（本章、3、C、[2] 参照）。

第
6
章

責任

本章のポイント

1. 責任とは、構成要件に該当する違法な行為を行ったことについて行為者を非難可能なことをいう。故意・過失が欠ける場合、心神喪失者の行為である場合、刑事未成年者の行為である場合、期待可能性や違法性の意識の可能性が欠ける場合は、責任が阻却される。

2. 故意は、行為時の、犯罪事実（行為の違法性を基礎づける事実）の認識・予見があるのに行為に出る意思である。未必の故意と認識ある過失の区別については議論がある。

3. 事実の錯誤があると、故意が阻却されることがある。事実の錯誤は、客観的構成要件該当事実に関する事実の錯誤と違法性阻却事由該当事実に関する事実の錯誤に分かれる。前者には、具体的事実の錯誤と抽象的事実の錯誤があり、典型的なものとして、客体の錯誤、方法の錯誤、因果関係の錯誤がある。

4. 39条の「行為」に関し、原因において自由な行為の問題がある。これに対応する理論には、構成要件モデルと例外モデルの2タイプがある。

1 総説

A 責任の意義と責任阻却事由

責任（有責性）とは、構成要件に該当する違法な行為を行ったことについて行為者を非難可能なことをいう。ある行為者に、ある行為を行ったことを理由として、ある刑罰を科すことの正当化には、その行為が構成要件に該当する違法なものであることに加えて、その行為者をその行為を行ったことについて非難できること（非難可能性があるといえること）を要する。非難可能性があるといえるためには、「当該行為者が当該行為（犯罪行為）を行うことを避け、他の行為を行うことができたのに（他行為可能性があったのに）当該行為を行った」といえることが必要である。非難可能性があるといえないときは、責任が阻却され犯罪不成立ということになる。例えば、Xに無理やり覚せい剤を注射されたYが、幻覚症状のため通行人Aを殺し屋だと思って殴りつけ負傷させた場合、Yの行為は傷害罪（204条）の構成要件に該当する違法な行為ではあるけれど、「心神喪失者の行為」（39条1項）に該当し、傷害罪は成立しない、ということになる。

ただし、非難可能性があるといえるか否かは、あくまで法的な評価の問題である。そこから、次のようなことがいえる。

決定論の考えを徹底するなら、行為者はその犯罪行為を行うように決定されているのであって（運命としての犯罪）、他行為可能性や非難可能性は否定される、ということになりかねない。しかし、通説はこのような考えを採用していない。

刑法典は、故意が欠ける場合（38条1項本文—もっとも、ただし書により過失犯も処罰可能である）、心神喪失者の行為である場合（39条1項）、14歳に満たない者（刑事未成年者）の行為である場合（41条）、「罰しない」としている。これは、責任に関し犯罪成立が否定される事由（責任阻却事由）を定めたものである（ほかに、明文がないことから超法規的責任阻却事由といわれるものとして、期待可能性の欠如、違法性の意識の可能性の欠如をあげることができる）。これらに該当するか否かも法的に判断される。また、およそ他行為が選択できない場合でなければこれらの事由に該当しないというわけではない。例えば、13

歳の者には、殺人や窃盗が犯罪行為であることはわかっているので他行為
可能性があるともいえる。しかし、41条は、可塑性に富む者に刑罰を科す
のは適当でないという政策判断から刑事未成年者の行為を不可罰としてい
るのである。

B 責任と責任論
[1] 規範的責任論と心理的責任論

　前述したような、責任は法的な非難可能性であるという考えは、規範的
責任論に基づくものである。規範的責任論は、責任の実質は心理的事実で
はなく規範的な評価であるとする見解である。これに対して、心理的事実
が責任を基礎づけるとする見解を心理的責任論という。

　心理的責任論に対しては、故意犯の場合は犯罪事実を認識・予見してい
るという心理的事実があるので責任があるといえるけれど、過失犯の場合
はそういえないのではないか、という批判がある。この点、規範的責任論
によれば、過失犯の場合は、犯罪事実を認識・予見すべきであったのにし
なかった（認識・予見すれば当該行為を行わないこともできたのにしなかった）とい
う規範的評価が責任であるから、故意犯のみならず過失犯についても責任
はある、ということが可能になる。また、規範的責任論によれば、故意・
過失が認められる場合でも、他の事情（例えば、強制）によって犯罪行為を行
わないことを期待できないときは、期待可能性が欠如するので責任がない
とすることも可能である。このようなことから、規範的責任論が通説とな
っている。

　もっとも、「責任は規範的評価（法的評価）である」という考えを強調し過
ぎると、事実を無視して法的観点（あるいは政策的観点）から責任があると判
断してよい、ということになりかねない。例えば、事実として犯罪事実の
認識・予見がおよそ不可能であるのに、規範的観点からは責任があるとす
るとか、何度鑑定しても「被告人に責任能力はなかった」という結論が出
てくるのに、「法的には心神喪失にはあたらない」として39条1項の適用
を否定するといったことには、問題がある。規範的評価ないし法的評価と
いっても合理的なものでなければならないのであり、不合理な評価は、刑
罰を科することを正当化しえない。評価は事実の上に形成されるものであ

り、いかなる事実が存在するときに責任非難が正当化されるのか、という
問題を軽視すべきではない（山口197-198参照）。

[2] 社会的責任論と道義的責任論

　前述したように、通説は、責任は法的な非難可能性である（非難可能であ
ると法的に評価されることが責任である）とする。しかし、新派（近代学派）の決
定論を徹底すると、「非難」には結びつかない。行為者が犯罪を行ったのは
無理からぬことであるから非難するべきではなく、むしろ、犯罪の原因と
なった行為者の素質・環境を改善して再犯を防ぐべきである、ということ
になる。そうなると、犯罪から社会を防衛するための、素質・環境の改善
に向けられた措置に従うべき地位にあることが責任である、ということに
なる。このような見解が社会的責任論である（主唱者は牧野英一）。これに対
し、行為者が犯罪行為を行うのは、そうするように意思により決めたから
であって、行為者は決意して犯罪行為を行ったことについて道義的な非難
を受けなければならないとするのが、道義的責任論である（主唱者は小野清
一郎）。

　社会的責任論に対しては、そのように考えると、現実に行った犯罪行為
の程度にかかわらず、行為者に社会を害する危険性が認められるとして、
無限定な社会防衛処分がなされるのではないか（極端な例をあげると、猫1匹
を傷つけた者を将来殺人罪を犯す危険があるから何年も施設に収容して改善の措置を施
してもよいのか）、といった批判がある。道義的責任論に対しては、道義とは
倫理（社会倫理、あるいは国家倫理）であり、刑事責任を倫理責任と考えること
には問題がある、といった批判がある（西田207参照）。

　従来の通説的見解は道義的責任論であった。近年は、責任を道義的なも
のではなく法的なものであると考える見解が通説化しつつある（西田207、
山口196）。このような見解の中には、非難の意義は「非難という意味が込
められた刑罰の付科による犯罪予防を正当化する点にある」とするものが
ある（山口197）。もっとも、どのような場合にそのような正当化がされるの
か（非難可能といえるのか）は必ずしも明確ではない。

[3] 性格責任論、行為責任論、人格責任論

　性格責任論は、行為者は危険な性格を有しているので責任を負うとする見解である。前述した社会的責任論と結びつく。行為責任論は、行為者が自己の意思により個別の犯罪行為を行ったので責任を負うとする見解である。前述した道義的責任論と結びつく。

　性格責任論を徹底すると、重大な犯罪行為をしていない場合であっても、危険な性格であると認められるときは重い刑罰を科すことができることになる。しかし、刑罰は危険な性格であることではなく犯罪行為を行ったことを理由として科されるべきものであると考えるなら、行為責任論が支持されるということになる。通説も行為責任論を前提にしている。

　人格責任論は、行為責任論を前提としながら、「当の行為だけではなく、その背後にある人格に責任の基礎をみとめる」見解である（団藤258）。もっとも、行為責任のほかに「人格形成における人格態度」（団藤261）まで責任評価の基礎とすることの妥当性については疑問がある。少なくとも犯罪の成立要件としての責任は行為責任で足りるであろう。人格責任論は少数説に止まる。

2 故意

A 総説

[1] 出発点としての38条

　38条の条文には「故意」という見出しがついている。したがって、故意とは何かを考える際には、同条が出発点となる。同条1項が、「罪を犯す意思がない行為は罰しない。ただし、法律に特別の規定がある場合は、この限りでない」と規定していることから、故意は「罪を犯す意思」のことであるといえる（なお、後述するように、ただし書の「法律に特別の規定がある場合」とは、過失犯を処罰する規定がある場合をいう）。そして、同条2項が、「重い罪に当たるべき行為をしたのに、行為の時にその重い罪に当たることとなる事実を知らなかった者は、その重い罪によって処断することはできない」と

していることから、故意の前提は、行為の時にその罪に「当たることとなる事実」を知っていることであるといえる。すなわち、行為時の犯罪事実の認識・予見（があるのに行為に出る意思）が故意である、ということになる。さらに、同条3項が、「法律を知らなかったとしても、そのことによって、罪を犯す意思がなかったとすることはできない。ただし、情状により、その刑を減軽することができる」としていることを考えると、法律を知っているか否かは故意と関係がないということになる。

[2] 故意と過失

　38条を読んだだけで、故意は行為時の犯罪事実の認識・予見（があるのに行為に出る意思）であり、法律に特別の規定がある場合（38条1項ただし書）を除いて、故意がなければ罰しない（犯罪不成立とする）、ということがわかる。ここから、刑法は犯罪の成立を肯定するには原則として故意が必要であるとしていることがわかる（故意犯処罰の原則）。とすると、例外的に故意がなくてもこの犯罪は成立すると読めるように規定されていないときは、その犯罪は故意犯である、ということになる。例えば、殺人罪の規定である199条には「人を殺した者は」と書かれていて、「故意に人を殺した者は」とは書かれていないけれども、故意が欠ければ殺人罪は成立しないのであり、殺人罪は故意犯である、ということになる。

　それでは、「特別の規定がある場合」とはどのような場合か。刑法典では、「失火」により（116条）、「過失」（または「重大な過失」）により（209条1項・210条・211条後段など）、「業務上必要な注意」を怠り（117条の2・211条前段）といった過失犯処罰規定がこれにあたるといえる。形式的には、過失さえなくても「特別の規定」を設ければ処罰できる、といえなくもない。だが、そのような「無過失の犯罪」を肯定することは、責任主義の要請を受けて故意犯処罰の原則を採用している刑法においては（解釈論としてはもとより立法論としても）許されない。

　以上から、刑法において責任があるとは、故意犯においては故意があることであり、過失犯においては過失があることである、といえる。故意と過失とは、それぞれ刑法における責任要素あるいは責任形式であるということになる。

[3] 構成要件的故意と責任故意

故意は、(a) 責任要素に過ぎないのか、(b) 構成要件要素でもあるのか、ということについて争いがある（なお、故意〔・過失〕は構成要件要素、違法要素ではあっても責任要素ではないとする説もある〔大谷117-118など〕）。(b) 説は、(主観的) 構成要件要素としての故意を構成要件的故意とよび、責任要素としての故意を責任故意とよぶ。どちらの説を採るかは、①構成要件 (ないし違法性) の段階で主観的要素をできるだけ認めないようにした方がよいと考えるか ((a) 説はそう考える)、②構成要件の段階でどの犯罪にあたるかを区別した方がよいと考えるか ((b) 説はそう考える) による、ということになる。

本書は、通説的見解である (b) 説を基本とする。もっとも、「それなら、構成要件的故意に関わる問題 (構成要件該当事実の認識・予見に関する問題など) は構成要件該当性の所で論じるべきだ」ともいえる (例えば、大塚177以下は、そのような構成である)。しかし、本書では叙述の便宜上、責任の所で論じることにする (団藤289以下、板倉237以下と同様の構成である)。

B　故意の要件

[1] 認識・予見に関わる犯罪事実

(1) 客観的構成要件該当事実と違法性阻却事由該当事実

前述したように、故意とは、(行為時の) 犯罪事実の認識・予見 (があるのに行為に出る意思) である。となると、「認識・予見の対象となる犯罪事実とは何か」が問題になる。

これも前述したように、責任とは構成要件に該当する違法な行為を行ったことについて行為者を非難できる、ということである。そして、非難可能であるということは犯罪の成立を肯定して刑罰を科し犯罪を予防することを正当化しうる、ということである。そのように考えると、認識・予見の対象となる犯罪事実とは、実質的には行為の違法性を基礎づける事実である、ということになる (山口200)。さらに分析すると、①客観的構成要件該当事実を認識・予見し、②違法性阻却事由該当事実を認識・予見していないときに、行為の違法性を基礎づける事実を認識・予見しているといえる (西田214参照)。すなわち、①②のときには、行為者は、当該行為が違法であることを認識し、反対動機を形成して、当該行為を行うことを思い止

まることが可能なのであって、それにもかかわらず当該行為を行ったら、非難されてしかるべきであり、当該行為の構成する犯罪の成立を肯定して行為者に刑罰を科すことが正当化されるのである（山口201参照）。

例えば、Xは、通行人Aの頭部を狙って石を投げつけて命中させ傷を負わせた、という事例で考えると、Xは傷害罪（204条）の構成要件該当事実を認識・予見（人の身体を傷害する危険のある行為を行うことの認識とそれにより傷害結果の発生することの予見）しているので、傷害罪の故意が認められ同罪が成立することになる（ちなみに、傷害罪の故意は暴行の意思で足りるとするのが判例—最判昭和22・12・15刑集1-80、通説である）。また、Yは、演劇の練習としてBが小道具の模擬刀を持ってCに斬りかかるのを目撃して、CがBに斬り殺されかけているものと誤信し、Cを救うため、付近にあった石を拾ってBに投げつけ傷を負わせた、という誤想防衛の事例で考えると、Yは傷害罪の構成要件該当事実を認識・予見している（したがって、構成要件的故意は認められる）ものの、CがBに斬り殺されかけているという急迫不正の侵害に対しCの生命を防衛するためにやむを得ない行為をするという正当防衛（36条1項）に該当する事実を認識・予見しているので、傷害罪の故意が成立せず（責任故意が認められず[1]）、同罪の成立は否定されるということになる（第5章、5、B誤想防衛、誤想過剰防衛、参照）。

(2) 認識・予見を要する事実と要しない事実

故意があるとするために認識・予見を要するのは、客観的構成要件該当事実（実行行為、結果、因果関係、行為の主体・客体・状況など）であり、主観的構成要件要素（例えば、通貨偽造罪〔148条〕の「行使の目的」）に関わる事実は入らない。

また、客観的構成要件該当事実であれば全て認識・予見の対象になるわけではない。行為者において当該行為が違法であることを認識し反対動機を形成して当該行為を行うことを思い止まることが可能であれば、故意犯を実行したことについて非難可能になるのであるから、そのようにいえる範囲の構成要件該当事実についての認識・予見があれば足りるのである。そして、どの範囲の客観的事実について認識・予見が必要と考えるかは、各則の条文解釈の問題になってくる。

認識・予見の対象とならない客観的構成要件該当事実の代表例は、結果

的加重犯の重い結果である。結果的加重犯とは、基本となる犯罪（基本犯）が実行され、それによって、より重い結果が発生した場合、刑を加重する犯罪をいう。典型例は、傷害致死罪（205条）である。Xが傷害の意思でAに暴行を加えて負傷させ、さらに、それによってAが死亡した場合、傷害罪（204条）と過失致死罪（210条）または重過失致死罪（211条後段）に問われるのではなくて、傷害致死罪に問われることになる。このようにされているのは、基本犯の行為に重い結果を発生させる高度の危険が内包されていることを考えると、重い結果が発生した場合、基本犯のほかに（重い結果についての）過失犯の罪責を負うに止まるとするのは妥当ではなく、さりとて、重い結果についての故意犯（この例では殺人罪）の故意は認められないので、同故意犯の罪責を負わせることはできないからである。そうなると、結果的加重犯が成立するためには重い結果についての故意犯の故意は不要である（言い方を変えるなら、このような故意が認められれば同故意犯の成立が肯定されることになって結果的加重犯の守備範囲ではなくなってしまう）、ということになる。そこで、結果的加重犯の重い結果は認識・予見の対象とならないことになる。

なお、学説には責任主義の見地から重い結果について過失を要求するものがある（団藤337、大塚180、山口203）。しかし、判例は基本犯の行為と重い結果との間に因果関係があれば結果的加重犯は成立するとしている（傷害致死罪につき、最判昭和32・2・26刑集11-2-906）。

また、危険犯における危険の発生—とくに、放火罪における公共の危険の発生—の認識・予見が必要か、については争いがある。判例は、抽象的危険犯である非現住建造物等放火罪（109条1項）においてはもとより（大判昭和10・6・6刑集14-631）、具体的危険犯である建造物等以外放火罪（110条1項）においても公共の危険の発生の認識は不要であるとする（大判昭和6・7・2刑集10-303、最判昭和60・3・28刑集39-2-75）。学説には、抽象的危険犯、具体的危険犯の双方において危険の認識・予見を要するとするものがある（大塚185、佐久間113）。

構成要件該当性と関係のない事実、例えば、当該犯罪の法定刑の内容とか責任能力の有無に関する事実は、故意の要件としての認識・予見の対象にはならない。客観的処罰条件も同様である。

客観的処罰条件とは、処罰範囲の明確化や限定のために処罰に必要とされる条件をいう。刑法典上の例としては、事前収賄罪（197条2項）における「公務員となった」ことがあげられる（特別法上の例としては、詐欺破産罪における破産手続開始決定の確定〔破産法265条1項〕があげられる）。事前収賄行為をすれば違法な行為を故意に行ったといえるものの、公務員にならなかったのであればあえて処罰する必要はないので、「公務員となった」ことが処罰条件とされているのである、と考えると、公務員になることについての予見がなくても、事前収賄罪の故意は認められると解される（なお、客観的処罰条件について責任主義の見地から過失が必要であるとする学説もある〔平野Ⅰ163、山口204〕）。

人的処罰阻却事由該当事実（例えば、窃盗罪の行為者と被害者との間に244条1項の親族関係がある事実）の認識・予見は故意の成否とは関係がない。したがって、この点につき錯誤があっても故意を阻却しない（大阪高判昭和28・11・18高刑集6-11-1603）。

もっとも、他人の財物を親族関係にある者の財物と誤信して窃取した場合に244条1項が適用されるとした裁判例がある（福岡高判昭和25・10・17高刑集3-3-487、広島高岡山支判昭和28・2・17高刑判特31-67）。これらの裁判例は、窃盗罪の故意が阻却されるとしたものではなく（故意が阻却されるのなら無罪になるはずである）、被告人に有利になるように244条1項（あるいは、38条2項）を準用して刑を免除したものであろう。

[2] 意味の認識と故意

(1) 総説

犯罪事実は行為の違法性を基礎づける事実であるから、その認識があるというためには、自然的事実の認識があるだけでは足りず、「処罰に値する行為の内実を示すため、立法者が着目した属性の認識」（山口206）があることが必要である。このような属性の認識を意味の認識とよぶ。「立法者が禁止しようとした実体の認識」（西田214）といった言い方もされる。例えば、Xが、気絶しているAを死体だと誤信して頭部を銃撃して殺害した場合、Xには、Aの身体の形状などの自然的事実の認識はあっても、「Aは生きている人である（その生命を奪うことが法により厳しく禁じられている人間である）」

という認識はないので、殺人罪（199条）の故意を認めることはできない。

　意味の認識があれば、行為者が事実の法的評価を誤って違法ではないと思ったとしても、違法性を基礎づける事実の認識がある以上、故意を認めうるということになる。38条3項本文は、「法律を知らなかったとしても、そのことによって、罪を犯す意思がなかったとすることはできない」としており、法的評価を誤ったとか、法令の存在を知らなかったために違法ではないと思ったとしても（違法性の錯誤、あるいは法律の錯誤）、故意がなかったとすることはできないのである。例えば、Yが、自発的呼吸をしているBを診察した医師Cの「Bさんは脳死状態になりました」という発言を聞いて、「Bはまだ呼吸し心臓も動いているけれど、法律的には死者であり、刑法199条の『人』ではなくなった」と考え、Bの頭部を銃撃して殺害した場合、Yには、「Bは普通の人から見れば生きている人である」という認識があるので、殺人罪の故意を認めることができる（ちなみに、人の終期である死亡の時期については、心臓死説と脳死説とが対立している。なお、臓器の移植に関する法律6条4項が脳死した者にあたるかの判定は2人以上の医師の判断の一致によって行うとしていることから考えて、Bは同法上の脳死者ともいえないであろう）。

(2) 規範的構成要件要素、記述的構成要件要素と意味の認識

　意味の認識は、規範的構成要件要素（規範的な判断を必要とする要素）についてのみならず、記述的構成要件要素（規範的な評価・判断を特段必要としない要素）についても、犯罪事実の認識を認めるための要件となる。

　もっとも、意味の認識は規範的構成要件要素に関して議論されてきた。典型例は、175条の「わいせつ」（猥褻）な文書の認識である。『チャタレイ夫人の恋人』という小説（翻訳）を出版・販売した被告人にわいせつ文書販売罪の故意が認められるか否かが争われた事件で、最大判昭和32・3・13刑集11-3-997は、「刑法175条の罪における犯意の成立については問題となる記載の存在の認識とこれを頒布販売することの認識があれば足り、かかる記載のある文書が同条所定の猥褻性を具備するかどうかの認識まで必要としているものではない」と述べている。「問題となる記載の存在」の認識が自然的事実の認識（日本語の文字が紙に印刷されているものだとか、内容は知らないけれど「チャタレイ夫人」とかいう人物が出てくる小説だろう、という程度の認識）で足りるとしたのなら、この判決には問題があるということになる。

少なくとも、法律家ではない人が「内容が性的に淫らで、一般に販売することには問題があるものだ」と思う（「素人仲間における並行的評価」ともいわれる）ものだという程度の認識がなければ、意味の認識に欠け、175条の罪の故意は認められないということになろう（もっとも、この事件の被告人が小説の内容を知らなかった、とは認め難く、意味の認識は認められるので、この判決を自然的事実の認識があれば故意を認めうる旨判示したものと解するのは無理であろう）。

とはいえ、構成要件要素は、多かれ少なかれ規範的なもの（法的評価・解釈を必要とするもの）である。199条（殺人）の「人」や235条（窃盗）の「財物」も解釈によって内容が確定される規範的な要素である。規範的構成要件要素と記述的構成要件要素の差異は相対的なものに過ぎない。したがって、意味の認識はいずれの構成要件要素についても問題になる（なお、違法性阻却事由該当事実についても意味の認識が問題になるであろう。例えば、Xが、AがBに襲いかかるのを演技の練習だと思っている場合は、36条1項の「急迫不正の侵害」の認識があるとはいえない）。

さらに面倒なことに、構成要件要素には内容の確定を強く法的判断に依存しているものがある。例えば、235条（窃盗）の「他人の」財物がそれである。「財物」かどうかは法律の素人でもある程度は判断できるけれど、「他人の」ものかどうかということになると、①物の所有権が他人にあるということなのか、②物を他人が正当な理由に基づいて支配しているということなのか、③物を他人が単に事実上支配しているということなのか、容易には判断できない（ちなみに、現在の判例は③のように解釈している。最判昭和35・4・26刑集14-6-748参照。なお、252条1項、253条、261条の「他人の」になると基本的に①のように解されており、複雑である）。

このような構成要件要素に関する錯誤があった場合、それが事実の錯誤として故意を阻却するのか、違法性の錯誤の一場合（あてはめの錯誤）として故意を阻却しないのか、判断することは容易ではない（違法性の錯誤については後述［3］参照）。261条（器物損壊等）の「他人の」は（前述①のように）他人に所有権があるということを意味すると解されているところ、最判昭和26・8・17刑集5-9-1789は、被告人が、大分県令飼犬取締規則の「飼犬証票なく、かつ、飼主分明ならざる犬は無主犬とみなす」旨の規定等を誤解した結果、鑑札を付けていない犬は他人の飼犬であっても無主犬とみなさ

れると誤信して、首輪は付けているものの鑑札を付けていなかった他人の飼犬を撲殺した事案について、本件は「錯誤の結果判示の犬が他人所有に属する事実について認識を欠いていたものと認むべき場合であったかも知れない」などと述べて、有罪とした原判決を破棄している（差戻し）。被告人は犬が首輪を付けていたことを認識しており、無主犬とみなされると誤信したのは飼犬取締規則を誤解したためであることを考えると、他人性についての意味の認識はあったと思えなくもない。もっとも、首輪を付けたまま捨てられる犬もいる以上、首輪を付けていることを認識していただけで他人性について意味の認識があったと即断することもできないであろう。この判決が審理を尽くさせるために事件を差し戻したことは妥当といえる。

　結局、「意味の認識を欠くゆえに故意を阻却するのか」は、「当該事案において、当該犯罪につき、当該行為者（被告人）に違法性を基礎づける事実の認識があったといえるか」という観点から判断するしかない。「処罰に値する行為の内実を示すため、立法者が着目した属性」は、その法令により異なる。行為者がどこまでの事実を認識していたかは、その事案により異なる。この局面においても、法令と事実関係をよく検討しなければ結論は出ないのである（次の(3)に述べる裁判例でも、問題となった法令と事実関係の如何が結論に影響している）。

(3) 意味の認識に関連する裁判例

　意味の認識に関連する裁判例を以下にあげる。これらは、犯罪事実の認識がないとして故意を阻却するのか、犯罪事実の認識はあり法的評価を誤ったに過ぎないので故意を阻却しないのか、について判断した裁判例であり、事実の錯誤と違法性の錯誤に関する裁判例と重なる（なお、判決・決定中で「意味の認識」という言葉が用いられているわけではない）。

　公務執行妨害罪（95条1項）の公務員の職務執行（職務行為）は適法なものでなければならないと解されているので、適法な職務執行ではないと誤信して（適法性の錯誤）暴行・脅迫を加えた場合、同罪の故意を阻却するか、が問題になる。大判昭和7・3・24刑集11-296は、動議を議題とせず予算審議を進めようとする市会議長に対し暴行を加えた事案について、被告人が議長の措置は適法ではないと判断し職務執行を妨害するものではないと思っていたとしても、それは被告人の当該行為に対する法律上の判断に過ぎ

ないので故意を阻却しない旨述べている。議長の措置が暴行・脅迫から保護されるに値するものであることの認識が被告人にあると認められるなら、この判決の結論は是認されよう。これに対し、被告人が、準現行犯（刑訴212条2項）として逮捕される際に、逮捕されるという認識もなく、なぜかわからないままにパトカーに自分を押し込もうとする巡査らに抵抗して暴行を加えた場合は、巡査らの行為が暴行・脅迫から保護されるに値するものであることの認識が被告人にあるとはいえないから、故意を阻却することになろう（このような事案について故意を欠いていたと判断したものとして、大阪地判昭和47・9・6判夕306-298がある）。

　封印等破棄罪（96条）の封印・差押えの表示を法律上無効なものと誤信して破棄した事案については、同罪の故意を、阻却する旨判示した①大決大正15・2・22刑集5-97と阻却しない旨判示した②最判昭和32・10・3刑集11-10-2413がある。①の被告人が差押事件につき仲裁の労をとった者から債務を弁済したので封印を剥離してよい旨いわれたので封印を破棄しているのに対し、②の被告人は長年強制執行に従事した執行吏（執行官）であって、収税吏によってなされた差押えの表示の有効性を前提とする行動（滞納税金の代納の申出）もしているようである。このような事実関係の違いが故意の認定に影響したのであろう。

　公正証書原本等不実記載罪（157条1項）は、公務員に対し「虚偽の」申立てをして登記簿等に「不実の」記載をさせる罪であるところ、最判昭和26・7・10刑集5-8-1411は、被告人が、自己が住職をしている寺の所属宗派を定めた寺院規則が失効したものと誤解し、新たに檀信徒総代を選任して所属宗派および教義の大要を変更登記させた事案について、被告人は虚偽・不実の認識を欠いており同罪の故意は阻却される旨判示している。寺院規則の有効性判断は普通人には難しく、被告人は虚偽・不実について意味の認識を欠いていたとすると、この判決の結論は是認されよう。

　政府に申告せずに課税物品の製造をすることを禁止した物品税法違反の罪の故意が成立するには、製造物品が課税物品であり申告が必要であることを認識していることを要するか、という問題について、最判昭和34・2・27刑集13-2-250は、要しない旨判示をしている。この判決が単に申告せずに物品を製造することを認識していれば同罪の故意が認められると考え

ているのなら、問題があるということになろう。この点、最判平成1・7・18刑集43-7-752は、被告人が都道府県知事の許可なく公衆浴場の営業をして公衆浴場法違反の罪に問われた事案について、許可申請事項変更届が県知事に受理されたことから「営業許可があったとの認識のもとに浴場の経営を担当していたことは明らか」であるとして、被告人には「無許可」営業の故意が認められない旨判示している。この判決は、被告人が県職員の指導を受けて変更届の書類を作成して保健所に提出したこと、変更届受理後、保健所等から営業許可につき問題があると指摘されなかったことなど、諸事情を考慮して故意が認められないとしたものであろう。

　一定の区域内であるいは一定の時間を超えて一定の行為を行うことが禁止されている場合は、一定の区域内であること、あるいは一定の時間を超えることの認識がなければ故意は認め難い。①東京高判昭和30・4・18高刑集8-3-325は、緊急自動車以外の自動車が公安委員会の定める場所において他の自動車を追い越すことを禁止した道路交通取締令違反の罪の故意を認めるには、単に他の自動車を追い越すという認識があるだけでは足りず、公安委員会の定める場所、すなわち、追越禁止区域内で他の自動車を追い越すという認識があることを要する、とした。②東京高判昭和35・5・24高刑集13-4-335は、銃猟禁止区域内での銃猟を禁止した狩猟法違反の罪の故意は被告人が銃猟した場所が銃猟禁止区域に属することを知らなかったときは阻却される、とした。さらに、③最判平成15・11・21刑集57-10-1043は、自動車を夜間に道路上の同一の場所に引き続き8時間以上駐車することとなるような行為を禁止した、自動車の保管場所の確保等に関する法律違反の罪の故意が成立するためには、駐車開始時またはその後において法定の制限時間を超えて駐車状態を続けることの認識が必要である、とした。

　なお、東京高判昭和38・12・11高刑集16-9-787は、福島県公安委員会の定めた道路交通規則がサンダルを履いて自動車を運転することを禁止しているのを知らずにサンダルを履いて自動車を運転した事案について（公安委員会が道路における危険の防止その他交通の安全を図るために必要と認めて定めた事項を守らないことが構成要件となっている）道路交通法違反の罪の故意を欠くものではない、とした。サンダル履きの運転は危険な行為であるという意

味の認識があったと考えれば、この判決の結論は是認されることになろう。

　有害な物質・薬物を客体とする罪については、条文の文言通りの物であるとの認識がなくても故意は認められうる。「メタノール」の販売・譲渡等を禁止する有毒飲食物等取締令違反の罪の故意について、これを認めた裁判例（①最大判昭和23・7・14刑集2-8-889、②最判昭和23・12・7刑集2-13-1702）と認めた原判決を破棄し事件を差し戻した裁判例（③最判昭和24・2・22刑集3-2-206）がある。①の被告人は、「一般に言われているメチール」がアルコールに入っているのではないかという疑いをもっており、②の被告人は、身体に有害なアルコール性の液体である「メチルアルコール」であることを知っていたのに対し、③の被告人は、これを飲用に供すると身体に有害であるかも知れないと思っただけであることが結論に影響しているようである。もっとも、覚せい剤の輸入・所持等を禁止する覚せい剤取締法違反の罪の故意について、最決平成2・2・9判時1341-157は、「覚せい剤かもしれないし、その他の身体に有害で違法な薬物かもしれないとの認識」があれば同罪の故意に欠けるところはないと判示している。

　なお、狩猟法および同施行規則で捕獲の禁止されている獣を捕獲した者に狩猟法違反の罪の故意が認められるかに関し、鼯鼠（むささび）を「もま」と思って捕獲した事案（むささび・もま事件）について、①大判大正13・4・25刑集3-364は、犯罪構成に必要な事実の認識に欠けることはなく故意を阻却しない旨述べているのに対し、狸（たぬき）を狢（むじな）と思って捕獲した事案（たぬき・むじな事件）について、②大判大正14・6・9刑集4-378は、本件では法律で捕獲を禁じた狸であることの認識を欠いているので故意を阻却する旨述べている。②の判決は狢と狸はわが国の習俗上別の者とされており、狢だと思って狸を捕獲した者に刑罰をもって臨むのは不当であるとする。もっとも、それでは①の判決の結論は不当ではないのかと問われると、明確には答え難いものがある。

[3] 違法性の意識、違法性の錯誤と故意
(1) 違法性の錯誤は故意を阻却しない

　前述したように、犯罪事実（行為の違法性を基礎づける事実）の認識・予見があれば、行為者は、当該行為が違法であることを認識し、反対動機を形成

して、当該行為を行うことを思い止まることが可能であり、それにもかかわらず当該行為を行ったときには、故意犯としての責任非難が可能になる。それなら、違法性の意識やその可能性を格別故意の要素と考える必要はない。したがって、違法性の錯誤（法律の錯誤、あるいは禁止の錯誤ともよばれる）の場合、すなわち、犯罪事実の認識・予見があるのに法的評価を誤って自己の行為は違法ではないと誤信した場合、故意が阻却されることはない。このような解釈は、38条3項本文の文言にも適合する。例えば、X は、A の犬を、その犬が A の所有に属することを知りながら、棒で殴って負傷させたという場合、X には 261条（器物損壊等）の「他人の物」を「傷害」するという犯罪事実の認識・予見はあるので、同条の罪の故意は認められる。X が、「261条の『物』は無生物に限られ犬はこれに該当しない」という法的評価の誤り（あてはめの錯誤）により自分の行為は犯罪にならない（刑法的に違法ではない）と思ったとしても、故意は阻却されない。また、Y が、さしたる理由もなく自分の犬を棒で殴って負傷させたという場合、愛護動物をみだりに殺したり傷つけたりした者を処罰している動物愛護法（正式名称は「動物の愛護及び管理に関する法律」）の存在を知らなかったため（法の不知）、自分の行為は犯罪にならないと思ったとしても、動物愛護法違反の罪の故意は阻却されない。

　もっとも、違法性の意識を欠いたことが相当の理由に基づく場合（例えば、最高裁の確立した判例を信頼したとか、法務省に照会して回答を信頼したために、違法性の意識を欠いたのも無理はないといえるような場合）は、例外的に（故意、あるいは過失は成立していても）責任を阻却するということは考えられる。すなわち、違法性の意識の可能性の欠如は（期待可能性の欠如とともに）超法規的責任阻却事由ということになる。

(2) 諸学説と判例

　前述したような、「違法性の意識は故意の要素ではないものの違法性の意識を欠いたことが相当の理由に基づく場合は責任を阻却する」とする見解を制限責任説という。

　違法性の意識ないしその可能性と故意の関係を考えると、まず考えられるのは、「違法性の意識はもとよりその可能性の有無も故意とは関係がない」とする違法性の意識不要説である。この説によれば、違法性の錯誤の

場合は故意を阻却せず、違法性の意識の可能性がなかった（違法性の意識を欠くことに相当の理由があった）場合は38条3項ただし書により刑を減軽しうるに過ぎないことになる。これは38条の文言にそった明快な解釈といえる（判例は基本的にこのように考えている。最判昭和26・11・15刑集5-12-2354など参照）。次に考えられるのは、「違法性の意識は故意の要素である」とする厳格故意説と「違法性の意識は故意の要素ではないけれど、その可能性は故意の要素である」とする制限故意説である。これらの説（故意説とよばれる）によれば、違法性の意識を欠いた場合（制限故意説は、違法性の意識の可能性がない場合─すなわち、違法性の意識を欠くことに相当の理由がある場合に限定するもの）、故意を阻却することになる。このような解釈は38条（とくに、その3項）の文言にはそぐわない。違法性の意識の可能性は故意とは別の責任の要素であるとして、違法性の意識を欠くことに相当の理由がある場合は、故意は成立していても責任を阻却する、と考える方が明快であるといえる。このような考えを責任説という。そして、責任説の中で、「故意は専ら構成要件の要素であり、故意の成立は構成要件該当事実の認識・予見のあるときに限定される」とするのが厳格責任説である。この説によれば、違法性阻却事由該当事実の錯誤がある場合（例えば、誤想防衛の場合）、故意は成立しているので、違法性の錯誤になり、違法性の意識を欠くことに相当の理由があった場合に例外的に責任を阻却する、ということになる。この説は理論的には明快である。しかし、例えば、誤想防衛の場合に、①故意を阻却しないというのは通説や裁判例の考えとなじまないし、②原則的に故意犯の成立を肯定するという結論の妥当性にも疑問がある。となると、前述したような制限責任説が支持しやすいということになる。なお、判例には、違法性の意識を欠いていたとしても相当の理由がある場合にはあたらないということにつき判示したものもある（最決昭和62・7・16刑集41-5-237）。違法性の意識不要説を採って動かないのが判例の態度というわけではない。

[4] 認容は必要か

　故意の成立には（行為時の）犯罪事実の認識・予見が必要である。さらに、従来の通説的見解は、故意があるとするには犯罪事実の発生に対する積極的な人格態度がうかがわれる必要があるといったことから、犯罪事実の表

象（現在の事実については認識、将来の事実については予見）に加えて、犯罪事実（とくに結果）の発生を認容することが必要であるとする（団藤 295、大塚 183、板倉 238 など）。これを認容説という。認容説は、故意の成立には犯罪事実の表象に加えてその発生を意欲することを要するとする意思説を修正し、犯罪事実発生を意欲・希望することまでは必要ないものの、情緒的ないし意欲的要素として認容が必要であるとする（団藤 295）。なお、故意の成立には犯罪事実の表象があれば足りるとする見解を表象説という。

　学説の対立は、犯罪事実の表象はあっても、なお犯罪事実実現を意欲まではしていないような場合に、故意（未必の故意）を認めうるか、という問題（未必の故意と認識ある過失の区別の問題ともいえる）をめぐって顕著になる。例えば、モーターボートレースの際に高速で進行しつつ先行艇を追い抜くことは危険な行為であって接触等により操縦者の死傷結果を生じる可能性がかなりあり、それは追い抜く者にもわかっている。それにもかかわらず、追い抜こうとして自艇を先行艇に接触させて護岸に激突させ先行艇の操縦者を死亡させた場合、殺人罪（199 条）の故意が認められることになるのであろうか。認容説によれば、行為者が犯罪事実の発生を認容していたと認められるとき（死亡結果が発生してもやむを得ないと思っていたとき）に故意が認められることになる。これに対し、表象説は、犯罪実現の蓋然性を表象しているとき（死亡結果が発生する高度の蓋然性を表象していたとき）に故意が認められるとする（この見解を蓋然性説〔大塚 183、西田 219〕または認識説〔山口 215〕という）。さらに、蓋然性説（認識説）を基本としつつ、蓋然性の認識を反対動機としなかったときに故意が認められるとする動機説も主張されている（大谷 158、西田 219、山口 215）。この説によれば、死亡結果が発生する蓋然性を認識し、これを反対動機として追抜行為に出ることを止めずに追抜行為に出たときに故意が認められる、ということになる。

　認容説に対しては、情緒的要素により故意の有無を決するのは基準として不明確であるばかりでなく、結果発生の可能性が低い場合（あるいは可能性が低いと認識していた場合）でも認容があったとして故意が認められることになりかねない、といった批判が可能である。その意味では蓋然性説が妥当ではあるものの、「高度の蓋然性の表象」といった基準も必ずしも明確なものではない。となると、さらに意思的要素を考慮する動機説が妥当であ

148 ■第6章 ■責任

るということにもなる（西田 219、山口 215）。

　裁判例には、最判昭和 23・3・16 刑集 2-3-227 のように、贓物（256 条の盗品関与罪の客体）であるかも知れないと思いながら「敢て」これを買い受ける意思があれば盗品等有償譲受け罪（256 条 2 項）の未必の故意は認められるとしたものがあり、また、「認容」という言葉を用いているものもある（最決昭和 56・12・21 刑集 35-9-911、福岡高判昭和 45・5・16 判時 621-106）。判例は、認容説を採っているといってよい。

‖‖コラム‖‖　学生甲乙丙、故意を語る

甲　恋ではなく「故意」を語るというのがいかにも無粋だね。

乙　それはともかく、故意の話も終わりに近づいているけど、「[4] 認容は必要か」というあたりでわかりにくくなった気がしませんか？

丙　そうだね。何でこの辺になって蓋然性説だ認容説だという話になるのかな。故意は、行為時の「行為の違法性を基礎づける事実の認識・予見」があるのに行為に出る意思なのだから、その行為が当該犯罪の構成要件に該当する違法なものであることは前提になっているんだろう。それなら、故意犯の構成要件に該当する違法な行為が存在し、その行為に出る時に、行為者にその行為の違法性を基礎づける事実の認識・予見があるなら故意犯の成立を肯定する……と、これでいいんじゃないかな。

乙　とすると、ここにきて動機説などを立てる必要もないと……。確かに、認識・予見がありながら行為に出る意思があれば、意欲的要素ないし意思的要素をあらためて考慮する必要はなさそうだね。

丙　本文に出てくるモーターボートレースの事例についていうと、①Ｘが、安全な追い抜きが可能なのにあえて先行艇に自艇をぶつけて先行艇の操縦者 Ａ を死亡させた場合は、Ｘの行為は殺人罪（199 条）の構成要件に該当する（35 条等によって正当化される余地のない）違法な行為であり、Ｘには違法性を基礎づける事実の認識があるので殺人罪が成立する、②Ｙが、安全な追い抜きをしようとして操縦ミスをし先行艇に自艇を接触させて先行艇の操縦者 Ｂ を死亡させた場合は、Ｙの行為は業務上過失致死罪（211 条前段）の構成要件に該当する行為ではあっても殺人罪の構成要件

に該当する行為ではないから、そもそも殺人罪の故意を問題にする余地はない……ということでよいように思えるね。

乙 そんな風に割り切れないのは、構成要件該当性段階で決するか責任段階で決するかを問わず、故意犯になるか否かを故意といった主観的なものに依存させているからじゃないかな。

甲 面倒な議論だね。僕は判例が採用しているという認容説をとりあえず自説にしておくことにするよ。また議論しましょう。

もっと知りたい方へ

● 佐伯仁志『刑法総論の考え方・楽しみ方』（有斐閣、2013）236-256 参照。

C 故意の種類

故意の種類として、確定的故意、概括的故意、択一的故意、未必の故意、条件付故意をあげることができる[2]。

確定的故意とは、犯罪事実が生じることを確定的なものとして認識・予見している場合（の故意）をいう。これについてはとくに問題はない。

概括的故意とは、一定の範囲内の客体に結果が発生することは確実であるものの、結果がどの客体に発生するか、いくつ発生するかが不確実な場合（の故意）をいう。例えば、誰か（1人以上）が負傷するだろうと思って、群集の中に爆弾を投げ込むような場合である。

択一的故意とは、数個の客体のうちのどれかに結果が発生することは確実であるものの、結果がどの客体に発生するかが不確実な場合（の故意）をいう。例えば、A、Bのどちらかを負傷させるつもりで石を投げつけるような場合である（択一的故意を認めた裁判例として東京高判昭和35・12・24下刑集2-11=12-1365 がある）。

未必の故意とは、結果が発生するかが不確実である場合（の故意）をいう。前述した認容説によるなら、結果が発生するかも知れないことを表象しつつ、発生するならば発生してもかまわないと認容しているときに故意が認められることになる（大塚185）。

条件付故意とは、犯罪の実行を一定の条件にかからせる場合（の故意）を

いう。例えば、X が、要求に応じなかったときは A をピストルで射殺する
つもりでいる場合、殺人罪（199 条）の故意が認められるかが問題になる。
もっとも、このような場合は、① X が棚からピストルを取り出そうとした
際にピストルが暴発し A が死亡したときは、X は殺人罪の実行に着手し
ていないので、殺人罪は成立しないということになり、② X がピストルを
取り出して殺人罪の実行に着手したと認められる段階になれば、そのまま
A を射殺したときはもとより、ピストルが暴発し A が死亡したとき（早す
ぎた構成要件実現）も殺人既遂罪が成立するということになる、と考えれば、
条件付故意を問題にする必要はないといえる（西田 218 参照）。ただ、共犯事
件においては、直接実行者による実行行為の遂行が一定の条件にかかって
いる場合（例えば、X が Y に「要求に応じなかったら A を射殺しろ」と命じ、Y が要
求を拒んだ A を射殺した場合）に共犯行為（共謀、教唆、幇助）の時点で共犯者に
故意が認められるかが問題になる。判例には、実行者に実行させる意思は
確定していたといった理由で共犯者に故意を認めているものがある（最決
昭和 56・12・21 刑集 35-9-911、最判昭和 59・3・6 刑集 38-5-1961、最決平成 18・11・
21 刑集 60-9-770）。

3　事実の錯誤

A　総説

　事実の錯誤とは、行為者の認識・予見した犯罪事実と実現した犯罪事実
とに食い違いがある場合をいう。この場合、実現した犯罪事実について故
意を認めることができるかが問題になる。

　以下に、注意すべきことをいくつか述べる。

　第 1 に、錯誤とは一般的には認識・予見した内容と現実に存在・発生し
た事実との不一致がある場合をいうところ（大コメ（3）186〔佐久間修〕参照）、
事実の錯誤は犯罪事実に関する錯誤であるので、およそ犯罪事実と関係の
ない事実についての錯誤は事実の錯誤ではない（例えば、X が「現在、5 月 31
日午後 11 時だ」と思って 6 月 1 日午前 1 時に A 宅で窃盗をしたという場合、犯行時刻

についての錯誤は事実の錯誤ではない)。

第2に、違法性の錯誤(法律の錯誤)は、前述したように(2、B、[3] **違法性の意識、違法性の錯誤と故意**、参照)、犯罪事実の認識・予見があるのに法的評価を誤って自己の行為は違法ではないと誤信した場合(38条3項の「法律を知らなかった」場合)であって、事実の錯誤ではなく、故意を阻却しない。

第3に、行為者に犯罪事実についての認識・予見といえるようなものがおよそ認められない場合(例えば、Xが散歩中に幼児Aに気づかずぶつかって負傷させた場合)は、事実の錯誤ではない(単に、犯罪事実の認識・予見がなく故意が認められないというだけのことになる)。

第4に、学説には、事実の錯誤の「事実」を構成要件該当事実に限定するもの(大谷164など)がある。また、違法性阻却事由に関する事実の錯誤を事実の錯誤とする見解(団藤308、大塚465、板倉244)も、事実の錯誤は主に構成要件該当事実の錯誤(構成要件的錯誤)に関し(構成要件的故意を阻却するかという形で)問題になると考えている(いままで述べてきたような、犯罪事実=行為の違法性を基礎づける事実=客観的構成要件に該当し、違法性阻却事由に該当しない事実、と考える見解でも同様である)。

B　客観的構成要件該当事実に関する事実の錯誤
[1]　総説
(1)　具体的事実の錯誤と抽象的事実の錯誤

具体的事実の錯誤とは、同一の構成要件内における事実の錯誤をいう。行為者が認識・予見した事実が充足すべき構成要件と実現した事実が充足する構成要件とが同一の場合である。例えば、Xが、Aという人の身体を傷つけるつもりでBという人の身体を傷つけてしまった場合、「人の身体を傷害した」という傷害罪(204条)の構成要件内における錯誤であるから、具体的事実の錯誤である。この場合、故意は認められる(Aの身体もBの身体も構成要件的には「人の身体」であることにかわりはなく、Xに傷害罪の構成要件該当事実の認識・予見は認められる)。

抽象的事実の錯誤とは、異なる構成要件間の事実の錯誤をいう。行為者が認識・予見した事実が充足すべき構成要件と実現した事実が充足する構成要件とが異なる場合である。例えば、Yが、Cの犬を傷つけるつもりで

C（人）の身体を傷つけてしまった場合、「他人の物を傷害した」という器物損壊等罪（261条）の構成要件と「人の身体を傷害した」という傷害罪（204条）の構成要件との間の錯誤であるから、抽象的事実の錯誤である。この場合、故意は認められない（Yには器物損壊等罪の構成要件該当事実の認識・予見はあっても、傷害罪の構成要件該当事実の認識・予見はない。なお、他人の物を傷害したという事実は実現していないから、器物損壊等罪については同罪の構成要件に該当する事実自体が実在せず、同罪が成立する余地はない。また、同罪の未遂は処罰されない）。38条2項が「重い罪に当たるべき行為をしたのに、行為の時にその重い罪に当たることとなる事実を知らなかった者は、その重い罪によって処断することはできない」と定めているのは、直接には、このような場合を想定したものといえる（傷害罪にあたるべき行為をしたのに、行為の時に傷害罪にあたることとなる事実を知らなかったので、傷害罪で処罰することはできない）。逆に、Zが、D（人）の身体を傷害するつもりでDの犬を傷つけてしまった場合（軽い罪＝器物損壊等罪にあたるべき行為をしたのに、行為の時に軽い罪にあたることとなる事実を知らなかった場合）は、重い罪＝傷害罪の構成要件該当事実が存在しないので同罪は成立しないことになる。もっとも、Zが、Dを狙って石を投げつけたところ狙いがはずれてDの犬に当たったというような場合は、Dを客体とする暴行罪（208条）の構成要件該当事実（人に「暴行を加えた」＝人の身体に対し不法な有形力を行使した）が実現しており、Zにはこれについての認識・予見が認められるので、同罪は成立することになる（同様に、Zが、Dを射殺しようとして銃撃したところ狙いがはずれて弾丸がDの犬に当たったというような場合は、Dを客体とする殺人未遂罪が成立することになる）。

ただし、抽象的事実の錯誤の事例でも、異なる構成要件間に重なり合いが認められるときは、その重なり合いの限度では、構成要件該当事実が実現し、その事実についての認識・予見も認められることから、犯罪が成立するとされることがある。例えば、Xが、YにAの財布を窃取するよう教唆したところ、YはAに発見されたので刃物を突きつけて財布を強取した場合、Xは窃盗罪（235条）を実行させるつもりで強盗罪（236条1項）を実行させたことになる。窃盗罪の構成要件は「他人の財物を窃取した」（他人の財物を他人の意思に反して自己の占有〔事実支配〕に移した）というものであり、強盗罪の構成要件は「暴行又は脅迫を用いて他人の財物を強取した」（暴行・

脅迫を用いて他人の財物を他人の意思に反して自己の占有に移した）というものであって、両罪の構成要件は、「他人の財物を他人の意思に反して自己の占有に移した」という範囲で重なり合っている。したがって、前述の場合、Xの教唆行為（61条1項）によって窃盗罪の構成要件該当事実が実現しており、Xにはそれについての認識・予見が認められるので教唆の故意が認められ、Xは窃盗罪の教唆犯の罪責を負う、ということになるのである。

(2) 事実の錯誤の類型

教科書等でしばしば登場する事実の錯誤の類型として、客体の錯誤、方法の錯誤、因果関係の錯誤がある。①客体の錯誤は、認識・予見した客体に結果は生じているものの、その客体の属性に関する錯誤がある場合（例えば、Xが、Aを射殺しようと思ってA宅から出てきたBをAと間違えて射殺した場合）である。②方法の錯誤（打撃の錯誤ともいう）は、認識・予見した客体とは別の客体に結果が発生した場合（例えば、Xが、Aを射殺しようと思ってAを狙撃したところ、狙いがはずれて弾丸がBに当たりBが死亡した場合）である。③因果関係の錯誤は、認識・予見した客体に結果が生じるに至る因果経過が認識・予見したものとは異なっている場合（例えば、Xが、Aを射殺しようと思ってAを狙撃したところ、狙いがはずれて弾丸は当たらなかったものの、驚いたAが逃げようとして崖から転落し死亡した場合）である。

事実の錯誤の類型はこのようなものに限られるわけではない。前述の（2、B、[2]、(2) 規範的構成要件要素、記述的構成要件要素と意味の認識および同 (3) 意味の認識に関連する裁判例、参照）裁判例の中から事実の錯誤により故意が阻却されると判断したとみられるものを再掲すると、①261条（器物損壊等）の他人性に関する最判昭和26・8・17刑集5-9-1789、②公務執行妨害罪（95条1項）の職務執行の適法性に関する大阪地判昭和47・9・6判タ306-298、③封印等破棄罪（96条）の封印・差押えの表示の有効性に関する大決大正15・2・22刑集5-97、④公正証書原本等不実記載罪（157条1項）の「虚偽の」申立て、「不実の」記載に関する最判昭和26・7・10刑集5-8-1411、⑤公衆浴場法違反の罪の営業許可に関する最判平成1・7・18刑集43-7-752、⑥道路交通取締令違反の罪の追越禁止区域に関する東京高判昭和30・4・18高刑集8-3-325、⑦狩猟法違反の罪の銃猟禁止区域に関する東京高判昭和35・5・24高刑集13-4-335、⑧自動車の保管場所の確保等に関する法律違

反の罪の制限時間超過に関する最判平成 15・11・21 刑集 57-10-1043、⑨有
毒飲食物等取締令違反の罪の故意に関する最判昭和 24・2・22 刑集 3-2-206、
⑩狩猟法違反の罪の故意に関する大判大正 14・6・9 刑集 4-378、といった
ものがあげられる。これらのほかに、具体的事実の錯誤・抽象的事実の錯
誤と故意の阻却に関してしばしばあげられる裁判例がある。それらについ
ては次に述べる。

[2] 具体的事実の錯誤と故意の阻却
(1) 客体の錯誤関係

　客体の錯誤、例えば、X が A を射殺しようと思って A 宅から出てきた
B を A と間違えて射殺した場合、B に対する殺人罪の故意は認められるか。
　通説・判例 (大判大正 11・2・4 刑集 1-32) は肯定する (したがって、X は殺人罪
の罪責を負う)。この場合、行為者に殺人罪の客体である「人」(199 条) の認
識があるといえるからである。行為者が認識・予見した事実と実現した事
実とが個別の構成要件の枠内で符合していれば故意は認められるのである
(このような見解を法定的符合説または構成要件的符合説という)。殺人罪について
いうなら、A という名前の人であろうと B という名前の人であろうと、同
罪の客体すなわち「人」にあたり、行為者が認識した事実と現実の事実と
の間に不一致はない (符合している) から、故意は認められるのである。
　法定的符合説は、構成要件該当事実を構成要件該当性レベルで抽象的に
捉える抽象的法定符合説と行為者が認識したそのものという限度では具体
的に捉える具体的法定符合説とに分かれる (「抽象的法定的符合説」、「具体的法
定的符合説」とよぶ方がよいようにも思えるけれど、「的」を 1 つだけ入れる表記をする
ことが多い)。客体の錯誤の事例では、どちらの説でも故意は認められるこ
とになる (設例においては、抽象的法定符合説によれば、A も B も「およそ人」である
から故意は認められることになり、具体的法定符合説によれば、X には A 宅から出てき
た「その人」を認識して射殺しているから故意は認められることになる)。次の方法
の錯誤の事例においては、どちらの説を採るかにより結論が異なってくる。
(2) 方法の錯誤関係

　方法の錯誤、例えば、X が A を射殺しようと思って A を狙撃したとこ
ろ、狙いがはずれて弾丸が B に当たり B が死亡した場合 (これを冒頭設例と

よぶことにする）、Aに対する殺人未遂罪、Bに対する殺人罪（既遂）の故意は認められるか（なお、XはA以外の人に弾丸が当たることを認識・予見していず、Bに対する殺人罪の未必の故意を認めることはできないものとする）。

　抽象的法定符合説によれば、Xには「人」を殺すことの認識・予見があるので、Aに対する殺人未遂罪の故意はもとより、Bに対する殺人罪の故意も認められ、Aに対する殺人未遂罪とBに対する殺人罪とが成立し、観念的競合（54条1項前段）となる（団藤304、板倉249など多数説である。なお、このように複数の故意犯の成立を肯定する見解を数故意犯説という）。最判昭和53・7・28刑集32-5-1068も、故意があるとするには「犯人が認識した罪となるべき事実と現実に発生した事実とが必ずしも具体的に一致することを要するものではなく、両者が法定の範囲内において一致することをもって足りるものと解すべきである」から、人を殺す意思のもとに殺害行為に出た以上、犯人の認識しなかった人に対してその結果が発生した場合にも、結果について殺人の故意がある旨述べているので、同様の考えであるといえる（事案は、Xが、巡査Aを殺害して拳銃を奪おうと思い、Aに対し建設用びょう打ち銃を改良した手製装薬銃でびょうを発射したところ、びょうはAの身体を貫通した後、通行人Bの身体をも貫通した──ABとも負傷するに止まった──というもので、判決は、「Aに対する所為についてはもちろんのこと、Bに対する所為についても強盗殺人未遂罪が成立」し、観念的競合になるとしている）。

　数故意犯説に対し、一故意犯説は、「1個の故意しか認められないのに複数の故意犯が成立するのはおかしい」ということから（これを故意の個数の問題という）1人を殺すつもりで行為した場合、1個の故意犯の成立のみ肯定する。この説によれば、①冒頭設例（Bが死亡した場合）においてはBに対する殺人罪のみ成立し、②冒頭設例のような狙撃をしたところAが負傷しBが死亡した場合はAに対する過失傷害罪とBに対する殺人罪が成立し、③冒頭設例のような狙撃をしたところAB両名が死亡した場合はAに対する殺人罪とBに対する過失致死罪が成立することになる（大塚192参照）。この説に対しては、①の場合にAに対し殺害される危険を発生させているのに何ら罪責を負わないというのは不合理である、とか、②の状態から③の状態になった（Aが傷の悪化により死亡した）場合、罪責が変わってくることを認めるなら、事後の事実の変化による故意の判断の変更（Aに対する

156 ■ 第 6 章 ■ 責任

罪の過失犯から故意犯への変更）を肯定することになり妥当でない、といった批判が加えられている（西田 222、山口 225）。

　具体的法定符合説によれば、行為者の認識した客体（冒頭設例では X が狙った「その人」すなわち A）についての故意は認められるものの、認識しなかった客体（設例では B）についての故意は認められないので、A に対する殺人未遂罪と B に対する（過失のあることを前提に）過失致死罪とが成立し、観念的競合となる。前述②の場合も同様である。前述③の場合は、A に対する殺人罪と B に対する過失致死罪とが成立し、観念的競合となる（西田 224、山口 225）。

‖‖コラム‖‖　学生甲乙丙、方法の錯誤を語る

甲　僕は判例の抽象的法定符合説の数故意犯説を支持したいね。

乙　私は具体的法定符合説がいいと思うな。だいたい、「(2) 方法の錯誤関係」の冒頭設例では、X は B の存在を認識していないのだから、A に対する故意、つまり犯罪事実の認識・予見はともかく、B に対する犯罪事実の認識・予見はないと思う。

甲　でも、A に対する犯罪事実の認識・予見はあるのだから、反対動機を形成できたのに、あえて行為に出て「人」を殺害した以上、殺人罪に問われてしかるべきじゃないか。

乙　その行為は、「A に対する」行為でしょう。「A を狙撃したけれど狙いがはずれて A は助かった」という所為を A に対する殺人未遂罪と評価するのはいいよ。けれども、それとは別の B 死亡という予想外の事態を B に対する殺人罪と評価していいのかな。

丙　ところで、方法の錯誤を「認識・予見したのとは異なる客体（法益主体・被害者）に侵害が生じた場合」としている本（山口 223）もあるのだけれど、「法益主体・被害者」とわざわざ書いてあるのはなぜかな？

乙　それは、構成要件的な重要性をもつ被害法益が異なれば構成要件該当事実も異なる、と考えているからだと思う（山口・後掲 121 以下）。こう考えると、「Y が、A 所有の壺を壊そうとして石を投げつけたところ、狙いがはずれて、やはり A 所有の盆栽に当たってこれを壊した」場合、法益

主体はＡだから具体的法定符合説によっても器物損壊等罪（261条）の故意は認められることになるわけ。「Ｚが、Ａの右腕に怪我をさせようとして石を投げつけたところ、狙いがはずれて、Ａの頭に当たってＡを負傷させた」場合、傷害罪（204条）の故意が認められるのと同じだということでしょう（山口226、西田225参照）。

丙 でも、後の事例では「その人の身体」を傷害することの認識・予見があるから故意を認めていいと思うけれど、前の事例では無理じゃないかな。「壺の上の部分を狙ったら下の部分に当たった」というのと「壺を狙ったら（その存在を認識していなかった）盆栽に当たった」というのとは違うと思うよ。まあ、また勉強してから議論しよう。

もっと知りたい方へ

● 山口厚『問題探究 刑法総論』（有斐閣、1998）115-128参照。

(3) 因果関係の錯誤関係

因果関係の錯誤、例えば、ＸがＡを射殺しようと思ってＡを狙撃したところ、狙いがはずれて弾丸は当たらなかったものの、驚いたＡが逃げようとして崖から転落し死亡した場合、殺人罪の故意は認められるか。

因果関係の錯誤の事例では、実行行為と結果との間に因果関係が認められないのであれば、因果関係の錯誤を問題にするまでもなく殺人未遂罪が成立することになる。そして、因果関係が認められるなら、行為者の認識・予見していた因果経過が構成要件該当性を肯定しうるものであれば、認識・予見していた因果経過と実現した因果経過が構成要件的に符合するので、故意は認められることになる。前述の事例では、例えば、客観的相当因果関係説を採って狙撃行為とＡの死亡との間の因果関係を肯定するなら、Ｘの認識・予見していた因果経過（弾丸がＡに命中し、それによる傷のためにＡが死亡するという因果経過）が客観的相当因果関係の範囲内にあると認められる以上、認識・予見していた因果経過と実現した因果経過とは構成要件的に符合しているので、故意は認められ、Ｘは殺人罪の罪責を負うことになる。

なお、因果関係の錯誤に関連して、遅過ぎた構成要件実現と早過ぎた構成要件実現とが問題になる。これらについては他所で述べられるので、ここでは、前者に関する判例として砂末吸引事件に関する大判大正 12・4・30 刑集 2-378、後者に関する判例としてクロロホルム事件に関する最決平成 16・3・22 刑集 58-3-187 を掲げるにとどめる。

▌▌コラム▌▌　学生甲乙丙、因果関係の錯誤を語る

甲　本文の記述、正直よくわからないんだよね。客観的相当因果関係説を採ったときの考え方が出てるけれど、僕は危険の現実化説だし。

乙　じゃあ、それで「(3) 因果関係の錯誤関係」の事例をやってみようか。この場合、因果関係は認められるの？

甲　まあ、……思考経過を省略して、認められると思うね。

乙　だったら、X の所為は客観的には 199 条の「人を殺した」に該当するわけね。それでは、X の認識した因果経過、つまり、「弾丸が A に命中し、それによる傷のために A が死亡する」という因果経過では、危険の現実化説だと因果関係はあるということになるかな？

甲　そりゃあ、考えるまでもなく、あるということになるでしょう。

乙　そうなると、構成要件的には両因果経過が符合しているので故意は認められる、ということになるわけ。

甲　なるほど……、簡単だな。そうすると、因果関係が認められれば、因果関係の錯誤を理由に故意が認められないということはないんだな。

丙　でも、それでいいのかな。危険の現実化説もたぶんに相当因果関係説的なところがあるから結論は不合理ではないけれど、例えば、条件説を採って、「Y が、B を射殺しようと思って B を狙撃したところ、弾丸は B の腕に当たって軽傷を負わせた。B は、医者に一応みてもらおうと思ってタクシーで病院に行く途中、交通事故に遭い死亡した」という事例について考えると、Y の狙撃行為と B の死亡との間には条件説によると因果関係は認められ、Y の認識・予見した因果経過でも因果関係は認められるということになるから、故意があり、殺人罪に問われることになるよ。でも、常識的には殺人未遂罪にしていいように思える。

乙 「それは、条件説を採ること自体に問題がある」といいたいところだけれど……、実際、因果関係の判断基準と因果関係の錯誤が故意を阻却するかの判断基準とは異なるとする学説も主張されているみたいだね（佐伯・後掲 274 参照）。また勉強して議論しようよ。

もっと知りたい方へ
●佐伯仁志・前掲『刑法総論の考え方・楽しみ方』272-289（とくに 272-275）参照。

---

[3] 抽象的事実の錯誤と故意の阻却

(1) 総説

抽象的事実の錯誤についても、客体の錯誤、方法の錯誤、因果関係の錯誤が考えられる。もっとも、抽象的事実の錯誤の因果関係の錯誤の具体例は考えにくい（大コメ（3）213〔佐久間修〕参照）。

前述したように（[1]、(1) 具体的事実の錯誤と抽象的事実の錯誤、参照）、法定的符合説・構成要件的符合説によるなら、抽象的事実の錯誤の場合、原則として故意を阻却し、例外的に異なる構成要件間に重なり合いが認められるときに、その限度で故意を認めるということになる。

(2) 原則：故意の阻却

例えば、①Ｘが、Ａの犬を傷つけるつもりでＡの犬を狙って石を投げつけたところ、狙いがはずれて石がＡの身体を傷つけてしまった場合、傷害罪の故意は認められないので傷害罪は成立せず、Ａの犬を傷つけようとして果たせなかった点はいわば器物損壊等罪の未遂になるものの、同罪の未遂は処罰されないので、結局、故意犯は成立せず、Ａに対する過失傷害罪が成立しうるだけになる。逆に、②Ｙが、Ｂを傷つけるつもりでＢの身体を狙って石を投げつけたところ、狙いがはずれて石がＢの犬を傷つけてしまった場合、器物損壊等罪の故意は認められないので同罪は成立せず（なお、刑法典に過失器物損壊等を処罰する規定はない）、Ｂに対する傷害罪の故意は認められるものの、Ｂの身体を傷害していないので暴行罪が成立するだけになる（石が人の身体に当たらなくても同罪は成立する。なお、ＹがＢを射殺しようと思って狙撃した場合なら、殺人未遂罪が成立する）。

もっとも、個別の構成要件による制約を認めない抽象的符合説によれば、①の場合に器物損壊等罪の成立を肯定することができる。しかし、客観的に犬は負傷していず器物損壊等罪に該当する事実が存在しないのに同罪の成立を肯定するというのなら、Ａの身体が「他人の物」(261 条)に含まれると解釈することになり、罪刑法定主義の観点から疑問がある(西田 234)。したがって、この説を支持することは難しい。

(3) 例外：構成要件の重なり合う限度での故意犯の成立

異なる構成要件間に重なり合いが認められ、その重なり合いの限度で故意犯の成立を肯定できるのは、どのような場合か。

一方の構成要件が他方の構成要件を形式的に包摂する関係にある場合は、重なり合いを認めて、軽い罪の成立を肯定してよい。この観点から、①嘱託がないのにあると誤信して人を殺害した者は、嘱託殺人罪の罪責を負うとした東京高判昭和 33・1・23 高刑裁特 5-1-21、名古屋地判平成 7・6・6 判時 1541-144、②傷害幇助の意思で匕首を貸与した者は、正犯が殺人罪を犯した場合、傷害致死幇助の罪責を負うとした最判昭和 25・10・10 刑集 4-10-1965、③窃盗幇助の意思で見張りをした者は、正犯が強盗罪を犯した場合、窃盗幇助の罪責を負うとした最判昭和 23・5・1 刑集 2-5-435、④窃盗を教唆した者は、正犯が強盗罪を犯した場合、窃盗教唆の罪責を負うとした最判昭和 25・7・11 刑集 4-7-1261、⑤恐喝を共謀して現場に臨んだ者は、他の共同実行者が強盗罪を犯した場合、恐喝(既遂)の罪責を負うとした最判昭和 25・4・11 裁判集刑事 17-87 は支持できよう。また、遺失物等横領の意思で他人の占有する財物を持ち去った者は 38 条 2 項の適用により遺失物等横領罪の罪責を負うとした東京高判昭和 35・7・15 下刑集 2-7=8-989 も、このような観点から、窃盗罪と遺失物等横領罪が後者の罪の限度で重なり合うことを認めたものといえる(西田 235 参照)。

さらに、構成要件の実質的な重なり合いが認められることから、重なり合いの限度で故意犯の成立が肯定される場合もありうる。実質的な重なり合いが認められるかは、保護法益の共通性や侵害態様を考慮して判断されることになる(山口 241 参照)。

実質的な観点によった裁判例としては、①虚偽公文書作成教唆をした者は、正犯が公文書偽造罪を犯した場合、罪質の同一性から、公文書偽造教

唆の罪責を負うとした最判昭和 23・10・23 刑集 2-11-1386 のほか、構成要件が実質的に重なり合っているとして、②麻薬を覚せい剤と誤認して輸入した者は麻薬輸入罪の罪責を負うとした最決昭和 54・3・27 刑集 33-2-140、③覚せい剤を麻薬と誤認して所持した者は麻薬所持罪の罪責を負うとした最決昭和 61・6・9 刑集 40-4-269 がある。

C　違法性阻却事由該当事実に関する事実の錯誤

　違法性阻却事由（正当行為、正当防衛、緊急避難）に該当する事実を認識・予見している場合は、故意（責任故意）は認められないことになる。典型例は誤想防衛である。これについては第 5 章（5 違法性阻却事由に関する錯誤）で述べた。

　第 5 章（5、B 誤想防衛、誤想避難）でも述べたように、違法性阻却事由に関する錯誤にも、事実の錯誤と違法性の錯誤とが考えられる。例えば、X は、公園を散歩しているときに、A と B が演劇の練習を小道具の模擬刀を用いてしているのを目撃し、A が B を日本刀で斬殺しようとしていると誤信し、B の生命・身体を守るためには A に多少の傷を負わせてもやむを得ないと考え、A に石を投げつけて傷を負わせようと思って、鶏卵大の石を A の頭部めがけて投げつけ、A の頭部に傷を負わせた—というように、急迫不正の侵害が存在しないのに存在するものと誤認した場合であれば、違法性阻却事由に関する事実の錯誤であって、故意は阻却される。これに対して、Y は、帰宅途中に C に因縁をつけられて殴りかかられたことから、背負い投げで投げ飛ばして C を気絶させ、その後、「こういう奴を多少痛めつけても正当防衛になるから無罪だ」と思って、C を踏みつけ、肋骨を骨折させた—というように、急迫不正の侵害が終了したことを認識しつつ、正当防衛として違法性が阻却されるものと考え、量的過剰行為（第 5 章、3、C、[2] 複数の反撃と量的過剰防衛、参照）を行った場合は、違法性の錯誤であって、故意は阻却されないことになる。積極的安楽死が刑法上是認されていないにもかかわらず、常に違法性が阻却されるものと信じて施術した場合も同様であろう（大コメ（3）251〔佐久間修〕参照）。

4 過失

A 総説

[1] 38条1項ただし書と明文なき過失犯処罰

前述したように (2、A、[2] 故意と過失、参照)、故意犯処罰の原則の例外である、「特別の規定がある場合」(38条1項ただし書) として、過失犯を処罰する。「過失により」、「失火により」、「必要な注意を怠り」といった文言を用いた明文規定があれば、その規定による過失犯処罰が許されることは明らかである。問題は、そのような文言を用いていない規定による過失犯処罰 (明文なき過失犯処罰) が許されるかである。判例には、これを肯定したものがある (最決昭和28・3・5刑集7-3-506、最判昭和37・5・4刑集16-5-510、最決昭和57・4・2刑集36-4-503)。しかし、罪刑法定主義の見地から否定する学説も有力である (西田255、山口242)。

[2] 過失犯の構造

(1) 結果予見義務・結果回避義務違反としての過失

過失とは、注意義務違反—(結果予見可能性を前提にした) 結果予見義務、(結果回避可能性を前提にした) 結果回避義務に違反することをいう (最決昭和42・5・25刑集21-4-584 参照)。すなわち、結果の予見可能性、回避可能性があり、結果を予見して回避行為を行うことができたのに、これを行わないことが過失である。

故意については、38条1・2項から、「罪に当たることとなる事実を知」って「罪を犯す意思」が故意である、と見当をつけることができた。過失については「特別の規定」(38条1項ただし書)、つまり、各過失犯処罰規定を解釈して見当をつけるしかない。例えば、210条 (過失致死) は、「過失により人を死亡させた」と規定し、211条前段 (業務上過失致死傷) は、業務上「必要な注意を怠り、よって人を死傷させた」と規定している。これらの規定の文言から、過失とは「必要な注意を怠って人を死 (傷) させること」である、といえる。換言すれば、必要な注意を怠ったことにより結果を発生させる行為が過失犯の実行行為である。「それを怠らなければ結果を発生さ

せないような注意」の具体的内容は、「結果が発生しうることを予期して結果が発生しないように回避行為を行う」というものになる。

　例えば、【事例 1】猟師 X が、猟銃を持って山に熊を撃ちに行き、藪の中で動いているものを熊だと思って発砲したところ、藪の中で茸を探していた A に弾丸が命中し、A は死亡した―という場合、X は、藪の中にいるものが人であって、そのまま射撃すれば人が死傷する可能性があるのであるから、これを予見して、声をかけてみるとか、相手が藪の中から出てくるまで射撃を控えるといった回避行為を行うべきであったのに、そのようにせずに射撃したのであるから、業務上過失致死罪の実行行為を行ったといえる。そして、この行為により A は死亡したのであるから、X の所為は同罪の構成要件に該当することになる。これに対して、【事例 2】自衛隊員 Y が、立入禁止の射撃場に射撃訓練に行き、標的を狙って発砲したところ、標的の陰に潜んでいた B に弾丸が命中し、B は死亡した―という場合は、立入禁止の射撃場内の標的の陰に人が潜んでおり、その人に弾丸が当たることを予見するのは困難であり、Y には、そのようなことまで予見して、声をかけてみるとか、標的の近くまで行って人がいないか確認するなどの回避行為を行う義務はないと考えられるので、注意義務違反は認められず、Y は業務上過失致死罪の実行行為を行ったとはいえない。

(2) 旧過失論、新過失論、新々過失論（危惧感説）

　過失犯の構造をどのように捉えるかについては従来から議論がある。

　旧過失論は、専ら責任段階で、予見可能性、予見義務違反に重点を置いて、過失犯を理解する立場である。旧過失論によると、過失があるか否かは予見可能性が認められるか否かにより決定されることになる。しかし、予見可能性といった曖昧なものを過失犯の成否を決める基準としてよいか疑問があるし、銃猟とか自動車の運転といった相当の危険のある行為を気をつけて行った場合、予見可能性があるから過失犯が成立するというのは不合理である（危険な行為であっても社会的有用性の見地等から許される場合がある、とする「許された危険」という考えもある）。そこで、過失を結果回避義務違反に重点を置いて理解する新過失論が登場する。新過失論によると、平均人に要求される結果回避義務を果たす行為をしていれば、注意義務違反はなく、構成要件該当性が否定されることになる。

164 ■ 第6章 ■ 責任

　さらに、企業災害等において、結果発生とそこに至る過程を具体的に予見することが難しい場合に過失責任を免れるのは不合理である、といった問題意識から、予見可能性は一般人が具体的に危惧感をいだく程度のもので足りるとする危惧感説（藤木240、板倉257）が唱えられた。この説は、不安感説、あるいは新々過失論ともよばれる。もっとも、新々過失論は少数説に止まっている。

(3) 構成要件的過失と責任過失

　通説的見解によれば、過失は責任要素に止まるものではなく構成要件要素でもある。そして、構成要件的過失は（行為者と同じ立場に置かれた）平均人を標準とする客観的注意義務違反であり、責任過失は行為者を標準とする主観的注意義務違反である、とされる。もっとも、責任過失は不注意により違法性阻却事由該当事実の認識・予見を欠いた場合に問題とされるべきものであるとの指摘がある上（団藤340、大塚473）、客観的注意義務違反が認められて主観的注意義務違反が認められないということはほとんど考えられないので（大塚473、板倉254）、多くの場合、過失犯の成否は構成要件該当性の段階で決定されるといえる。

　有力説は、法益を害する実質的に危険な行為が過失犯の実行行為であるとし（平野Ⅰ194、西田261、前田210参照）、責任段階の過失を結果の認識・予見可能性とする。もっとも、通説的見解においても、客観的注意義務に違反する過失行為が危険なものであり、結果と因果関係を有するものであることは前提にしていると考えてよい。

　なお、前述したように、通説的立場は行為者と同じ立場に置かれた平均人（一般人）を注意義務の標準にしている。これに対し、近時の有力説は、知識、経験、身体的・生理的状況のように行為者ごとに異なりうる能力については行為者を標準にし、法益を尊重するよう配慮し関心をもつという規範心理的能力については一般人を標準にすべきである、としている（西田270）。

┃┃┃ コラム ┃┃┃　学生甲乙丙、過失を語る

甲　旧過失論は、故意犯と過失犯は行為の構成要件該当性、違法性の段階では同じだという考えだな。例えば、【事例1】のように注意義務に違反

して X が A を誤射して死亡させた場合も、Z が C を殺害しようと思っ
て射殺した場合（これを【事例3】としよう）も、行為者が発射した弾丸が被
害者に命中して被害者を死亡させたという点では同じだからね。

乙 でも、行為の危険性を考えると、【事例1】の行為と【事例3】の行為
は異なるんじゃないの。【事例3】の射撃行為はわざわざ C を殺害しよ
うと狙ってやるのだから、極めて危険性の高い、殺人罪の実行行為足り
うる行為だと思う。それに対して、【事例1】の場合は、A がひょっこり
顔でも出せば X は撃つのをやめるだろうから、X の射撃行為は、【事例
3】の射撃行為に比べれば危険性は低く、殺人罪の実行行為足りえず、業
務上過失致死罪の実行行為足りうるものだと思う。「実質的に危険な行
為」が過失犯の実行行為であるというのは、危険性の点で故意犯と過失
犯が構成要件該当性段階で異なることを認めているのではないかな。

甲 そうすると、【事例2】の場合は、結果回避義務違反がないから Y の射
撃行為には業務上過失致死罪の実行行為足りうるだけの危険性もないと
いうことになるのかな。それなら、「結果回避義務違反がないから過失
犯の構成要件に該当しない」といってしまえばいいんじゃないか。判例
は実質的に危険な行為を「結果回避義務違反行為」として表示すること
が多いと指摘している本（前田210）もあるよ。

乙 それは……、「義務違反」とかいった言葉を好まない結果無価値論者に
は期待できないんじゃない。

丙 いま思ったんだけど、故意犯の実行行為と過失犯の実行行為とは危険
性の程度が異なるとすると、「故意も過失も実行行為の危険性を認識し
ているという点では同じで、結果発生を具体的・現実的に予見している
のが故意、抽象的に漠然と予見しているのが過失だ」といってはいけな
いのかな。漠然とした予見は「危惧感」という言葉にもマッチするよう
な気がするんだけど。

乙 団藤先生も「認識は有無のどちらかではなく、その範囲・程度には無
限の差異がありうる」といっているし（団藤341）、故意＝認識・予見があ
る場合、過失＝認識・予見はないがその可能性がある場合、と割り切る
こともできないような気がしますね。また勉強して議論しましょう。

B　過失の要件

[1]　総説

　通説的見解および判例によるなら、過失の要件は、結果予見可能性を前提にした結果予見義務違反と結果回避可能性を前提にした結果回避義務違反になる。もとより、これらは過失の要件であって過失犯の成立要件ではない。過失犯が成立するためには、過失が認められるほかに、客観的構成要件要素（結果、因果関係等）が充たされ、違法性阻却事由に該当しないといったことも必要である。以下では、過失の要件である予見可能性と予見義務、回避可能性と回避義務に関わる事項について述べることにする。

[2]　予見可能性と予見義務

　過失犯としての非難が可能なのは、結果発生の予見が可能であったのに（古典的な言い方をするなら「精神の緊張を欠いていた」などのために）予見せず、予見すれば（結果回避可能性がある限り）予見した結果の発生を避ける結果回避行為を行って結果発生を防ぐことができたのに、そうしなかったからである。このように考えると、予見可能性が認められなければ、およそ予見義務違反も回避義務違反も認められず、過失は認められないことになる。すなわち、批判を受けているとはいえ、現状では、予見可能性は過失の成否に関わる重要なポイントなのである。

　予見可能性の対象について、札幌高判昭和 51・3・18 高刑集 29-1-78 は、「特定の構成要件的結果及びその結果の発生に至る因果関係の基本的部分」の予見が可能であることを要する、としている。とはいえ、具体的な人への結果発生が予見可能であることは不要である。例えば、Ｘが、貨物自動車を運転中、過失により自車を暴走させて後部荷台を電柱に激突させ、荷台に乗っていたＡらを死亡させた場合、Ｘが荷台にＡらが乗っていることを知らなかったとしても、Ａらの死亡について過失責任を免れない（最決平成 1・3・14 刑集 43-3-262）。また、具体的な因果経過が予見可能であることも必要ない（最決平成 12・12・20 刑集 54-9-1095）。さらに、ホテル・デパート火災の事案については、管理権限者が防火設備や防火対策の不備等を認識していれば、具体的な火災の発生が予見可能でなくても、火災により客に死傷結果が発生することは予見可能であるとされる（最決平成 2・11・16 刑

集 44-8-744、最決平成 2・11・29 刑集 44-8-871、最決平成 5・11・25 刑集 47-9-242)。
このようなことから、判例はさほど高度で具体的な予見可能性を要求して
はいない、といえる。

[3] 回避可能性と回避義務

結果発生を回避行為によって回避できない場合、過失は否定される。例
えば、最判平成 4・7・10 裁時 1079-4 は、X が、夜間、自動車を運転中、
自己の進行車線を無灯火で逆行して来る A 運転の車両を約 7・9 メートル
離れた地点で発見し、これに自車を衝突させて A を死亡させた事案につ
いて、X が前方注視を怠っていなければ事故を回避することが可能だった
とはいえないので、過失は否定される旨判示した。また、最判平成 15・1・
24 裁時 1332-4 は、X が、夜間、AB 両名を同乗させて自動車を運転中、黄
色点滅信号のある左右の見通しのきかない交差点に減速・徐行せずに進入
したところ、自車が、制限速度を大幅に超過した時速約 70 キロメートルで
進行してきた車両 (C が酒気を帯びて運転) に衝突したため、A が死亡し B が
重傷を負った事案について、減速して交差道路の安全を確認していれば衝
突を回避することが可能であったかについては合理的な疑いを容れる余地
があるので、X は無罪である旨判示した。

結果回避義務 (行為) の内容については、新々過失論の立場から、道路交
通法など各種取締規則のほか、具体的状況や生活関係等を踏まえて確定さ
れるともいわれている (板倉 269 以下参照)。それでも、その範囲に不明確な
ところがあることは否定できず、行動基準の明確化が、新過失論を含め、
今後の課題ということになろう。

C 過失に関する諸問題

[1] 信頼の原則による過失の限定

信頼の原則は、ある行為を行うにあたって、他の者 (被害者、共働者など)
が適切な行動をすることを信頼するのが相当な場合には、たとえ他の者の
不適切な行動によって結果が発生したとしても責任を負わない、という法
原理である。信頼の原則が適用される場合、過失は否定される。予見可能
性ないし予見義務が否定されるのか、回避義務が否定されるのかについて

は議論がある（大コメ (3) 349〔神山敏雄〕参照）。

　信頼の原則の適用が問題になった事案の裁判例には、注意義務（違反）について、消極的な判断をしたもの（①交通事故関係で注意義務はないとしたもの：最判昭和 41・12・20 刑集 20-10-1212、最判昭和 42・10・13 刑集 21-8-1097、②工場事故関係で過失の範囲は限定されるとしたもの：最判昭和 63・10・27 刑集 42-8-1109、③医療事故関係で注意義務違反はないとしたもの：札幌高判昭和 51・3・18 高刑集 29-1-78）と積極的な判断をしたもの（④交通事故関係：最決平成 16・7・13 刑集 58-5-360、⑤医療事故関係：最決平成 19・3・26 刑集 61-2-131）とがある。

[2] 複数行為と過失──過失併存説と直近過失説

　同一行為者の複数の不注意な行為を経て結果が発生した場合、どの行為を過失犯の構成要件該当行為と捉えるかが問題になる。例えば、①飲酒して自動車を運転し、②前方を注視しなかったため、歩行者をはねて負傷させた場合、①②の双方を過失行為と捉えるべきなのか（このように考える見解を過失併存説という）、②のみを過失行為と捉えるべきなのか（このように考える見解を直近過失説、あるいは過失段階説という）。このような事案について、東京高判昭和 47・1・17 判タ 277-375 は、一定の結果に最も近接した最終の行為が過失行為の要件を具備しているときはその行為のみを過失行為と認めるべきである旨述べて②の前方不注視のみを過失行為としているので、直近過失説と同様の考えによるものといえる。もっとも、過失併存説と同様の考えによるものとみられる裁判例もあり（秋田地判昭和 48・10・5 判タ 307-314）、学説も過失併存説によった方がよい場合（例えば、飲酒のために注意力が減少して前方を注視できなかった場合）があることを肯定している（板倉 275、西田 263、山口 251）。

[3] 管理・監督過失の問題

(1) 問題の所在

　管理過失とは、結果発生を防止すべく人的・物的体制を整備すべき立場にある者の過失責任をいう。監督過失とは、結果を発生させた直接行為者を監督すべき立場にある者の過失責任をいう。両者を合わせて、管理・監督過失、あるいは（広義の）監督過失という。なお、（狭義の）監督過失の監

督には、直接行為者を監視し指示・命令を出すといったことのほかに、事前に訓練を施すとか、直接行為者がエラーをしても結果発生に結びつかないように安全・保安対策を講じることが含まれる。実際の事件では、管理過失と監督過失が競合することもあり、截然と区別できるわけではない。

　企業災害など、多数の者の組織的な活動に際して発生した事故により多数の被害者が生まれた場合には、「直接行為者の過失責任を問うだけでは不十分であり、管理者・監督者の責任も認めるべきではないか」といわれる（例えば、高速度で走行する列車の1人の運転者のエラーによって大事故が発生し、数百人の乗客が死傷した場合、責任は全て運転者1人にあるとするのは不合理である。列車を運行している会社の関係者は、事故が起きないように運転者を監督することはもとより、エラーがあっても被害が発生しないように、防止装置などを整備すべきであろう）。しかし、従来の過失理論は、基本的に1人の過失行為者により1人の生命・身体が害される場合を想定して組み立てられているため、管理者・監督者に予見可能性などが認められるかが困難な問題になる。

(2) 管理過失関係

　管理過失は、人的・物的体制を整備すべき立場の者が整備しなかったために結果が発生した場合であるから、過失不作為犯ということになる。したがって、作為義務が必要になる。例えば、株式会社の経営するデパートの建物について防火管理の義務を負うのは一般的には代表取締役であり、売場課長や営繕課員には防火管理をする義務はない（最判平成3・11・14刑集45-8-221）。なお、最決平成24・2・8刑集66-4-200は、自動車のハブ破損による死傷事故に関し、ハブを製造した会社の品質保証部門の部長およびグループ長にはリコール等の改善措置の実施のために必要な措置をとる義務があるとしている。

　管理過失の場合、人的・物的体制を整備しないだけでは結果は生じない。その後、別の原因により結果発生の危険が生じ、それが前記体制が整備されていなかったことから結果発生につながることになるのである。例えば、ホテル火災においては、防火体制を整備せずにいたところ、その後、第三者の行為等により出火し、防火体制が整備されていなかったことから、宿泊客の死傷結果が発生する、ということになる。そこで、管理過失の事案においては、危険（発生）について予見可能性がなければ（体制が整備されて

いないことを認識していたとしても）結果の予見可能性は認められないのではないか、という問題が生じる（山口262）。判例には予見可能性を緩やかに認める傾向がある。例えば、ホテル火災に関する最決平成2・11・16刑集44-8-744は、旅館・ホテルは火災発生の危険を常にはらんでいること、被告人が防火防災対策の人的・物的不備を認識していたことから予見可能性を認めている（他に、ホテル・デパート火災において管理者の過失責任を認めたものとして、最決平成2・11・29刑集44-8-871、最決平成5・11・25刑集47-9-242などがある）。もっとも、このように予見可能性を緩やかに認めることを疑問視する学説もある（山口263、大コメ（3）369以下〔神山敏雄〕参照）。

(3) 監督過失関係

　監督過失の場合、被監督者の過失行為がなければ結果は発生しない。そこで、ここにおいても、監督者に予見可能性が認められるかが問題になる。直接行為者が適切な行為をすると信頼できる場合（信頼の原則の適用があるような場合）は、予見可能性が認められず過失犯は成立しない、ということになりうる。Xが監督する医師らが患者に薬剤を過剰投与し死亡させた事案について、最決平成17・11・15刑集59-9-1558は、医師らに当該薬剤を用いた療法の実施経験がなく十分な知識もなかったことなどを考慮して予見可能性を認めている。このような場合には直接行為者が適切な行為をすると信頼できないから、監督者の過失を認めることができよう。現場作業員に事故を誘発するようなゆとりのない状況下で作業させた場合も、現場作業員が適切な行為をすると信頼できないから、監督者に過失が認められる（札幌地判昭和61・2・13刑月18-1=2-68）。これに対して、一応、安全対策が講じられている状況下で、直接行為者等が通常は考えられない行為をした場合には予見可能性が認められないということになりうる（病院の夜警員が出火を確認したのに自ら消防署に通報しなかった場合に関する札幌高判昭和56・1・22刑月13-1=2-12、ATSの設置されていないカーブを列車運転手が転覆限界速度を超える高速度で走行した場合に関する神戸地判平成24・1・11 LEX/DB25480439参照[3]）。

|||コラム||| 　学生甲乙丙、企業災害を語る

甲　管理・監督過失のところを読んでいて思ったのだけれど、やはり、従

来の過失理論で大規模な企業災害に対応するのは無理じゃないかな。

乙　企業は組織体として活動しているのだから、その活動を構成員個人の行為にばらばらに分解して、まず現場に一番近い直接行為者の行為から過失責任を検討して行くというやり方は、確かに不合理な気がする。そういう観点から、まず組織体の活動を一体として捉えて、組織体過失の有無を検討し、それから構成員が組織体活動の中で危険防止のために果たしうる実質的役割に着目して各構成員個人の責任を割り出すべきだ、という考えも主張されているね。企業組織体責任論っていうんだけど（板倉 280-281）。

甲　そういう理論によると、確かに、現場の直接行為者に責任を押しつけて、いわゆる「トカゲの尻尾切り」じゃないけれど、企業内で本当に責任を負うべき者が責任を免れることは回避できそうだね。

丙　でも、たとえ企業トップ、代表取締役の過失責任を認めたとしても、企業では代表取締役の交替なんていくらでもあることだから、結局、直接行為者と代表者は処罰されても企業の活動は改善されないまま続く、ということになるんじゃないか？それでは、トサカと尾羽が切れるだけで問題の解決にはならないんじゃないかな。

乙　構成員個人ではなく、企業自体、あるいは企業の安全システム自体に欠陥があって災害が発生するのだから、システム自体の改善をさせるような“制裁”が考えられていいように思えるな。

丙　法人を処罰するにしても罰金刑を科すだけでは、結局、実効性はないように思えるからね。業務停止や解散命令といった手段でも果たして十分かというと、疑問だね。

乙　改善命令とか、場合によっては、地域住民や消費者の請求により、裁判所が経営管理人を選任して企業の改善にあたらせるといったことが認められてもいいんじゃないかな。

丙　破産法や民事再生法の管財人のようなものかな。もうそれは、刑罰や刑法の枠にはおさまらないものだな。いわば「企業組織体規制法」だね。

甲　企業組織体責任論が主張されてから 40 年以上経過しているんだから、それくらいの考えが出てきてもいいと思いますね。

D　過失の種類

[1]　認識なき過失、認識ある過失

　認識なき過失は、犯罪事実を認識・予見していない場合である。認識ある過失は、犯罪事実を認識・予見している場合である―このようにいうと、「認識ある過失と故意とはどこが異なるのか」という疑問が生じ、前述した（2、B、[4] 認容は必要か、参照）、未必の故意と認識ある過失の区別の問題に戻ることになる。すなわち、認識ある過失は、①認容説によるなら、犯罪事実の発生を認識・予見しているものの認容していない場合（認容している場合は未必の故意）、②蓋然性説によるなら、犯罪実現の蓋然性を表象していない場合（表象している場合は未必の故意）、③動機説によるなら、蓋然性の認識を反対動機とした場合（反対動機としなかった場合は未必の故意）、ということになる。

[2]　各則における過失の種類

　各則、つまり個別の犯罪における過失の種類としては、通常の過失（例えば、208 条・209 条の罪の過失）、重過失（例えば、211 条後段の罪の過失）、業務上過失（例えば、211 条前段の罪の過失）、自動車運転過失（例えば、自動車の運転により人を死傷させる行為等の処罰に関する法律 5 条の罪の過失）をあげることができる。

　重過失とは注意義務違反の程度が著しい場合をいう。

　業務上過失とは業務上必要な注意義務に違反した場合をいう。この場合、刑が加重されるのは、業務者に重い注意義務が課せられているからである。

　自動車運転過失とは、自動車の運転上必要な注意義務に違反した場合をいう。以前は自動車の運転者による死傷事故は業務上過失致死傷罪として処罰され、後に、211 条 2 項の自動車運転過失致死傷罪として処罰され、同罪の規定は、さらに前記法律の 5 条に移されている。このような変遷は、自動車による死傷事故の重大性等、その特殊性を反映したものである。

5　責任能力

A　総説

　責任能力とは、有責に行為する能力をいう。非難としての刑罰を科され
うる能力であるともいえる。構成要件に該当する違法で有責な行為が行わ
れても、その行為の時に、行為者が①心神喪失状態であったとか、②14歳
未満の者であったとかいう場合は、刑罰を科すよりも、①の場合は原因と
なった病気を治療するとか、②の場合は相応の教育をするとかいった対応
をした方が刑事政策的にも妥当である（①のような場合に対応するために医療観
察法—正式名称「心神喪失等の状態で重大な他害行為を行った者の医療及び観察等に関
する法律」があり、②のような場合に対応するために少年法がある。14歳未満の者は同
法3条1項2号の触法少年にあたる）。そこで、刑法は、①のような場合は39条
1項により、②のような場合は41条により、「罰しない」、すなわち、犯罪
は成立しないとしているのである（なお、39条2項の心神耗弱の場合は、犯罪は
成立し刑が必ず減軽されるに止まる）。

B　心神喪失者の行為

[1]　心神喪失、心神耗弱

　判例（大判昭和6・12・3刑集10-682）によれば、心神喪失（39条1項）とは、
「精神の障礙に因り事物の理非善悪を弁識するの能力なく、又は、此の弁識
に従って行動する能力なき状態」をいい（この状態を責任無能力ともいう）、心
神耗弱（39条2項）とは、「其の能力著しく減退せる状態」をいう（この状態
を限定責任能力ともいう）。こうした状態になる原因は、統合失調症などの精
神病に限らず、飲酒による酩酊や覚せい剤等の薬物の作用などでもよい。

　行為当時、心神喪失・心神耗弱であったか否かは、行為者の病歴や犯行
態様に現れた奇異な行動等を総合的に考察して判断される（最判昭和53・3・
24刑集32-2-408）。実務上は精神科医等による鑑定を行うことが多い。とは
いえ、これも裁判所による法律判断であり（最決昭和59・7・3刑集38-8-2783）、
裁判所は、鑑定の結果を尊重しなければならないとはいえ（最判平成20・4・
25刑集62-5-1559）、他の証拠を考慮して、鑑定結果と異なった判断をするこ

とも許されないわけではない。

[2] 原因において自由な行為

(1) 問題の所在

　原因において自由な行為（actio libera in causa）とは、結果を直接発生させた行為（結果行為）の時点では心神喪失・心神耗弱であっても、その原因となった行為（原因行為）の時点では責任能力に問題のなかった場合をいう。39条は、心神喪失者の行為は不可罰とし、心神耗弱者の行為は刑を減軽するとしているところ（ここから、行為と責任の同時存在の原則を刑法は採用しているといえる）、この「行為」を結果行為と考えると、原因行為の時点では責任能力に問題がなくても、結果行為の時点で心神喪失・心神耗弱であったなら、不可罰か刑が減軽されることになる。そうなると、例えば、Xが、覚せい剤により心神喪失になってAを殺害しようと計画し、自ら覚せい剤を注射した（原因行為）上、心神喪失状態で自動車を運転しAを轢過して（結果行為）殺害した場合、殺人罪は成立しないということになる。それは不合理だということで、このような場合にXの刑事責任を肯定する理論―これを原因において自由な行為の理論ということができる―が模索されることになる。

(2) 原因において自由な行為の理論

　原因において自由な行為の理論には、大きく分けて、(a) 39条の「行為」は実行行為を意味する⇒しかし、実行行為は結果行為ではなく、原因行為が実行行為である（あるいは、実行行為は結果行為のみではなく原因行為も実行行為に含まれる）⇒ゆえに、原因行為の時点で心神喪失・心神耗弱でなければ、39条は適用されない、とするタイプ（構成要件モデルといわれるもの）と、(b) 実行行為は結果行為のみである⇒しかし、39条の「行為」は実行行為のみではなく実行行為と一定の関係にある原因行為をも含む行為を意味する⇒ゆえに、実行行為と一定の関係にある原因行為時に心神喪失・心神耗弱でなければ、39条は適用されない、とするタイプ（例外モデルといわれるもの）とがある。

　(a) の理論に対しては、①原因行為を実行行為といえるか疑問がある、②原因行為を実行行為だとすると原因行為をしただけで未遂犯の罪責を負

うことになるけれど、それは早すぎるのではないか、といった批判がある。

（b）の理論に対しては、39条の「行為」を実行行為に限らないとするのは実行行為と責任の同時存在の原則を否定するものであり、責任主義に反する、といった批判がある（西田285-288参照）。

（3）判例

裁判例は、原因行為の時点に結果行為の時点の犯罪を行う意思ないし故意が認められる場合、39条は適用されないとする（最決昭和43・2・27刑集22-2-67、名古屋高判昭和31・4・19高刑集9-5-411、大阪高判昭和56・9・30高刑集34-3-385）。理論的構造は明確ではないものの、判例は原因において自由な行為の理論を採用しているといえる。なお、飲酒しつつ被害者に複数回暴行を加えて死亡させた事案について、実行行為の途中で心神耗弱の状態に陥ったものであるとして39条2項の適用を否定した裁判例もある（長崎地判平成4・1・14判時1415-142）。一連の暴行を1つの実行行為と認めることができない場合は、原因において自由な行為の理論を用いることになろう。

C　刑事未成年者

「14歳に満たない者」（41条）を刑事未成年者という。14歳未満の者だからといって心神喪失状態にあるというわけではないけれど、41条は、刑事未成年者は精神的に未成熟であり、可塑性もあることから、犯罪行為を行ったとしても刑罰をもって対応すべきではないと考えて、「罰しない」としている。もとより、少年法等による対応はなされる。

6　超法規的責任阻却事由—とくに期待可能性について

A　超法規的責任阻却事由

超法規的責任阻却事由、すなわち、明文のない責任阻却事由として、違法性の意識の可能性の欠如と期待可能性の欠如とを考えることができる。前者についてはすでに述べた（2、B、[3] **違法性の意識、違法性の錯誤と故意**、参照）。以下、後者について述べる。

B　期待可能性

　期待可能性とは、行為時の具体的状況下で、行為者において、違法行為を行わず適法行為を行うことが（法的に）期待できることをいう。

　故意・過失、責任能力が認められても、期待可能性が認められないときは、責任非難はできないので、責任が阻却され、犯罪が成立しないことになる。ただ、明文規定はないので、期待可能性の欠如は超法規的責任阻却事由ということになる（通説）。これが期待可能性の理論である。

　期待可能性の標準に関する見解には、①行為時における行為者の具体的事情を標準とする行為者標準説、②平均人を行為者の立場に置いて判断する平均人標準説、③国家（法規範）の立場から判断する国家標準説（法規範標準説）がある。行為者標準説ないし同説を基本とする説が有力である（団藤329、大塚479、板倉288、大谷356、西田295）。もっとも、期待可能性が法的に判断されるものである以上、行為者標準説を採ったからといって、期待可能性の欠如の認められる範囲が広くなるわけではない。

　裁判例をみると、高裁においては期待可能性の欠如を無罪の理由にしたものがあるものの（福岡高判昭和24・3・17刑集10-12-1626、福岡高判昭和30・6・14刑集12-15-3496）、最高裁においては、構成要件該当性の段階で判断するなど（最判昭和33・7・10刑集12-11-2471参照）、期待可能性の理論に基づく判断は示されていない。もっとも、この理論を最高裁が排斥していると断定することもできない（大コメ(3) 65〔佐久間修〕参照）。

注)

1) 「責任故意」ではなく「責任要件としての故意」という言い方をすることも可能ではあるけれど（山口厚『刑法〔第2版〕』〔有斐閣、2011〕102参照）、実質的には同義であろう。

2) 確定的故意と不確定的故意を対置させ、概括的故意、択一的故意、未必の故意は不確定的故意の一場合であるとする分類もある（大塚184、板倉238、大谷159）。また、事前故意と事後故意、侵害故意と危険故意、ウェーバー（またはヴェーバー）の概括的故意といった分類もある（大塚185-186、大谷159）。

3) この裁判例について、板倉宏監修・著、沼野輝彦＝設楽裕文編『現代の判例と刑法理論の展開』（八千代出版、2014）41以下〔船山泰範〕参照。

6 超法規的責任阻却事由—とくに期待可能性について ■ 177

知識を確認しよう
・・・・・・・・・・・・・・・・・・・・・・・・・・・・・

【問題】

(1) 未必の故意と認識ある過失とは、どこが同じでどこが異なるのか、具体例を示して論じなさい。

(2) 次の事例における X の罪責を論じなさい。

　X は、夜間、公園を散歩しているときに、俳優 A が摸擬刀を持って俳優 B に襲いかかる演技の練習をしているのを目撃し、B が A に本物の刀で攻撃されているものと誤信して、B を助けるべく、付近にあった鶏卵大の石を傷害の意思をもって A に投げつけた。しかし、狙いがはずれたため、石は A の後ろのベンチで寝ていた C の頭部に当たり C は負傷した（X は C の存在に気づいていなかった）。A は、暴漢に襲われたものと誤信し、逃げようとして公園の出口に向かって走った際に、つまずいて転倒し負傷した。

【解答への手がかり】

(1) これについては、本文（2、B、[4] 認容は必要かおよびコラム「学生甲乙丙、故意を語る」）を再読されたい。問題文に「論じなさい」とあるので、単に学説・判例を素描するだけでは解答にならない。問題設定をした上で根拠を示して自説を述べる必要がある。

(2) 暴行罪、傷害罪あるいは過失傷害罪の成否に関し、方法の錯誤、因果関係の錯誤、誤想防衛などの問題点を検討する必要がある。事例問題であるから、問題提起、理由をつけての規範定立、あてはめ、結論の順で書く、といった工夫が必要である（設楽裕文編『法学刑法 3 演習（総論）』〔信山社、2010〕1 以下、とくに 7-8 を参照）。

第7章

未遂犯

本章のポイント

1. 犯罪が実現されるまでには、時間的な流れ
   とともに行為の態様も変化し、必要があれ
   ば陰謀・予備・未遂として段階に応じて処
   罰される。

2. 構成要件に該当することが行われていても、
   構成要件的結果が発生しなければ犯罪は成
   立しないが、法益侵害の危険性があり、保
   護を必要とすることがある。未遂犯は、構
   成要件要素が充足されていない状況を拡張
   して処罰するものである。

3. 未遂犯には、自己の意思によって犯罪を中
   止した場合には特別に扱われる中止未遂が
   ある。中止犯と認められれば、必ず刑が減
   軽されるか免除される。

4. 犯罪を実現しようとしても、およそ結果が
   発生しない場合は不能犯となる。不能犯と
   いっても犯罪が成立するのではなく、構成
   要件に該当する事実そのものがない。

180 ■ 第7章 ■ 未遂犯

1 犯罪の遂行過程

A 陰謀・予備・未遂・既遂の区別

[1] 犯罪の実現に至るまでの段階

犯罪によっては当該行為以前の段階が処罰される場合がある。

陰謀とは、複数の者が犯罪の実行について合意することをいい、内乱罪や外患罪のような極めて限られた犯罪についてのみ規定される（78・88・93条）。予備は、犯罪を実現するための予備行為で、犯罪の実行に至るまでのものをいい、建造物等放火罪・通貨偽造罪・殺人罪・強盗罪などの重大犯罪について定められている（113・153・201・237条など）。予備行為は、原則として自らの犯罪を実行するために準備する場合について成立するもので（自己予備）、他人の犯罪のためにする準備行為（他人予備）は例外的に処罰されるにすぎない[1]（153・163条の4など）。なお、組織犯罪処罰法は、組織的犯罪集団の団体の活動として、2人以上で犯罪を計画し、その計画をした者のいずれかによって準備行為がなされたときは処罰することとしている（同法6条の2）。

しかし、陰謀や予備は例外的に処罰されるものであって、原則的にはそれぞれの犯罪の実行が開始された後の行為が処罰の対象となる。そして、多くの犯罪は、例えば殺人罪の「人を殺した」という規定のように、相手が死亡したという一定の結果が構成要件要素となっている（結果犯）。このうち、実行に着手した後に構成要件的結果が発生しなかった場合が未遂であり、結果が発生した場合が既遂である。ただし、未遂を処罰するためには犯罪ごとに規定が必要である（44条）。未遂犯は、既遂を構成要件とする犯罪の処罰範囲を拡張するものである（修正された構成要件）。

[2] 未遂犯の種類と効果

未遂とは、「犯罪の実行に着手してこれを遂げなかった」（43条）ことをいい、刑を減軽することができる（任意的減軽）。このうち「自己の意思により犯罪を中止したとき」（43条ただし書）は、刑が減免される（必要的減免）。前者が障碍未遂であり、後者が中止未遂である。さらに障碍未遂は、実行行

為自体が終了していない着手未遂と、実行行為は終了したが結果が生じな
かった実行未遂に分けられる。

B　処罰の時期とその理由

[1]　未遂犯の処罰根拠

　未遂犯は犯罪が開始された後の行為を処罰するものであるため、どの時
点で犯罪が開始されたと判断すべきなのかが問題となる。言い換えれば、
なぜその時点以降の行為が処罰されるのかという、未遂の処罰根拠の問題
であり、あるいは実行行為の範囲の問題である。例えば、他人の留守宅に
侵入して金品を盗もうとした場合に、密かに敷地内に立ち入り、ドアのカ
ギをこじ開けて家に入り、部屋で金品を物色する、というような段階があ
るとして、いつから窃盗罪の実行が開始されたといえるのであろうか（住
居侵入罪の開始時期とは別に考える必要がある）。窃盗罪には予備罪がないため、
窃盗を行うまでの一連の行為の中で、何が窃盗罪にいう「窃取」にあたる
か、すなわちどの時点で窃盗の実行の着手が認められるかが問われること
になる。

　また、後述する不能犯と未遂犯を区別する基準を何に求めるかという点
でも、未遂の処罰根拠が問題となる。例えば、スリが上着のポケットから
財布を掏り取ろうとしたが、相手は財布を持っていなかったという場合に、
何も持っていない人から財布を掏ることは不可能であるから不能犯とする
のか、あるいは財布を盗む目的で他人の上着のポケットに手をかけること
自体に「窃取」行為を認めた上で未遂犯とするのか。つまり、およそ結果
が生じることはない場合でも、未遂犯として処罰する必要があるのかとい
う点が問われるのである。

[2]　学説の対立

　未遂の処罰根拠をめぐっては、刑法理論における主観主義と客観主義と
の対立が鮮明に現れていた。まず、主観主義に基づく犯罪論では、行為の
主観面が重視されるため、行為者の危険な意思が外部に表れたときに犯罪
の実行が開始されたと考える。これを主観説といい、「犯意の成立がその
遂行的行動に因って確定的に認められるとき」「犯意の飛躍的表動」があっ

たときに犯罪が開始されたとする。前述の例ならば、窃盗の目的で密かに敷地内に立ち入る段階で（さらには、こじ開ける道具を準備した段階で）窃盗罪の実行が開始されたことになる。しかし、行為の主観面だけを重視すると未遂の処罰時期が早くなるだけでなく、予備行為と区別することも困難となる。したがって現在では主観説は支持されていない。

　これに対して、行為の客観面を基準として犯罪の実行の開始時期を論じるのが客観説であり、さらに次の２つに大別される。

　形式的客観説は、構成要件に該当する行為が認められた時点で実行が開始されたときに、未遂として処罰する理由が生じるとする。しかし、構成要件に規定されている行為を純客観的に捉えようとすると未遂の処罰時期が遅くなりすぎることもありうる。前述の例では、物色している段階では「窃取」しているとはいえず、金品を手にしたときに初めて「窃取」行為があり、そこで犯罪の実行が開始されたことになるため、犯罪の実行の範囲が極めて狭いものになってしまうおそれがある。そこで、犯罪の実行の開始は、「それじたいが構成要件的特徴を示さなくても、全体としてみて構成要件の内容をなすと解される行為」があれば認められ（団藤355）、「実行行為そのものに先行しこれと密接不可分な行為（直前行為）」があれば認められる（井田396）ことになる。こうした見解は、基本的には次に述べる実質的客観説とほぼ同じ時期に犯罪が開始されたと捉えるものといえる。しかし、殺害する目的で毒物を混入した食品を郵送した場合（離隔犯）においては、発送したこと自体が「殺す」行為の内容をなすものと理解され、開始時期は早い段階で認められることになる。

　一方、実質的客観説は、「構成要件の実現に至る現実的危険を含む行為を開始したこと」（大塚165）、「実行行為により既遂結果発生の具体的危険を生じたとき」（西田300）に未遂犯として処罰する理由があるとする。さらに実質的客観説は、行為の開始時点を重視する実質的行為説と、結果発生の危険性が一定程度に達した時点を基準とする結果説に分かれる。両者は「結果発生の危険性の発生」を前提とする点で共通性を有するが、離隔犯や間接正犯の実行の着手時期では違いが生じる。すなわち、実質行為説は結果発生の危険性は「行為」に求められるが、結果説は「行為」とは別に結果の危険性が判断されるため、行為を終了した後に実行の着手が認められ

ることになりうる。したがって前述の離隔犯の例では、実質的行為説では、毒物入りの食品を発送した時点で実行の着手が認められて結論的には形式的客観説と同じとなるのに対し、結果説ではそれが相手方に届き食べられるような状況になったときに実行の着手が認められることになる。

2 実行の着手

A 実行の着手に関する判例

実行の着手をめぐる学説は概観したので、次に判例の状況をいくつかの類型に分けて見ることとするが、判例は実質的客観説の立場を採っていると考えられる。

[1] 離隔犯・間接正犯について

①殺害の故意をもって致死量の毒物を混入した砂糖を贈答品として郵送したが、相手がこれを受領した後、毒物に気付いて使用しなかった事案において、食べられる状態に置かれていたことを理由に実行の着手があるとしたもの（大判大正7・11・16刑録24-1352）、②父親を殺害する目的で日常通行する農道に毒物入りのジュースを置いて父親にこれを拾わせて飲ませようとしたところ、第三者が拾って飲用し死亡したという事案で、被害者らが拾得飲用する直前に殺人の実行の着手が認められるとし、父親については殺人の予備罪に止まるとしたもの（宇都宮地判昭和40・12・9下刑集7-12-2189）があるが、これらは実行の着手時期を到達時あるいは被利用者の行為を基準としている。

[2] 強制性交等罪について

①仲間とともに強制性交等の目的で女性に声をかけてダンプカーに乗せようとしたところ、抵抗されたために無理やり引きずり込んだ際に傷を負わせ、6キロほど離れた場所で姦淫したという事案で、引きずりこもうとした段階で強姦（強制性交等）に至る客観的な危険性が明らかに認められる

としたもの（最決昭和 45・7・28 刑集 24-7-585）、②ラブホテルに連れ込んで性交しようとタクシーを降りたが、女性が逃げ出したために路上で捕まえた上、ホテル敷地内まで引っ張り込み暴行を加えているところで警察官に発見された事案で、一連の暴行自体が直接姦淫行為に属するものでなく、またホテルの部屋に至るまでには時間的・場所的間隔があったとしても、「強姦の結果が発生する客観的危険性が高度に存在していた」として実行の着手を認めたもの（東京高判昭和 57・9・21 判タ 489-130）がある。

[3] 窃盗罪について

　①窃盗の目的で電気器具店に侵入し、現金を取ろうとレジに近づこうとしたところで被害者に見つかったという事案において、物色をし始める前で窃盗の実行の着手があるとしたもの（最決昭和 40・3・9 刑集 19-2-69）、②土蔵内の物を盗む目的で外壁の一部を壊し始めたときに被害者に発見された事案で、土蔵には財物のみがあるのが通常であるから、侵入しようとした時点で窃盗の着手があるとしたもの（名古屋高判昭和 25・11・14 高刑集 3-4-748）、③いわゆる車上荒らしではドアを開けられる状態にした段階で窃盗の着手があるとしたもの（東京高判昭和 45・9・8 東高時報 21-9-303）など、いずれも財物に接していない状況で窃盗の着手を認めている。

[4] その他の罪について

　①鰻の稚魚を許可なく輸出しようとして不正に取得した検査済みシールをケースに貼ったが税関で発見されたという事案で、高裁が荷物をチェックインカウンターで手続するまでは無許可輸出の予備罪に止まるとしたのに対して、最高裁は、検査済みシールを貼付した時点で「既に航空機に積載するに至る客観的な危険性が明らかに認められる」としている（最判平成 26・11・7 刑集 68-9-963）。一方では、②覚せい剤を密輸入するために GPS を付けて海中に投下し後から回収しようとしたが、天候等で回収する船すら出航させられなかったという事案で、「回収担当者が覚せい剤をその実力的支配下に置いていないばかりか、その可能性にも乏しく、覚せい剤が陸揚げされる客観的な危険性が発生したとはいえない」としたもの（最判平成 20・3・4 刑集 62-3-123）もあるが、学説は批判的である（西田 305）。

B 実行の着手と行為者の主観

実行の着手時期を判断する際に行為者の主観が重要となる。相手に銃口を向けてピストルの引き金に指をかけたとして、単に脅す目的であったのか殺そうとしていたのかによって、脅迫罪の実行の着手なのか殺人罪の実行の着手なのかが判断される。つまり、行為の客観的状況においては変わりがない場合でも、行為者の主観面を考慮することなく実行の着手時期を判断することはできない。ただし、引き金を引く意思によって拳銃が発射される具体的危険が生じるとの見解もある（山口271）が、主観的な状況によって客観的な法益侵害の可能性が高まると考える必要はなく、行為の危険性はそれ自体を客観的に判断すべきである（前田107）。

一方で、行為者の主観を強調すると主観説と変わらなくなるため、どのような主観的状況を考慮すべきかが問題となる。この点につき、クロロホルムで失神させた後に海に投げて溺死させる計画を実行したところ、クロロホルムを嗅がされたことで死亡していた可能性があった事案で、一連の犯行計画に基づいて行われた殺害行為であり、溺死させるために失神させることが必要不可分なものとして意図され、かつこれらが場所的時間的に近接していることから、失神させた時点で殺人の客観的危険性が明らかに認められ、殺人罪の実行の着手があったと判断できるとしたものがある（最決平成16・3・22刑集58-3-187〔クロロホルム事件〕）。ここでは、まず殺害計画に基づく一連の行為が不可分かつ場所的時間的に近接していたことが、客観的に結果発生の具体的危険性を生じさせるものと判断したことが重要であり、その上でクロロホルムを嗅がせた時点で殺害を実行する意思があったとして殺人の故意を認めたと考えるべきである。

3 中止犯

A 刑の減免の根拠

未遂犯の中で、「自己の意思により犯罪を中止したときは」必要的に刑が減軽または免除される（43条ただし書）。その理由については政策説と法律

説に分けられる。政策説は、犯罪の実行を中止させることを犯人に働きかけて結果の発生を防ぐという、政策的な判断によるものとする。法律説については、自己の意思による中止によって、違法性が減少すると考える違法減少説と責任非難が減少とする責任減少説がある。違法減少説に対しては行為者の任意性を欠く中止であっても違法性が減少することになるはずであるという批判があり、責任減少説に対しては責任の減少を考えるならば既遂に達した場合でも中止犯となるべきではないかとの批判がある。さらに違法性の減少と責任の減少が同等に評価されるとする違法・責任減少説と政策的な面も考慮されている点を加える総合説もあるが、判例は、基本的に責任減少説をとっているとされる（前田117）。

B　中止犯の要件

[1] 任意性

「自己の意思により」という要件を充たすためには、中止行為が任意になされたものでなければならない。任意性の判断基準については、まず、やろうと思えばできたがやらなかった場合が中止未遂であり、やろうと思ったがやれなかった場合が障碍未遂とする（この区別をフランクの公式という）主観説がある。これに対して、これでは窃盗犯が物色中に金目の物がなさそうだから出直そうと思った場合でも中止犯が認められることになるため、広義の後悔・悔悟・同情等の何らかの規範的動機によらなければならないとする限定主観説がある。主観説は行為者の主観をもとに任意性の有無を判断するが、客観説は、一般的に外部的事情が犯行を継続する意思に影響を与えるものかどうかを基準とする。

判例の中には、客観説に従って、被害者の血に驚愕して中止した場合には「犯罪の完成を妨害するに足る性質の障がいに基づくもの」として、任意性を否定したものがある（最決昭和32・9・10刑集11-9-2202）。他方、多量の出血を見て驚愕と同時に悔悟の情を抱いて救護措置を講じようとした場合には任意性が認められ（福岡高判昭和61・3・6高刑集39-1-1）、被害者の呻き声を聞き憐れんで止めた場合（名古屋高判平成2・7・17判タ739-243）等でも任意性は認められている。

[2] 中止行為

中止犯は未遂犯の一種であるから結果が発生しないことが要件であり、中止行為によって結果の発生を防止することが必要となる。そこで、結果が発生していない状況を着手未遂と実行未遂に分け、前者は実行行為を止めることで足りるが、後者はそれに加えて結果発生を積極的に防止する行為が求められるとして、中止行為の内容を分けて論じることが多かった(団藤364)。しかし、実行行為の段階によって中止行為の態様が形式的に決まるものではなく、結果発生の危険性の程度、行為を継続しうる客観的事情や行為者の意思の強弱などによって総合的に評価しなければならず(前田122)、結果の発生を防止するための積極的な行為があったか否かを基準に判断せざるをえない(西田317)。例えば、殺意をもって発砲したが弾が外れたという場合(ここでは着手未遂か実行未遂かは重要ではない)、相手が逃げたためにそれ以上発砲できなくなったのであれば中止とはいえない。他方、弾が当たった場合でも、かすり傷程度であることがわかった上でそれ以上の発砲を止め立ち去ることも中止となりうるし、重傷を負わせたとしても手当をした上で病院に運んで救護したことも中止となりうる。

判例は、結果発生を防止するための真摯な努力が必要とする。例えば、放火した後に隣人に「放火したのでよろしく頼む」と叫んで逃げて、隣人らが消火したとしても中止行為とはならない(大判昭和12・6・25刑集16-998)が、刺した後に自分では止血措置などは取らなかったが、すぐに救急車を呼んだことは中止にあたる(東京地判平成8・3・28判時1596-125)。なお、ナイフで刺したが被害者の様子を見てそれ以上刺すのを止め、救急車を呼んで自分が刺したことを告げた場合には中止が認められた(名古屋高判平成2・7・17判タ739-243)が、被害者を自ら病院に運んで手当てを受けさせたが、自分が刺したことを隠して凶器の説明などもしなかった場合には中止は認められなかった(大阪高判昭和44・10・17判タ244-290)。これは、刺された状況が治療にとって重要となるならば、これに協力しないことは真摯な努力をしたことにならないとも考えられるが、単に罪責を逃れるために黙っていただけであれば中止は認められるべきであろう。

4 不能犯

A 不能犯と未遂犯の違い

不能犯とは、故意に基づく行為があるにもかかわらず結果が発生することがない（不能である）場合をいう。不能未遂ともいうが、43条にいう未遂犯ではない。しかし、およそ結果が発生しない場合であっても、行為自体が具体的危険性を有するものであれば未遂犯として処罰されることもある。

不能犯にあたるものとして、主体の不能、客体の不能、方法の不能がある。このうち主体の不能は、例えば、公務員でない者が公務員であると信じて職務に関し賄賂を受け取るような場合であり、収賄罪の法益侵害の具体的危険性が生じることはない。主体の不能においてはほとんどが不能犯である。これに対して、客体の不能と方法の不能については不能犯ではなく未遂犯となる場合がある。客体の不能とは、侵害の客体が存在しない場合であり、例えば、人を殺すつもりで発砲したが撃ったのは精巧な人形だったというものであり、方法の不能とは、その行為によっては結果が発生することがありえない場合であり、殺害するために毒物を与えたつもりが小麦粉であったというものである。

客体の不能や方法の不能の場合でも未遂犯を認める根拠については、次のような見解がある。まず、結果を発生させようとする行為者の意思を基準とする主観説があるが、現在では支持されていない。これに対して客観説は、行為時に一般人が認識できた事情および行為者が特に認識していた事情を基礎として判断する具体的危険説（大谷375、井田412）と、行為時の科学的・合理的な見地によって判断する客観的危険説[2]（前田113）に大別できる[3]。具体的危険説と客観的危険説の違いは、行為後に判明した事情を判断の基準とするか否かであり、具体的危険説ならば、行為時に誰が見ても人と思えるような人形に対して発砲すると殺人未遂にあたりうるであろうが、客観的危険説ならば、人形に対して発砲しても人の生命侵害の危険が生じることはないのであるから殺人未遂とはならないことになる。

B　不能犯の要件

　判例は、方法の不能について不能犯を認めている。例えば、殺すつもり
で硫黄を飲ませることは絶対的に不能[4]であるとして、殺人未遂ではなく
傷害罪にあたるとしたもの（大判大正 6・9・10 刑録 23-999）、覚せい剤を密造
する際に真正な原料を使用しなかったために製造できなかったのは、およ
そ覚せい剤の製造が不可能であったとして製造未遂罪の成立を否定したも
の（東京高判昭和 37・4・24 高刑集 15-4-210）などがある。しかし、注射器で血
管に致死量に至らない空気を注入して殺害しようとしたときには、空気を
注射されたことが身体的条件などと重なった場合には死亡する危険性が絶
対にないとは言えないとして殺人未遂罪の成立を認めたもの（最判昭和 37・
3・23 刑集 16-3-305）、覚せい剤の密造にあたって触媒の量が足らなかったた
めに製造に至らなかった場合、触媒の使用量が十分であれば製造は可能で
あったとして製造未遂罪の成立を認めるもの（最決昭和 35・10・18 刑集 14-12-
1559）、警察官が携帯していた拳銃を奪って発砲したが弾が装填されていな
かった場合でも、一般に警察官が所持する拳銃は弾が装填されていると考
えられるので殺害の危険性はあり殺人未遂罪が成立するとしたもの（福岡
高判昭和 28・11・10 高刑判特 26-58）などは、方法の不能について未遂犯を認め
ている。

　これに対して客体の不能の場合、判例は不能犯ではなく未遂犯としてい
る。道を歩いている者に暴行を加えて財物を強取しようとしたが何も持っ
ていなかった場合でも、通行人が懐中物を所持していることは普通予想さ
れることであるから財物が奪取される危険はあるとして強盗未遂罪の成立
が認められ（大判大正 3・7・24 刑録 20-1546）、倒れている相手を日本刀で殺そ
うとして数回身体を刺したが、そのときにはすでに死亡していたという場
合には、通常ならば相手が死亡していることはわからず、日本刀で突き刺
す行為が死という結果を発生させる危険性のあるものであるとして、殺人
未遂罪の成立を認めている（広島高判昭和 36・7・10 高刑集 14-5-310）。

注）

1) 判例は、最決昭和 37・11・8 刑集 16-11-1522、東京高判平成 10・6・4 判時 1650-155 など、
　他人予備の共同正犯を認めている。

190 ■ 第7章 ■ 未遂犯

2) 修正された客観的危険説といわれる見解では、たまたま結果は発生しなかったが十分にありえたと判断できる場合には、危険性が認められるとして未遂犯が成立することになる（山口275）。

3) なお、客観的危険性の有無を徹底する純客観説では、結果が生じなかったことが客観的に必然ならば常に不能犯となり、殺害に使用しようとしたピストルが行為時だけ不具合であったため、引き金を引いても弾が出なかった場合でも不能犯となるので、殺人未遂とはならなくなる。

4) かつての判例は、結果の発生が絶対提起に不能（絶対不能）の場合に不能犯を認め、相対的に不能（相対不能）であれば未遂犯の成立が認められるとしていた。

知識を確認しよう

【問題】

(1) 実行の着手時期を論じるにあたって、なぜ行為者の主観を考慮しなければならないのか説明しなさい。あわせて、主観を一切排除すべきであるとした場合の問題点を指摘しなさい。

(2) 中止犯における任意性の判断基準について説明しなさい。

【解答への手がかり】

(1) 主観説だけでなく客観説においても、実行の着手時期の判断にあたって行為者の主観的状況がなぜ考慮されるのか。客観的な状況が同じであるのに、行為者の意思によって結果発生の現実的な危険に違いが生じるのか。また、客体の不能のように絶対に結果が発生しない場合に、行為者や一般人の認識によって実行行為の有無が判断されることには問題はないのであろうか。

(2) 判例を通じて具体的な状況の中で、行為者のどのような主観が判断基準となっているのかを整理する必要がある。また、「自己の意思による」場合であっても任意性が限定されていることについて、中止犯の減免の根拠とあわせて考えなければならないであろう。

第 8 章

共犯

本章のポイント

1. 犯罪は、単独による場合のほか、複数の者が関与して遂行される場合も多い。この場合に、全ての関与者を統一的に処理する方法と関与の態様に基づいて区別的に処理する方法とがある。日本は、後者の方法を採用し、共同正犯、教唆犯、従犯という共犯形式を区別している。

2. 複数人がある犯罪に関与している場合に、協働現象の実態に基づいて、その犯罪実現に対する各人の寄与の程度を考慮するとともに、共犯の処罰根拠を踏まえながら、刑法上の共犯としての可罰性の有無を検討しなければならない。

3. そして、各関与者の個別の事情が、他の関与者にどのような効果や影響を及ぼすのかという点について理解することが必要である。

1 共犯とは何か

A 総説
[1] 統一正犯体系と正犯・共犯体系
　犯罪現象は、1人の人間によって完遂される（単独犯）ばかりでなく、複数人が関与して行われる場合も少なくない。とくに、計画的な犯罪の場合には、犯罪をより確実に実現し、失敗や発覚のリスクを最小化するため、複数人の連携協力による遂行が企図される。このように、ある犯罪に複数の者が関与している場合に、各関与者をどのように取り扱うのかということが問題となる。これを処理するために、共犯に関する規定が設けられている。この取り扱いについて、基本的な立法態度として、2つに大別される。1つは、犯罪に関与した全ての者を、正犯として処理するものである。これを統一正犯体系（統一正犯概念）という。イタリアやオーストリアなどがこの立法例に属する。これに対して、正犯と共犯とを区別するものもある。これを正犯・共犯体系といい、ドイツなどで採用されている。日本は、ドイツに倣って、基本的に正犯と共犯とを区別する立法体系を採用している。

[2] 共犯の種類

図 8-1　共犯の種類

(1) 必要的共犯と任意的共犯
　構成要件上、複数人の関与が予定されている犯罪類型があり、こうしたタイプを必要的共犯という。例えば、騒乱罪（106条）は「多衆」による暴

行・脅迫を必要としているし、また賄賂の罪においても、賄賂を受け取る存在（公務員など）と賄賂を贈る存在とが予定されている。前者は、多数人がともに構成要件的行為を行う場合であり、多衆犯（集団犯）とよばれる。後者は、賄賂を「収受」する行為と「供与」する行為とが向き合う構造となっており、これを対向犯とよんでいる。対向犯には、対向関係にある双方の行為を処罰するタイプ（例えば、賄賂の罪における収賄罪と贈賄罪）と、一方のみを処罰するタイプ（例えば、わいせつ物頒布罪は頒布だけを処罰し、それと対向関係にある購入などの取得行為を処罰の対象としていない）とがある。

　上記以外の構成要件は、一般に単独犯を想定して定められており、その犯罪に複数の者が関与している場合を任意的共犯という。この場合の取り扱いを定めているのが刑法60条以下の規定である。任意的共犯に関し、現行法は、共同正犯、教唆犯および従犯の3種類を規定している（これらを総称して広義の共犯といい、後2者だけを指して狭義の共犯という）。「共同して犯罪を実行した」（60条）場合が共同正犯である。「教唆して犯罪を実行させた」（61条1項）場合が教唆犯、「正犯を幇助した」（62条1項）場合が従犯である。

(2)　必要的共犯に対する共犯規定の適用

　上記のように、構成要件上、複数人による関与が必要的か否かを基準に分類できるが、必要的共犯の場合にも、刑法60条以下が定める任意的共犯の規定を適用すべきかどうかという点について、争いがある。例えば、騒乱の首謀者を集団の外部から教唆する場合や、対向関係にある一方のみが処罰され、もう一方が処罰されていない場合に、外部からの教唆行為や不処罰の側における処罰対象者に対する教唆・幇助行為につき、任意的共犯規定の適用によって処罰することができるのかという問題である。

　多衆犯の場合に、その規定中で定められている特定の関与のみに限って処罰する趣旨と理解すべき特段の理由を見出すことは困難である。したがって、任意的共犯に関する規定の適用は排除されないと解するのが妥当である（山口355）。このため、首謀者に騒乱を唆したとすれば、騒乱罪の教唆犯が成立する。

　対向犯の場合における片面的処罰の相手側の共犯の成否をめぐって、判例は、弁護士法72条（非弁活動の禁止）違反に関連して、依頼した者の共犯

責任につき、「ある犯罪が成立するについて当然予想され、むしろそのために欠くことができない関与行為について、これを処罰する規定がない以上、これを、関与を受けた側の可罰的な行為の教唆もしくは幇助として処罰することは、原則として、法の意図しないところと解すべきである」（最判昭和43・12・24刑集22-13-1625）として、共犯の成立を否定している。

　上記判例は、立法者が、必然的に想定される対向関係にある一方の行為だけを処罰の対象とし、他方を不処罰としている以上、不処罰とされている側の関与行為は処罰しない趣旨であると理解するものである（立法者意思説）。もっとも、「原則として」という留保が付されており、例外的に処罰される場合が存在することを示唆している。学説の中には、わいせつ物頒布罪を例に、単なる購入の申し込みに過ぎない場合には不可罰であるが、積極的に働きかけて目的物を売るよう仕向けた場合には教唆犯が成立すると明言するものがある（団藤433）。しかし、片面的処罰型の対向犯における他方の不処罰根拠は、必ずしも一様ではない。今日では、不処罰の理由を個別に実質的に検討した上で、法益侵害や可罰的な責任の有無を考慮して、共犯の成否を判断する見解が有力となっている（西田378-379、山口358）。

B　正犯と共犯

[1]　限縮的正犯概念と拡張的正犯概念

　犯罪事実に原因を与えた者は、本来全て正犯であるとする捉え方を拡張的正犯概念という。これに対して、構成要件に該当する行為を行った者が正犯であるという捉え方を限縮的正犯概念という。前者によれば、共犯規定は処罰を制限するものであり、とくに従犯については刑罰縮小事由として理解されることになる。これに対し、後者によれば、とくに教唆や幇助については、61条・62条によって処罰を拡張したものであり、これらの規定は刑罰拡張事由として位置づけられる。構成要件が教唆や幇助の態様も含むとすると、その輪郭が曖昧とならざるをえない。「実行」を対象とする狭い型として構成要件を捉えた方が、可罰範囲が明確となり、刑法がまずどのような行為を規律しようとしているのか、はっきりと示すことができるだろう。その上で、個々の刑罰法規で定められた構成要件該当行為の周辺に位置する教唆・幇助行為を対象に、共犯規定が補充的に処罰化してい

ると理解した方が、可罰性の積極的根拠を探る上で有用であるとともに、その限界の明確化を図るためにも有益であると考えられる。通説も、限縮的正犯概念を支持している。

[2] 正犯のタイプ

限縮的正犯概念を前提とした上で、正犯を分類すると、①単独で自ら直接犯罪を実現する場合（単独直接正犯）、②自ら手を下すことなく他人を道具のように利用して犯罪を実現する場合（間接正犯）、③他人と共同して犯罪を実現する場合（共同正犯）の３つに分類することができる。これらのうち、ここでは②の間接正犯について説明し、③の共同正犯については後述する。

[3] 間接正犯
(1) 総説

一般に、殺意をもって被害者に対して発砲するなど、自ら犯罪を実行して、構成要件的結果を実現する。これが、直接正犯である。正犯とは、（基本的）構成要件を実現する者であり、構成要件を実現したといえるためには、構成要件に該当する犯行を支配したことが必要である。人の死亡という結果に至るプロセスを意図的に操り、その犯行を支配したと認められる主体が、殺人という出来事の中心人物であり、その正犯者にほかならない。

しかし、自ら直接手を下すことなく、他人を利用して自己の犯罪を遂げる場合がある。これが、間接正犯である。例えば、医師がある患者を殺害する目的で、事情を知らない看護師に薬剤の投与を指示し、看護師が治療薬と認識しながら、医師の指示に従って投与した結果、その薬剤が実は毒薬であり、患者が死亡した場合、看護師による薬剤投与が死亡を直接惹起する客観的な原因行為ではあるが、同人には殺害の意思はなく、指示されるままに行ったに過ぎない。したがって、この看護師については、せいぜい業務上過失致死罪が問題となるだけである。この事例において、患者の死亡は、医師によって意図的にコントロールされたものであり、医師は、殺人の故意をもって、その手段として情を知らない者を利用して殺害の犯行プロセスを支配し、これを遂げているのである。ゆえに、医師こそが、故意による殺害の中心人物であり、殺人の正犯者にほかならない。

他人を利用する形態での犯罪関与としては、教唆犯の類型も存在するのであり、間接正犯との区別が問題となる。歴史的には、すぐ後に説明する共犯の従属性の程度と関連し、教唆犯の成立が阻却される場合の間隙を埋めるために、間接正犯の概念が生成してきたのであるが、今日では、実質的なその正犯性が問題とされていることに注意すべきである。

事実的には、——前述の看護師のように——介在者の行為によって犯罪結果が惹起されているにもかかわらず、その背後にある利用者が正犯とされる根拠について、従来、被利用者の道具性を根拠として、間接正犯が説明されてきたが、近時においては、介在者の答責性ないし自律性を問題とし、介在者に犯罪結果に対する答責性・自律性が欠ける場合に、背後の利用者を間接正犯と認めることができるという理解も有力となっている（例えば、山口 69）。

(2) 判例

判例でも、①刑事未成年の利用、②錯誤の利用、③適法行為の利用などの場合に、間接正犯が認められている。

①に関して、12 歳の養女に対し、常日頃から暴行を加えて自己の意のままに従わせていた養親が、同女に窃盗を命じて行わせていたケースで、最高裁は、「被告人が自己の日頃の言動に畏怖し意思を抑圧されている同女を利用して右各窃盗を行ったと認められるのであるから、たとえ所論のように同女が是非善悪の判断能力を有するものであったとしても、被告人については本件各窃盗の間接正犯が成立する」（最決昭和 58・9・21 刑集 37-7-1070）と判示している。この判例では、単に刑事未成年であるという事情だけではなく、その者に対する意思の抑圧という状況の存在によって、被告人の間接正犯性が根拠づけられているのである。したがって、刑事未成年を利用する場合であっても、是非弁別能力があり、自らの意思によって犯行を決意し、臨機応変に対処して完遂したときは、その者に犯行を指示命令した者は、間接正犯ではなく、共同正犯が成立する（最決平成 13・10・25 刑集 55-6-519）。

上掲の医師による事例が、②に該当する。第三者の錯誤を利用する場合のほか、被害者自身の錯誤を利用する場合もある。例えば、判例によれば、心中するつもりがないのに、あると誤信させて被害者自身を自殺させた場

合に、自殺関与罪ではなく、殺人罪が成立する（最判昭和33・11・21刑集12-15-3519）。

③に属するものとして、堕胎の嘱託を受けた者が、堕胎しようとしたものの、妊婦の生命に危険が生じたため、医師により中絶したケースで、受託者に、医師の正当業務行為を利用した堕胎罪の間接正犯が認められている（大判大正10・5・7刑録27-257）。このほか、近時、大麻の密輸入事件に関連して、捜査当局によりコントロールド・デリバリーが実施されたケースで、「配送業者が、捜査機関から事情を知らされ、捜査協力を要請されてその監視の下に置かれたからといって、それが被告人らからの依頼に基づく運送契約上の義務の履行としての性格を失うものということはできず、被告人らは、その意図したとおり、第三者の行為を自己の犯罪実現のための道具として利用したというに妨げない」（最決平成9・10・30刑集51-9-816）として、禁制品輸入罪の既遂が認められている。

[4] 共犯の従属性
(1) 実行従属性
かつては、共犯独自の不法性を強調し、共犯行為が行われれば可罰性が認められるとする見解も主張された。これを共犯独立性説という。この見解によれば、正犯による実行が存在しなくとも、共犯行為が存在する限り、可罰的である（実行独立性）。しかしながら、この見解は、現行法が予備罪を極めて限定的にしか規定していないにもかかわらず、予備を広く共犯として処罰する結果となり、実定法との矛盾を避けることができない。また、刑法が法益を保護するために存在し、法益の侵害ないし危険を惹起したがゆえに処罰されると考えるのであれば、正犯者が生じさせた法益の侵害・危険という事態について、共犯者も間接的に加担した点に、処罰の根拠を求めるべきであり（後述・共犯の処罰根拠参照）、正犯による法益侵害と関係づけられた共犯の不法に、可罰性の根拠が存在すると考えるのが妥当である。そうだとすれば、正犯と切り離された共犯独自の不法のみに基づいて処罰を正当化することはできない。ゆえに、共犯が成立するための要件として、正犯の実行が不可欠であると解すべきである（実行従属性）。今日では、実行従属性は広く承認されており、これを不要とする共犯独立性説の主張は

見られない。

(2) 要素従属性

　実行従属性のほかに、さらに共犯成立の要件として、正犯が具備すべき要素の程度も問題となる。つまり、正犯がどのような要素を具えている場合に、共犯の成立が認められるのかという問題である。これを要素従属性とよぶ（図8-2）。

最小従属形式：正犯の構成要件該当性
制限従属形式：正犯の構成要件該当性＋違法性
極端従属形式：正犯の構成要件該当性＋違法性＋責任
誇張従属形式：正犯の構成要件該当性＋違法性＋責任＋その他の事由

図 8-2　共犯の成立にとって必要な正犯の要素

　この問題は、歴史的には、教唆犯と間接正犯との境界線という役割を担っていた。というのも、共犯の成立が否定されることによって生じた処罰の間隙を解消するために、間接正犯概念が機能していたからである。最小従属形式を採る場合が、最も広く共犯の成立を肯定することができ、誇張従属形式を採った場合には、共犯の成立が最も狭くなる。とくに極端従属形式によるべきか、制限従属形式を採るべきかを主たる争点として、議論が展開された。通説的見解は、制限従属形式を支持している。もっとも、今日では、間接正犯の成否と共犯の要素従属性との関連性は、非常に相対的なものとなっている。間接正犯の問題は、必ずしも共犯の要素従属性の程度によって左右されるのではなく、正犯性の実質的な論証によって解決されるべきものである。

[5] 共犯の処罰根拠

　共犯の処罰根拠をめぐって、責任共犯論と因果的共犯論とに大別することができる。責任共犯論は、とくに教唆犯を想定し、他人を堕落させ、罪責に陥れた点に処罰根拠を求める見解である。これは、正犯とはまったく異なる根拠によって共犯の処罰を考えるものであるが、反倫理性を強く反映する見解であり、今日では支持する者は見られない。

因果的共犯論とは、共犯も、正犯とともに法益侵害を惹起したり、それに関与したがゆえに処罰されると考える見解である。刑法の任務が法益保護にある以上、法益の侵害ないし危険と無関係な行為を処罰することは、正当化されえない。この意味で、共犯行為も、法益の侵害・危険と因果性を有することが、処罰の必要条件と理解すべきである。このような因果的共犯論が、今日の支配的見解となっている。

　もっとも、因果的共犯論といっても、その中にはバリエーションが存在し、例えば、法益侵害結果との因果性をもって、共犯処罰を認める見解（純粋惹起説）や、正犯不法への従属と共犯独自の不法に基づいて処罰されると説く見解（混合惹起説）などに分かれている。前者によれば、結果との間に何らかの因果性が存在すれば、共犯として可罰的であるという結論に赴く。しかし、可罰範囲が広汎にわたる懸念もあり、その限定についても、今日では意識されている。後者は、正犯結果との因果性ばかりでなく、共犯自体の不法性も考慮する点で、一定の限定を図る１つの試みと評価することができる。両者の違いは、しばしば共犯に関する解釈上の問題を解決するにあたって、表面化する。

2　共同正犯

A　総説

　ＸとＹが犯行を共同にする意思の下に、①ともに殺意をもって被害者Ａに対して発砲したり、②強盗目的で、Ｘが被害者Ｂを押さえつけ、ＹがＢのポケットから財物を取った場合に、もし刑法60条が存在しないとすると、どのように処理されることになるであろうか。①の事例では、例えば、Ｘの弾丸が当たり、これが致命傷となってＡは死亡したが、Ｙの弾丸は当たらなかったとすると、Ｘは殺人既遂罪、Ｙは殺人未遂罪という結論も成立しうるし、もしいずれかの弾丸が命中しＡが死亡したことは疑いないが、どちらの発砲によるものかを立証できない場合には、ＸおよびＹに殺人既遂罪の罪責を問うことが困難となる。なぜなら、Ｘの行為とＡ

の死亡、Y の行為と A の死亡との間の因果関係が不明だからである。②の事例に関しても、X に暴行罪、Y に窃盗罪という可能性も残る。しかし、ここに示した結論は、合理的とはいえないだろう。なぜなら、X と Y がともに犯行について合意し、これに基づいて犯罪の実行に及んでいる事実が認められるのである。このように相互に協力して犯罪結果を実現したのであれば、X と Y の行為を、それぞれ個別に分析するのではなく、両名の共同による犯行として総合的に検討することが妥当である。その結果として、犯行の共同実現によって惹起された事態の全てを対象に、相互に目指した構成要件を当てはめて、等しく正犯責任を問うことも正当化しうる。刑法60 条は、「二人以上共同して犯罪を実行した者は、すべて正犯とする」と定め、この趣旨を明らかにしている。すなわち、先に挙げた①の事例では、どちらか一方の弾丸しか当たらなかったり、あるいはいずれの発砲によるものか不明であったとしても、両名は共同正犯として殺人既遂罪の罪責を免れないし、また②の事例に関しても、両名ともに、強盗罪の共同正犯として処罰されるのである。このような効果を指して、「一部実行・全部責任」ということがある。

　これに対して、意思連絡なくまったく偶然に、同時に犯行が行われた場合（同時犯）であれば、単独犯が競合したに過ぎないから、各別に結果との因果関係の存在が立証されない限り、発生した結果に対する刑事責任を問うことはできない。ただし、傷害の場合については、207 条に特則が定められており、同時犯であっても、共犯の例によることとされている。

B　成立要件

　共同正犯が成立するためには、複数の者が「共同して犯罪を実行」することが必要である。

[1]　客観的要件―犯罪の共同実行

　共犯者各自が構成要件の実現を目指して実行行為を分担して行う場合を実行共同正犯という。構成要件を実現する段階において、相互に実行行為を分担し合って犯行を遂行する場合である。60 条が予定する典型的な場合だといってよい。

問題は、犯罪遂行の意思を共有する共謀に参加したが、実行には加担していない関与者の取り扱いについてである。共謀には加わったが、犯罪の分担実行を行っていない者に関しても、共謀者中の誰かが実行に及んだことを条件として、共謀者全員を共同正犯とする場合を指して、一実行共同正犯と区別して一共謀共同正犯という。判例は、古くからこれを肯定している。大審院は、当初、知能犯に関して認めたが、その後、広く一般的に肯定するに至った。共謀共同正犯の理論的根拠として主張されたのが、共同意思主体説である。しかし、学説の多くは、60条の文言上、分担実行が必要であると解する立場から、共謀共同正犯を否認するとともに、共同意思主体説に対して、団体主義に基づく処罰であって、刑法が前提とする個人主義に反すると厳しく批判した。

最高裁も、共謀共同正犯を肯定する立場を堅持している。戦後のリーディング・ケースとされるのが、練馬事件判決である。最高裁は、団体主義的であるとする学説の批判を意識して、共謀共同正犯を認める根拠について、この判決の中で次のように述べている。「共謀共同正犯が成立するには、二人以上の者が、特定の犯罪を行うため、共同意思の下に一体となって互に他人の行為を利用し、各自の意思を実行に移すことを内容とする謀議をなし、よって犯罪を実行した事実が認められなければならない。したがって右のような関係において共謀に参加した事実が認められる以上、直接実行行為に関与しない者でも、他人の行為をいわば自己の手段として犯罪を行ったという意味において、その間刑責の成立に差異を生ずると解すべき理由はない。さればこの関係において実行行為に直接関与したかどうか、その分担または役割のいかんは右共犯の刑責じたいの成立を左右するものではないと解するを相当とする」（最大判昭和33・5・28刑集12-8-1718）と。さらに、共謀が「罪となるべき事実」にあたり、厳格な証明を要することを明らかにした。

この判決を契機として、学説上も、個人責任原則に基づいた共謀共同正犯理論の構築やその正当化に関する探究が本格化し、今日では、共同正犯成立の範囲について広狭の差こそあれ、これを肯定する見解が多数を占めるに至っている。共謀共同正犯を肯定する理論的根拠として、間接正犯類似説（藤木288）、重要な寄与に基づく共同惹起説（西田349-351、山口340-341、

佐伯404）などが主張されている。

[2] 主観的要件
(1) 故意・過失

　犯罪が成立するためには、行為者に故意・過失が存在しなければならない。したがって、共同正犯の場合にも、各行為者において故意・過失を具備することが必要である。もっとも、共同行為者全員に、同一の構成要件に関する共通の故意が存在しなければならないというわけではない。Aに対しXとYが共同して石を投げたが、その際Xは傷害の故意で、Yは殺人の故意をもって投石した場合に、XおよびYが、両名の共同行為によって惹起された事実であるAの死亡という結果に対して、責任を負うことは明らかである。しかし、Xは傷害の故意で、Yは殺人の故意で実行に及んでいるのであり、Yに殺人罪の共同正犯が成立することに問題はないが、Xについては傷害致死罪の限度で、共同正犯が認められる。この結論にみられるように、傷害罪と殺人罪というように異なる構成要件であっても、それらの重なりが認められる範囲で、罪名を異にする共同正犯の成立を認めることは妨げられない。判例も、暴行・傷害を共謀したが、そのうちの1人が未必の殺意をもって実行に及び殺害した事案において、殺意のなかった共犯者につき、「殺人罪の共同正犯と傷害致死罪の共同正犯の構成要件が重なり合う限度で軽い傷害致死罪の共同正犯が成立するものと解すべきである」（最決昭和54・4・13刑集33-3-179）と判示している。

(2) 犯行の共同遂行の意思

　各行為者が故意・過失を具備しているだけでなく、共同正犯が成立するためには、行為者間において犯行を共同して行うという認識（意思の連絡ともいう。共謀も同義）が必要である。このような共通の認識こそ、各自の行為を1つの共同行為に統合する機能を担う要素であり、全体結果（事態）の連帯的帰責を正当化する重要な契機であるといえよう。

　このような認識は相互的に共有されていて、はじめて自己の行為が全体の一部分を構成しているものであることを認識させ、相互にその役割を適切に遂行することによって犯罪の共同実現が可能となる。この点に、行為者各自に結果全体に対する正犯責任を帰する根拠を見出すとすれば、行為

者相互に犯行を共同にする認識が共有されていることが、共同正犯を認めるための必須の要件となる。したがって、一方に共同犯行の意思が存在するにもかかわらず、他方にこれが欠けるという場合（片面的共同正犯）には、共同正犯は認められない（前田343など。しかし、近時、因果的共犯論の見地から、意思連絡の有無にかかわらず、結果との物理的因果性が認められる限り、片面的共同正犯も可能であるとする見解も有力である〔西田355、山口367〕）。判例も、片面的共同正犯を否認している（大判大正11・2・25刑集1-79）。他方、従犯については、片面的であっても成立する（後述）。

　犯行を共同して行うという相互的な認識は、犯行当初から存在している場合に限らず、順次的に形成されることもある（前出練馬事件でも、順次的共謀の成立が認められている）。また、共犯者相互間で明示的に交わされる場合のほか、黙示的によっても可能である。判例によれば、例えば、スワットとよばれる暴力団組織幹部の警護を担当する者が、組長の護衛にあたっていた際に、拳銃を携行していた事案に関して、組長である被告人につき、「スワットらが自発的に被告人を警護するために本件けん銃等を所持していることを確定的に認識しながら、それを当然のこととして受け入れて認容していたものであり、そのことをスワットらも承知していた」として、けん銃等の所持に関する黙示的な意思連絡を認定し、組長にもけん銃等不法所持罪の共同正犯を認めている（最決平成15・5・1刑集57-5-507、同旨最決平成17・11・29裁判集刑事288-543。さらに、最判平成21・10・19裁判集刑事297-489）。

(3) 過失犯と共同正犯

　XとYがお互いに意思を通じてAに対して暴行を加え、その結果、Aが死亡した場合、Aの死亡を惹起する原因となる暴行がXによってなされていたとしても、あるいは死亡の原因がXYのいずれの暴行によるものであるのかを特定することができなかったとしても、60条の適用によって、XおよびYは傷害致死罪の共同正犯の罪責を負う。傷害致死罪は、結果的加重犯の典型であり、故意基本行為である暴行・傷害に関する共同犯行の認識が存在し、その共同行為によって重い結果である死亡という事態が惹起されたのであれば、傷害致死罪の共同正犯を認めることに支障はない。このように、故意基本犯を前提とする結果的加重犯に関しては、一般に共同正犯の成立が認められている（前田348など）。通説的理解によれば、傷害

致死罪は故意犯（暴行・傷害行為）と過失犯（過失致死）とが複合する犯罪形態であるので、もしその共同正犯を認めるとすると、部分的には過失犯の共同正犯を認める効果を伴うという理解も可能である。

　しかし、過失犯自体の共同正犯の成立については、学説上、争いがあり、伝統的には、むしろこれを否定する見解が根強く主張されてきた。その最大の理由は、故意犯の場合には、結果の認識がその内容となっているので、そのような結果を共同して実現する意思の存在も容易に認められるが、過失犯はそもそも結果発生の認識・認容を欠いている場合に成立するのであって、結果を共同に実現する意思は存在しないという点にある。この点をめぐっては、従来、共同正犯は何を共同にするのかというテーマの下で、犯罪を共同にするものであるとする見解（犯罪共同説）と行為を共同にすることで足りるとする見解（行為共同説）との対立を反映して、前説では過失共同正犯が否定され、後説によれば肯定されるというように整理されてきた。

　だが、犯罪共同説を維持しながら、過失共同正犯を認める見解も見られるなど、両説と過失共同正犯の成否との理論的な結合関係は、今日、希薄化している。共同正犯の効果が、分業による協働現象に基づいて導かれるとするならば、行為者間において協働に関する認識の共有による共同行為が存在し、かつ相互の不注意によって構成要件的結果（事態）を発生させた場合に、60条の適用を排除する理由は見当たらないというべきだろう。この限りで、共同正犯を故意犯の場合に限定する見解は、必ずしも適切とはいえない。学説の多くも、現在では、過失共同正犯を肯定している（前田369-371、山口I 384など）。

　大審院の判例の中には、共犯に関する総則について過失犯への適用を否定するもの（大判明治44・3・16刑録17-380）も存在したが、最高裁は、被告人両名が経営する飲食店において、法定の除外量以上のメタノールを販売したケースにつき、有毒飲食物等取締令4条に基づく過失による違反を認めた上、「被告人等は、その意思を連絡して販売をしたというのであるから、此点において被告人に両名の間に共犯関係の成立を認めるのを相当とするのであって原判決がこれに対し刑法60条を適用したのは正当」（最判昭和28・1・23刑集7-1-30）と判示している。このほか、下級審の裁判例において

も、例えば、被告人両名が適切な遮蔽措置を講じることなく、溶接作業を行ったため、現住建造物を焼燬させるに至ったケースにつき、業務上失火罪の共同正犯を認めたもの（名古屋高判昭和61・9・30高刑集39-4-371）がある。もっとも、過失犯の領域では、統一的正犯概念が妥当し、各行為者の過失行為によって危険の増加が認められる限り、全体の結果に対する過失正犯（単独犯）が成立し、60条を適用する必要性はないとする主張もある。

C　共同正犯の諸問題
[1] 承継的共同正犯
(1) 問題の所在

ある者がすでに犯行を行っている段階で、他の者がそれに中途介入して、以後先行者と共同して犯罪を遂行する場合を承継的共同正犯とよぶ。この場合に、後行者において共同正犯として負うべき責任の範囲が問題となる。

(2) 学説

先行者によってすでに実現された部分を含めて共同正犯を認める積極説と、関与以後の責任を負うに過ぎないと解する消極説とが対立している。学説上、かつては積極説が多数を占めていたが、因果的共犯論が支配的となるのに伴って、次第に消極説が有力化し、現在では多数説となっている。共犯者も間接的に法益侵害を惹起したことを根拠として処罰されると考える限り、先行者によってすでに実現された部分につき、後行共犯者が共犯責任を問われる理由はない。したがって、例えば、先行者が強盗目的で被害者に暴行を加え、傷害結果を生じさせた後、後行者が関与し、先行者とともに抵抗不能状態の被害者から財物を盗取したという場合、後行者は先行者によってすでに惹起された傷害結果に対する共同正犯の責任を負うことはない。この点については、今日、異論はない。

現在の争点は、上記の事例に関していうと、後行者における強盗罪の共同正犯の成否に移っている。この場合に、傷害「結果」の承継を否定しつつ、抵抗不能状態を利用する限度で積極的な承継を認め、強盗全体の共同正犯とする限定積極説（藤木291）も有力である。一方、消極説を前提としながら、このような状態での関与行為自体を不作為による強取と評価する見解（山口374）も見られる。他方、強盗罪の共同正犯を否定しつつ、強盗罪

の従犯と解する見解（井田 477・491、高橋 461）も主張されている。

(3) 判例の見解

かつては、従犯に関する積極的な承継を認めた大審院の判例（後述）が存在することもあり、承継的共同正犯を積極に解する裁判例が主流となっていた。しかし、近時、最高裁は、傷害罪の事案に関して、X らによる暴行が行われた後で中途関与し、その後共同して暴行を加え被害者 A らに傷害を負わせた被告人につき、「共謀加担前に X らが既に生じさせていた傷害結果については、被告人の共謀及びそれに基づく行為がこれと因果関係を有することはないから、傷害罪の共同正犯としての責任を負うことはなく、共謀加担後の傷害を引き起こすに足りる暴行によって A らの傷害の発生に寄与したことについてのみ、傷害罪の共同正犯としての責任を負うと解するのが相当である」（最決平成 24・11・6 刑集 66-11-1281）と判示するに至っている。これにより、関与前に生じた結果に対する承継が否定されることは明らかとなった。残された問題は、前述の強盗や詐欺などの場合における中途関与者の罪責についてであるが、下級審の裁判例では、中途関与者に対しても、強盗罪・詐欺罪全体の共同正犯の成立がほぼ認められている。

[2] 共同正犯からの離脱

(1) 問題の所在

承継的共同正犯は犯行に中途から関与した共犯者の罪責について、関与前の部分に対する共犯責任の成否を問題としたが、犯行の意思を通じながら、その共犯者の一部の者が中途で離脱した場合に、他の共犯者によってそのまま犯行が継続されたとすると、この中途離脱者について、離脱以後の結果に対する共犯責任の成否が問題となる。これが、共犯からの離脱とよばれる問題である。

(2) 因果的共犯論の立場

因果的共犯論によれば、共犯者は惹起された不法事態と因果性をもつことを根拠に処罰される。共同正犯の場合においても、他の共犯者との意思連絡を介して心理的な因果性を与えたり、あるいは物理的な寄与による因果性に基づいて、実現された結果に対する共犯の成立が認められる。した

がって、中途離脱によって、離脱者と他の者との共犯関係が解消され、離脱後、残りの共犯者によって実現された結果に対して影響を与えていない、すなわちその結果に対する因果性が遮断されたと認められるのであれば、離脱者については、離脱以後に実現された結果に対する因果性の欠如に基づき、もはや共犯責任を負うことはなく、共犯の成立が否定される（この見解を因果性遮断説という。西田 368、山口 377 など）。

　以上のように、離脱前の寄与による離脱後の犯行への影響を、離脱者において排除しているのであれば、もはや離脱後に他の共犯者によって実現された事態につき、そもそも共犯としての罪責を負わないのであり、共犯の成立自体が否定される。そして、離脱者の罪責が未遂に止まる場合には、もしその離脱行為が中止犯の要件（43 条ただし書）を具備するのであれば、離脱者に刑の必要的減免という効果を認めることができる。このように、離脱者の罪責を検討する際、因果的共犯論によれば、共犯成立の問題と中止犯の問題とは区別して検討されることになる。

(3) 具体的な検討

　共謀は成立したが、共犯者による犯行の着手前に、共謀関係から離脱した場合には、もし共謀を通じた他の共犯者との心理的因果性だけが問題となるに過ぎないとすれば、一般に、離脱者がその意思を表明し、かつ他の共謀者がこれを了承することによって、これらの共謀関係にあった者との心理的な因果性が打ち消され、その後の他の共謀者によって行われた犯行への因果的影響は失われたとみることができるだろう（西田 368）。したがって、離脱者は、離脱後に他の共犯者による犯行の遂行に対して共犯責任を問われることはない。例えば、下級審の裁判例にも、窃盗を共謀し現場に赴く途中で、執行猶予中であることから翻意して、犯行をやめたというケースにつき、離脱の意思の表明と他の共犯者による了解により、窃盗の共犯を否定したものがある（東京高判昭和 25・9・14 高刑集 3-3-407）。

　もっとも、離脱者が首謀者の立場にあったという場合には、離脱意思の表明と他の者による了承だけでは、心理的因果性を消滅させるには足りず、積極的に犯行を阻止したり、共謀を白紙にし、他の共謀者が新たな共謀に基づいて犯行に出たと認められることが必要であると解されている（例えば、西田 369-370。松江地判昭和 51・11・2 刑月 8-11=12-495 参照）。

また、それまでの離脱者の寄与と離脱後の他の共犯者による犯行遂行との因果性が問題となるのであるから、離脱者が以後の共犯責任を否定されるためには、離脱前に行った寄与について、その後の犯行への影響を排除する必要がある。例えば、住居侵入・強盗を共謀し、他の共犯者が住居に侵入し、強盗に着手する前の段階で、見張り役の共犯者が現場付近に人が集まってきたのを見て、犯行の発覚をおそれて侵入した共犯者らに電話をかけ、やめて出てきた方がいい、先に帰るなどと一方的に伝えたが、共犯者らが犯行を続けて強盗を行い、被害者を負傷させたというケースについて、見張り役の共犯者と一緒に現場から立ち去った被告人に関し、最高裁は、「以後の犯行を防止する措置を講ずることなく待機していた場所から見張り役らと共に離脱したにすぎ」ないとして、離脱による当初の共謀関係の解消を認めず、離脱後における残された共犯者らによる強盗致傷についても共同正犯の責任を負うと判示している（最決平成21・6・30刑集63-5-475）。このほか、実行着手後の離脱の場合につき、XY両名は意思を通じて被害者を殴打し、その後Xが、「おれ帰る」と言い残して立ち去った後、なおYが暴行を加えた結果、被害者が死亡したが、死亡結果について、Xが立ち去る以前の暴行によるものか、立ち去った後のYの暴行によるものか特定できなかったというケースで、「Yにおいてなお制裁を加えるおそれが消滅していなかったのに、被告人（筆者注：X）において格別これを防止する措置を講ずることなく、成り行きに任せて現場を去ったに過ぎない」として、離脱による当初の共犯関係の解消を否定し、Xに傷害致死罪の共同正犯の責任が肯定されている（最決平成1・6・26刑集43-6-567）。

(4) 共同正犯と中止犯

　共同正犯者全員が、実行に着手したものの、任意に中止したとすれば、全員について中止犯が成立する。しかし、共同正犯者の一部の者が犯行を中途放棄して中止する場合には、他の共犯者による結果の発生を防止する必要がある（大判大正12・7・2刑集2-610）。判例によれば、XY両名が、A宅に強盗に入り包丁を突き付けて金を出せと脅迫したところ、Aの妻Bが現金900円を差し出したところ、Xはお前の家も金がないのならばその様な金はとらんと言い残して、Yに帰ろうと言って外に出たが、Yがそのまま受け取ったというケースで、Xの罪責につき、共謀者Yが「強取すること

を阻止せず放任した以上、……被告人（筆者注：X）のみを中止犯として論ずることはできない」として、強盗既遂の罪責を免れない（最判昭和24・12・17刑集3-12-2028）。

[3] 予備罪と共同正犯

(1) 問題の所在

現行刑法では、多くの犯罪類型について未遂を処罰する規定が置かれているほか、一部の犯罪についてはさらにその予備を処罰する規定が設けられており、構成要件上、当該の罪を犯す目的をもって行われる予備行為が処罰の対象とされている。予備罪を処罰する規定が存在することを前提に、その罪を犯す目的をもってする準備は、直ちに予備罪を構成する。

(2) 学説

このような予備罪に関して、60条以下の共犯規定の適用の可否をめぐって争いがある。大別すれば、適用説と非適用説とに区別される。非適用説は、共犯の規定形式に照らして、「実行」に限って処罰拡張事由としての共犯規定の適用が認められ、実行にはあたらない予備に関して共犯規定の適用はなく、予備罪に対する共犯の成立を否定する（大塚324、佐久間391）。このような解釈の背景には、当罰性の極めて低い行為も、処罰の対象となるという懸念が控えている。一方、適用説は、予備罪においても、その実行は存在するのであるから、共犯規定の適用を排除する解釈上の必然性は認められないと主張する（平野Ⅱ351、西田391、前田328、山口329）。

そこで、例えば、AB両名が殺人を共謀し、これに基づいてBが準備行為を行った段階で発覚し、実行の着手に至らず、Aが準備を行っていなかった場合、共謀共同正犯を前提とする限り、適用説によればAも殺人予備罪の共同正犯の罪責を負う。しかし、非適用説によれば、Aは不可罰となろう。

(3) 判例の見解

予備と共犯の問題を争点とし、下級審において判断が分かれた事案がある。この事案は、被告人Xにおいて、YがAを殺害する目的であることを知りながら、Yの依頼に基づいて青酸ソーダを入手してこれをYに手交したというものである（ただし、その後、Yは、この青酸ソーダを用いることな

く、Zと共謀しAを絞殺している）。検察官は、Xにつき、殺人予備で起訴した。しかし、第1審は、殺人予備罪が成立するためには、行為者が自ら殺人の意図をもって、その準備行為をすることが必要であるとして、検察官の主張を退け、Xを殺人予備罪の従犯として処断した（名古屋地判昭和36・4・28下刑集3-3=4-378）。これに対して、控訴審は、予備罪に対する従犯の成否について、予備罪の実行行為が無定型、無限定であるのに加えて、従犯の行為も同様であって、予備罪の従犯を処罰するとすれば、その正犯の場合にもまして著しく拡張される危険があることなどから、予備罪の従犯を処罰するのは、とくに明文の規定がある場合（例えば、内乱予備幇助〔79条〕のような）に制限され、これ以外は一般に不処罰と解すべきであるとの解釈を示し、被告人Xに、殺人予備の幇助ではなく、殺人予備罪の共同正犯の罪責を認めた（名古屋高判昭和36・11・27高刑集14-9-635）。上告を受けた最高裁は、特段の理由を示すことなく、「被告人の判示所為を殺人予備罪の共同正犯に問擬した原判決の判断は正当と認める」（最決昭和37・11・8刑集16-11-1522）と述べて、上告を棄却した。

　予備罪に対する狭義の共犯規定の適用の有無に関しては、なお明確とはいえないものの、判例は、少なくとも予備罪の共同正犯についてはその成立を肯定しているといえよう。また、共謀共同正犯を前提とすれば、他人予備の意思であった場合でも、予備行為の目的となっている罪を認識しながら、共謀を行っている事実が存在するのであれば、予備罪の共謀共同正犯が認められる可能性もあるように思われる。

　一般に従犯の成立につき正犯の実行が必要であり、被幇助者が実行に及ばない限り、不可罰であると解されているのであるが、予備の従犯を認めるとすると、この部分が可罰化されるという効果を生じることになる。実行概念が相対化されうるとしても、共犯における実行従属性との整合性について、なお解釈上検討を要する。また、予備の従犯に該当しうる行為が、刑罰の対象として処罰に値する危険性を十分に具備するものかどうかという実質的な観点についても、慎重な考慮が必要であろう。

[4] 共同正犯と錯誤

　共同正犯関係にある者（の一部）において、現実に発生した事態との間で、

その認識が食い違っている場合には、錯誤の問題が生じる。その結果に対する故意の成否について、基本的には、単独犯の場合と同様に、錯誤論の応用によって解決されることになる。

(1) 異なる構成要件間の錯誤

例えば、XとYがA宅での住居侵入・窃盗を共謀したが、実行したYにおいて家人に発見され、強盗を行ったという場合である。Yに住居侵入罪・強盗罪が成立することは明らかである。問題は、Xの罪責についてである。Xは窃盗の犯意しかもっていなかったのであるから、強盗罪を認めることはできない。しかし、強盗罪と窃盗罪とは、構成要件上、窃盗の限度で重なり合っており、窃盗罪の限度で共同正犯を認めることは可能である。判例もこの結論を認めている（最判昭和23・5・1刑集2-5-435）。もっとも、この判例は、Xには強盗罪の共同正犯が成立するが、窃盗の限度で処断するという趣旨にも読み取ることができ、同一の罪名に対する共犯の成立しか認めない完全犯罪共同説を採ったものという理解も可能であった。しかし、その後、傷害を共謀したが、共犯者の1人が被害者の言動に激高し未必の殺意をもって刺殺したケースで、最高裁は、殺意のない共犯者につき、「殺人罪の共同正犯と傷害致死罪の共同正犯の構成要件が重なり合う限度で軽い傷害致死罪の共同正犯が成立する」（最決昭和54・4・13刑集33-3-179）と判示しており、少なくとも、完全犯罪共同説を排除していると考えることができる。さらに、いわゆるシャクティパット事件でも、殺意がなかった親族につき、未必の殺意が認められた（親族関係にない）者との間において、保護責任者遺棄致死罪の限度で共同正犯の成立が認められている（最決平成17・7・4刑集59-6-403）。

(2) 同一構成要件内の錯誤

XとYが、Aの殺害を共謀し、YがAだと思って発砲したところ、実はBだったという場合、Yにとっては客体の錯誤であり、具体的符合説、法定的符合説いずれの見解によっても、Yに殺人罪の故意が認められる。Xもその現場に現在し、Yと同様に狙った被害者をAだと認識していたとすれば、Xにとっても、客体の錯誤であり、殺人罪の故意が認められる。しかし、Xが共謀に参加しただけだったという場合には、XはAの殺害を意図していたにもかかわらず、実際にはBが死亡しているのであり、方法

212 ■ 第8章 ■ 共犯

の錯誤にあたると考えることもできる。法定的符合説による限り、客体の錯誤の場合と結論に変わりはないが、具体的符合説による場合には、結論が変わってくる可能性もある。もし、Xにとっては方法の錯誤にあたると解するのであれば、Xの罪責につき、殺人罪の故意は否定されて、Bに対する過失致死罪ということになるだろう（西田231参照）。これに対して、YによってAと特定された者とXの認識とが重なり合っていることを根拠に、なお客体の錯誤にあたり、Bに対する殺人の故意を肯定できるとする見解（山口362）もある。

XとYが、Aの殺害を共謀し、Yが殺意をもってAに向けて発砲したが、弾丸が逸れて、付近にいたBに命中し、死亡させたという場合には、Yにとっても、またXにとっても方法の錯誤である。法定的符合説によれば、両名はBに対する殺人罪の共同正犯である。一方、具体的符合説によると、まずXYに、Aに対する殺人未遂罪の共同正犯が成立する。さらに、XおよびYそれぞれに過失が存在することを前提として、Bに対する過失致死罪も成立する。なお、この場合に、理論的には、①各別に過失致死罪を認める、②実行段階における共同行為の存在に基づき、過失致死罪の共同正犯を認めるという処理が考えられよう。

3 教唆犯

A 総説

狭義の共犯の種類として、現行刑法は教唆犯と従犯を規定している。教唆犯については、「人を教唆して犯罪を実行させた者には、正犯の刑を科する」（61条）と定められており、正犯と同様の法的効果が認められている。従犯については「正犯の刑を減軽する」（63条）と規定されており、刑の必要的減軽が認められているのに対して、教唆犯は、正犯と同じ取り扱いとなっている。これは、教唆犯が、犯罪の実行そのものを行うわけではないが、犯罪行為者を新たに作り出し、その者を通じて犯罪を行わせている点で、正犯に勝るとも劣らない反社会性を帯びていると評価されたからであ

ろう。ただし、「拘留又は科料のみに処すべき罪」に対する教唆は、特別の規定がなければ罰せられないことになっている（64条）。なお、日本では、実務上、共謀共同正犯が認められていることもあり、教唆犯として処理される事案は、極めて少ない。

B 教唆の概念

[1] 意義

　教唆とは、人に犯罪実行の決意を生じさせることをいう。その手段・方法についてとくに制限はない。必ずしも明示的である必要はなく、暗示的な場合にも成立する（大判昭和9・9・29刑集13-1245）。また、犯罪の対象を具体的に特定する必要はない（最判昭和28・3・5刑集7-3-510）が、単に漠然と犯罪をそそのかすだけでは、教唆にあたらない。判例によれば、「教唆犯の成立には、ただ漠然と特定しない犯罪を惹起せしめるに過ぎないような行為だけでは足りないけれども、いやしくも一定の犯罪を実行する決意を相手方に生ぜしめるものであれば足りるものであつて、これを生ぜしめる手段、方法が指示たると指揮たると、命令たると嘱託たると、誘導たると慫慂たるとその他の方法たるとを問うものではない」（最判昭和26・12・6刑集5-13-2485）。すでに犯行の決意をある程度有していると認められる事情が存在するとしても、その者に依頼することによって、犯罪遂行の意思を確定させた場合には、教唆にあたる（最決平成18・11・21刑集60-9-770）。なお、複数人が共同して教唆行為を行った場合に、判例は共同教唆として60条の適用を認めている（最判昭和23・10・23刑集2-11-1386）が、文理上の疑問のほか、共犯処罰の限定性を失わせるとして、これに対する批判（山口342）も有力である。

[2] 教唆と過失

　教唆と過失をめぐる問題は、2つに区別される。1つは、過失による教唆の成否であり、他の1つは過失犯に対する教唆の成否である。

（1）過失による教唆

　例えば、「XがAに対して、Vを非難する内容の言動を行ったところ、普段から激しやすいAが憤激し、Vを殺害する決意をし、実行したような

場合」（注釈（1）908〔嶋矢貴之〕）が例として挙げられている。Xに殺人罪に対する過失による教唆犯を肯定する見解も見られるが、通説は、これを否定している。その理由は、①教唆という文言に照らして、そもそも過失による場合を教唆ということはできない、②故意犯処罰の原則に基づいて、過失犯を処罰する場合には特別の規定に拠らなければならないが、過失による教唆を処罰する規定が欠けている（山口381）などの点に求められている。したがって、通説的見地によれば、正犯者の決意を喚起させた原因となる行為が過失行為に該当するのであれば、過失犯の処罰規定を前提として、その過失犯の成否が問題となる。

(2) 過失犯に対する教唆

　患者を殺害する意思をもって、医師が情を知らない看護師に対して、自己の処方した毒薬を渡し、看護師がそのまま患者に服用させたという事例について、看護師に過失が存在する限り、過失致死罪の罪責が認められる。この場合に、医師の罪責につき、過失致死罪に対する故意による教唆犯の成立を認めて、殺人罪の法定刑で処断したり、あるいは端的に殺人教唆罪として処理することも、理論上は可能である。しかし、通説は、教唆の概念上、過失犯に対する教唆を認めることはできないとして、一般に殺人罪の間接正犯と解している（井田488）。

　なお、結果的加重犯に対する教唆犯の成立は妨げられない。基本行為が故意犯である限り、それに対する教唆は可能である。判例も、これを肯定している（大判大正13・4・29刑集3-387）。

C　成立要件

[1] 客観的要件

　教唆犯が成立するためには、教唆行為が行われるだけでなく、被教唆者が犯罪遂行を決意し、実行に出ることが必要である（共犯の実行従属性）。したがって、教唆行為は行ったが、非教唆者が犯罪の決意を喚起するには至らなかった場合、および被教唆者が犯罪を決意したものの、実行の着手には至らなかった場合は、いずれも教唆の未遂に止まり、教唆犯の成立はなく不可罰である（ただし、特別法には、教唆行為自体を独立して処罰する趣旨の規定がある。その例として、破壊活動防止法38条・秘密保護法5条等の「教唆」、国家公務

員法 98 条 2 項の「そそのかし」を挙げることができる）。被教唆者が犯罪の実行に着手することにより、はじめて教唆犯が成立し、既遂に至れば既遂罪の、既遂に至らなかった場合には、その未遂罪の教唆犯である。

　ここにいう実行を「実行行為」に限定する見解によれば、予備に対する教唆犯は認められない（大塚 316、佐久間 388）。しかし、多数説は、予備行為者も正犯に含まれると解し、予備罪に対する教唆犯の成立を認めている（大谷 442、山口 329、井田 488）。

[2] 主観的要件

　教唆犯が成立するための主観的要件として、一過失による教唆および過失犯に対する教唆を除くことを前提に一まず特定の犯罪に対する認識、すなわち故意が存在することを要する。そして、教唆、すなわち、他人に犯罪の実行を決意させるという認識が必要である。かつては、共犯の従属性を強調して、被教唆者が客観的に犯罪を実行した以上、教唆犯が成立するのであり、教唆犯の故意は、被教唆者に犯罪を実行する決意をおこさせる意思で足りる（団藤 407）と解されていた。しかし、共犯の処罰根拠を間接的な法益侵害に求める見地（因果的共犯論）から、共犯成立における正犯結果との因果性が重視されるのに伴い、教唆犯の主観的要件として、正犯結果に対する認識を必要とする見解が多い（西田 339 など）。

　この結果、初めから未遂に終わらせる意思で人に犯罪遂行の決意をさせる場合（未遂の教唆・アジャン・プロヴォカトゥール）について、従来は教唆犯肯定説が多数を占めていたが、現在では、正犯結果・法益侵害結果に対する認識の欠如を理由に、教唆犯の成立を否定する見解が多数となっている（西田 399、山口 335、井田 484、高橋 479）。

D　教唆と錯誤

　教唆犯は、正犯者に犯行を委ねているので、単独犯の場合と比較して、教唆者の認識と正犯によって実際に実現された事態との間に、食い違いが生じることも少なくない。正犯結果が、教唆者の認識と異なる場合には、理論的に錯誤の問題が生じる。前述した共同正犯と錯誤の場合と、基本的に異ならない。

[1] 異なる構成要件間の錯誤

　教唆者が窃盗を教唆したにもかかわらず、正犯者によって強盗が行われたという場合、教唆者の罪責について、そもそも強盗の故意が欠けているので、強盗罪の教唆犯は成立しない。ただし、強盗罪と窃盗罪の構成要件は、窃盗の部分では重なり合いを認めることができるので、窃盗罪の限度で教唆犯の成立を肯定することはできる（最判昭和 25・7・11 刑集 4-7-1261）。傷害を教唆したが、正犯によって傷害致死の結果が招来された場合、判例は、傷害致死罪の教唆犯を認めている（大判大正 13・4・29 刑集 3-387）。

[2] 同一構成要件間の錯誤

　①Ｘは、Ａに対してＣの殺害を教唆し、ＡはＣだと思って殺害に及んだところ、死亡したのはＤだった。②Ｙは、Ｂに対して、Ｅの殺害を教唆したところ、Ｂは殺意をもってＥに向けて発砲したが、その弾丸が逸れて付近にいたＦに命中し、死亡させた。

　①の事例で、正犯者Ａの錯誤は、客体の錯誤に過ぎず、法定的符合説はもとより、具体的符合説によっても、殺人の故意が阻却されることはなく、Ｄに対する殺人罪が成立する。だが、教唆者に関しては、もともとＣの殺害を意図しながら、結果的にＤが死亡しているのであり、方法の錯誤に該当するとも考えられる。法定的符合説の立場に立つ限り、Ｘに、Ｄに対する殺人罪の教唆犯の罪責が認められることについて問題はない。これに対して、具体的符合説の立場に依拠する場合、Ｄに対する殺人の故意を認めることができないと考えるのであれば、殺人教唆の故意が阻却され、Ｘは、Ｄに対する過失致死罪の罪責を負うに過ぎないことになろう（西田 231）。もっとも、具体的符合説の論者の中にも、教唆者にとっても客体の錯誤であり、殺人教唆罪が成立するという見解も存在する（山口 362）。

　②の事例に関し、正犯者Ｂの錯誤は、方法の錯誤に該当する。Ｂの罪責について、法定的符合説によると、Ｆに対する殺人罪であり（もっとも、判例が採用する複数の故意を認める法定的符合説〔数故意犯説〕によれば、Ｅに対する殺人未遂罪も成立する可能性があり、仮にこれを認めるとすると、Ｆに対する殺人既遂罪との観念的競合となろう）、具体的符合説によれば、Ｅに対する殺人未遂罪とＦに対する過失致死罪の観念的競合となる。教唆者Ｙの罪責につき、法定

的符合説では、Fに対する殺人罪の教唆犯である。一方、具体的符合説によれば、Eに対する殺人未遂罪の教唆犯が成立し、あとはFに対する過失致死罪の成否が問題となる。

E　間接教唆

61条2項により、教唆者の教唆（間接教唆）も、1項と同様に正犯の刑を科される。そこで、さらに間接教唆者を教唆した場合（再間接教唆）の処罰について問題となる。判例は、Aが、Bに対してXへの職務強要を教唆したが、BはCに、CがDに教唆して、DがXに対して脅迫を行ったというケースに関し、Aも「教唆者を教唆した者」にあたるとして、再間接教唆の可罰性を肯定している（大判大正11・3・1刑集1-99）。61条1項の「実行」には共犯行為が含まれず、同条2項の教唆者について正犯を教唆した者に限定すると解する立場に立てば、再間接教唆は否定される（団藤410、佐久間389）。このような限定を排除する立場によれば、再間接教唆であっても正犯結果と因果的である限り、その処罰を肯定することが可能である（西田388）。

4　従犯

A　総説

正犯を幇助した者が「従犯」であり、「正犯の刑を減軽」して科せられる（63条・刑の必要的減軽）。また、教唆犯の場合と同様に、「拘留又は科料のみに処すべき罪」の従犯は、原則として処罰されることはなく、特別の規定がある場合に限って可罰的となる（64条）。

関与形式として、共同正犯と従犯との区別が問題となる。いずれも、犯罪の実現に対して一定の寄与を行うものであり、どのような基準によって振り分けるのか、重要な課題である。しかし、日本では、実務上、幅広く共謀共同正犯が認められており、共犯者間において犯行に関する意思の連絡が存在する場合には、ほぼ60条が適用される状況にある。

判例は、前述したように、片面的共同正犯を否定しているが、片面的従犯の成立については肯定している（大判大正14・1・22刑集3-921）。正犯者との意思連絡が存在しない場合でも、その犯行の実現を容易にしたり、促進する行為が行われ、犯罪結果に影響を及ぼすものである限り、正犯者との意思連絡のある幇助の場合と何ら異なるところはない。このため、幇助者が一方的に正犯への加担意思をもって幇助を行った場合にも、従犯の成立が認められるのである（通説）。

B　幇助の概念

判例によれば、幇助とは、「他人の犯罪を容易ならしむるもの」（最判昭和24・10・1刑集3-10-1629）をいう。犯罪の遂行を可能にしたり、促進したり、支援する一切の関与行為が、幇助に該当する。殺害を企図している者にその手段としてけん銃を提供したり、住居侵入・窃盗を計画している者に合鍵を提供する等の物理的な方法による場合のほか、金庫破りを計画する者に警備体制に関する情報を提供する等の精神的な方法による場合も含まれる。さらに、判例・通説は、正犯者に対する心理的な犯意の強化も、可罰的幇助と解している（大判昭和7・6・14刑集11-797）。過失正犯に対する幇助も観念することができる。この場合、故意的幇助については、間接正犯が問題となる余地は残されている。過失的幇助については、過失幇助一般を処罰する規定は存在しないので、過失正犯の成立が認められない限り、現行法上不可罰である（山口336）。

C　従犯の成立要件

[1]　客観的要件

幇助行為が行われ、正犯が実行に出ることが必要である（実行従属性）。さらに、幇助と正犯行為あるいは正犯結果との関係も問題となる。およそ正犯者による犯行との関連性が希薄である関与行為は、従犯にはあたらない。例えば、判例も、強盗犯人に鳥打ち帽子と足袋を与えたというケースにつき、強盗罪の従犯の成立を否定している（大判大正4・8・25刑録21-1249）。

因果的共犯論の立場では、幇助行為と犯罪（正犯）結果との因果性が必要であるが、単独正犯の場合に要求されるような必須の条件関係（「A なけれ

ばBなし」という関係)を要するというわけではない。例えば、判例は、従犯の成立について、「犯人に犯罪遂行の便宜を与へ之を容易ならしめたるのみを以て足り其遂行に必要不可欠なる助力を与ふることを必要とせず」(大判大正2・7・9刑録19-771〔原文をひらがな書きにあらためた。〕)と判示している。通説も、従犯の成立にとって、正犯行為ないし結果を容易にしたり、促進する関係が存在すれば足りると解している(西田342)。

　幇助行為が、少なくとも正犯の犯行ないしその結果を促進するものでなければならないと解する場合、結果的に役に立たなかった寄与の可罰性が問題となる。例えば、―共謀共同正犯が成立しないと仮定し―、窃盗の見張り役に関して、結局、誰も通りかかることなく、見張りがいてもいなくても窃盗の犯行は成功したという場合である。確かに、結果的に効果が認められなかったとしても、その見張りを伴う犯行は、窃盗の実現をより確実にするためであり、見張りは犯行を成功させるチャンスを高める効果を果たしているのである。このような意味で、犯行の危険を増加させる寄与と認めることができ、従犯の成立は否定されないというべきである。因果的共犯論の見地においても、この場合に、物理的因果性が欠如するとしても、見張りがいることによって正犯者が外の様子を気にすることなく犯行を遂行できるという意味での、心理的因果性を媒介とする犯罪結果との因果性が肯定されている。下級審の裁判例には、Xによる宝石商の強盗殺人の犯行を知った被告人が、発砲音が漏れないように犯行場所となる部屋の目張りを行ったが、計画が変更されたために、結局他の共犯者に追従していたというケースに関して、被告人による部屋の目張り行為につき、「被告人の地下室における目張り等の行為がXの現実の強盗殺人の実行行為を幇助したといい得るには、目張り等の行為が、それ自体、Xを精神的に力づけ、その強盗殺人の意図を維持ないし強化することに役立ったことを要すると解さなければならない」として、その幇助性を否定する一方、被告人の追従行為等による心理的幇助を肯定したもの(東京高判平成2・2・21判タ733-232)がある。

　しかし、物理的寄与による因果性が否定される場合であっても、それによる正犯者の犯意の強化という心理的因果性が肯定される場合には、従犯が成立すると解するならば、例えば、殺害の犯行を知りながら、Xは正犯

者にけん銃を提供したが、正犯者が結局 Y から入手したナイフで被害者を刺殺した場合に、従来は、X の罪責について、幇助の未遂と考えられてきたように思われるが、正犯者がけん銃も殺害手段として用意しており、仮にナイフによる刺殺が失敗したとしても、けん銃で殺すこともできると思い、心強く感じていたとすれば、なお心理的因果性に基づく従犯成立の可能性が生じてくるだろう。このような場合にまで、従犯の成立を認めるべきか否かについては、なお検討を要する課題である（批判的見解として、高橋 485-486）。

[2] 主観的要件

　従犯が成立するためには、主観的要件として、犯罪結果（正犯によって実現される犯罪）の認識および幇助行為に関する認識が必要である。

D　従犯の諸問題

[1] 承継的従犯

　すでに開始されている正犯の犯行を、中途から関与して幇助した者について、関与以前の犯行部分を含む従犯の罪責を負うのか、それとも関与以後の犯行に対する従犯の成立しか認められないのかが問題となる。この問題のポイントは、基本的には承継的共同正犯の場合と共通する。

　かつて、大審院は、夫による強盗殺人後に、物色の際に手燭を掲げて犯行を手助けした妻につき、強盗殺人罪が単純一罪であることを理由に、強盗殺人罪の従犯の成立を認めていた（大判昭和 13・11・18 刑集 17-839）が、今日、最高裁は、前述したように、共同正犯に関してではあるが、すでに発生した結果に対する共同正犯を否定するに至っており（前出最決平成 24・11・6 刑集 66-11-1281）、大審院の判例はもはや維持しえないというべきである。

　因果的共犯論によれば、中途関与行為が先行行為との間に因果性を有することはありえず、原則として関与以後の犯行に対する従犯の成立が認められるに過ぎない。したがって、承継的従犯に関しても、消極説と結合する。だが、消極説を徹底すると、例えば、詐欺罪に関し、正犯者がすでに欺罔行為を行って、相手方が錯誤に陥っている状態の下で、後行者が中途関与して、財物の交付を受けたという場合、不可罰という結論に至る可能

性もある。このような結論を回避するために、消極説の論者の中には、錯誤に陥っている状態を利用して財物の交付を受けている点に着眼し、それ自体が詐欺罪の実行行為であると解し、結論としては関与以後の詐欺罪の共同正犯を認める見解（山口374-375）も見られる。他方、共同正犯と従犯の構造的な違いに基づいて、承継的共同正犯については否定しつつ、承継的従犯については、従犯は正犯の犯行が終了するまでの間、その犯行を容易にすれば足りるのであるから、正犯による詐欺の犯行に途中から加担し、犯行の危険を増加させる寄与である以上、詐欺罪の従犯が成立することは排除されないと解する見解も主張されている（井田473・491、高橋461）。

[2] 中立的行為（日常行為）と従犯

　幇助概念は、極めて多様な形態を包摂している。正犯者による犯罪結果との因果的な繋がりのある行為は、非常に広範に及びうるのである。この結果、日常的な取引行為の中に、犯罪の幇助性を帯びる行為が紛れ込んでいる場合も少なくない。例えば、正犯者が殺害目的で、店でナイフを購入し、実際に犯行に及んで殺害した場合には、店員の販売行為と死亡結果とは因果的である。もちろん、普通は店員に故意が存在しているわけではなく、従犯の成立はない。しかし、もしこの場合に、どことなく怪しげで、ひょっとすると殺人や傷害の手段としてナイフを利用するかもしれないと認識しながら、販売したとすれば、店員に殺人罪や傷害罪の従犯が成立する可能性も生じてくるだろう。これが、中立的行為あるいは日常行為と従犯の成否の問題である。

　日常的に反復されている取引において、客が入手した商品をどのように利用するのかは、購入者自身の自由な意思決定に委ねられている。したがって、購入者による利用の方法についてまで、販売者が法的責任を問われることは、原則的にはないといえよう。このような見地から、学説の中には、契約といった日常的な取引行為に該当する場合には、社会的（職業的）相当行為のカテゴリーに属し、可罰性は生じないとして、従犯の成立を一律に排除する見解も主張されている。だが、犯行に利用されることを認識しながら提供しているのであれば、もはや相当な行為ということはできない。正犯者の友人がその犯行を認識しながら刃物を提供すれば、従犯が成

立し、販売店の店員が犯行を認識しながら提供したときには、不可罰だと
する根拠は、まったく不明である。したがって、日常的な取引に基づく提
供行為であったとしても、犯罪性を帯びる場合があることは否定できない。

この問題が争点となったケースが、Winny 事件である。これは、被告人
が Winny とよばれるファイル共有ソフトを開発し、ネット上で公開・提供
していたのであるが、このソフトを利用し、多くのユーザーが著作権法に
違反して、相互にデータを共有していたところ、あるユーザーが著作法違
反罪に問われた事件に関連し、被告人もこのファイル共有ソフトが広く違
法目的で利用されていることを認識しながら、提供していたとして、著作
権法違反の従犯として立件起訴されたものである。第 1 審は従犯の成立を
認めたが、控訴審では無罪と判断された。最高裁は、このソフトが「適法
な用途にも、著作権侵害という違法な用途にも利用できるソフトであり、
これを著作権侵害に利用するか、その他の用途に利用するかは、あくまで
個々の利用者の判断にゆだねられている」とし、このような場合に、従犯
が成立するための要件として、①一般的可能性を超える具体的な侵害利用
状況、②そのことの認識・認容が必要であると判示した上、被告人におい
て、著作権法違反罪の故意が欠けるとして、無罪を言い渡している（最決平
成 23・12・19 刑集 65-9-1380）。

5　不作為と共犯

A　総説

親権者である父母が、ともに意思を通じてその幼児の監護を放棄し、保
護しない場合、その不作為によって幼児の生命に対する危険が生じたとす
れば、両親に保護責任者不保護罪（218 条後段）の共同正犯が成立する。そ
の結果、幼児が死亡した場合には、同致死罪（219 条）の共同正犯である。
もし、その幼児の死亡結果の発生を認識していたとすれば、不作為による
殺人罪の共同正犯の可能性も生じよう。このように、作為に限らず、不作
為による場合にも、共犯を認めることができる。基本的には、一単独犯を

前提として展開されてきた—不作為犯論の応用によって解決される。

　理論上、全ての共犯形式について、その不作為を問題とすることができる。ただし、教唆犯に関しては、教唆が他人に犯罪決意を喚起させることと定義されており、通常、犯罪決意喚起の方法として、何らかの積極的作為によることが想定される。このため、学説には、教唆の概念上、不作為による教唆を否定する見解も見られる。実務においても、とくに不作為による教唆を扱ったケースは見当たらないようである (注釈 (1) 905〔嶋矢貴之〕)。

B　不作為による関与の処罰の要件

　不作為による関与のパターンとして、冒頭の事例のように、(A) 関与者が全て不作為である場合のほか、(B) 一方が作為犯で、他の関与者が不作為の場合とがある。

　不作為による共犯が成立するためには、単独犯の場合と同様に、保証人的地位にあり、法的作為義務が存在することが必要である。刑法は法益の保護をその重要な任務としているが、一般的に、法益侵害ないし危険は、積極的な作為によってもたらされる。したがって、法益が現に維持されている状況を前提とすれば、法益の侵害・危険を招来する一定の作為を処罰の対象とし、これを禁止することにより、法益保護の目的は達成される。しかし、法益の維持それ自体に支えが必要であったり（冒頭に挙げた幼児の場合など）、まさに法益が危険にさらされている状況が存在する場合には、積極的な措置を講じない限り、その法益を保全することができない。このような場面では、法益保護の観点から、法が介入することにも合理性を認めることができる。もっとも、作為処罰の場合には、国民はそのような作為を行わないというだけで足りるのであるが、不作為処罰の場合には、積極的な作為を行うことが強制されるのであり、国民の自由に対する介入や負荷の程度は大きい。このような点を考慮するならば、不作為による関与を処罰する場合においても、法益を保証する立場（保証人的地位）にあり、作為義務が存在する場合に限定されなければならないといえよう。

　したがって、およそ法益を保証する関係が存在していないのであれば、共犯としても処罰されることはない。上記 (A)(B) いずれのパターンであっても、不作為による共犯が成立するためには、当該関与者に保証人的

地位および作為義務が必要である（山口389-390）。このため、例えば、住民が、隣家の親において幼児の育児を放棄している事実を知りながら、これをそのまま放置したり、デパートで、一般の客が、他の客において万引きするのを目撃しながら、黙認したとしても、その不作為は処罰されない。一方、父親が子に暴力を振るって傷害を負わせているのを目撃しながら、制止することなくこれを黙認した母親や、警備中に万引きを目撃したのに、何の行動も取らなかった警備員については、不作為犯の成立が検討されてよい。なぜなら、親権者は、子の生命・身体の安全を保証する立場にあるし、警備員であれば、警備の対象である事業主の財産を保全する立場に立っているからである。

C　不作為関与における共同正犯と従犯との区別

　上記のような場合に、理論上、当該不作為を（共同）正犯として取り扱うのか、それとも共犯（従犯）とするのかという区別が問題となる。

[1]　裁判例

　裁判例では、例えば（A）のパターンに属するものとして、前述のシャクティパッド事件がある。保護の引き受けおよび依存ないし排他的支配関係に基づいて被害者との間に保証関係を生じながら、結局必要な措置を怠り、未必の殺意をもって放置した結果、被害者を死亡させたケースに関し、被告人と殺意なく関与した親族につき、不作為による殺人罪と保護責任者遺棄致死罪の共同正犯が認められている（最決平成17・7・4刑集59-6-403）。

　（B）のパターンに関して、下級審の裁判例には、不作為による関与者を従犯とするものと、共同正犯を認めたものとが見られる。従犯とされた例として、内縁の夫Xが、自己の連れ子Aに対して暴行を加え死亡させた際、被告人（内縁の妻・被害者の実母）は、制止することなく放置したというケースに関し、札幌高裁は、「被告人の右不作為の結果、被告人の制止ないし監視行為があった場合に比べて、XのAに対する暴行が容易になったことは疑いがないところ、……Aらの母親であるという立場よりもXとの内縁関係を優先させ、XのAに対する暴行に目をつぶり、あえてそのことを認容していたものと認められるから、被告人は、右不作為によってX

の暴行を容易にしたものというべきである」と判示して、不作為による傷害致死幇助を認めている（札幌高判平成12・3・16判時1711-170）。同様に、児童虐待に関し、4歳になるBの実母で親権者である被告人が、未成年の高校生Yと交際を始めたが、Yは被告人やBに暴行を行うようになり、ある時暴行によってBを死亡させるに至ったケースにつき、名古屋高裁は、被告人が自らの意思でBの生活圏内にBの存在という危険な因子を持ち込み、本件Yによる暴行の際、「Yが被告人にも一定の暴行に及ぶ可能性は否定できないとしても、保護すべき幼児を自らYの行為による危険の及ぶ状態に置いている以上、ある程度の犠牲を払うべきことが社会通念上当然に要請される」と指摘して、Yの暴行を阻止すべき作為義務違反を認め、この不作為は作為による積極的な幇助と同視しうるとして、傷害致死罪の従犯を肯定している（名古屋高判平成17・11・7高刑速〔平17〕-292）。

　これに対し、同棲相手の男性Zが被告人の実子に対して、執拗で強烈な暴行を加え、全身衰弱状態に陥らせた後、ビニール袋に入れて、その口を固く結んだ上、大型スポーツバッグ内に押し込み、放置して死亡させたケースについて、広島高裁は、Zと被告人に未必の殺意を認定し、「被告人は、共犯者の本件密封行為により被害者が死亡するに至るかもしれないことを認識しながら、あえて、その後の放置行為に及んだものであり、その際、共犯者と暗黙のうちに意思を相通じていたことも認められる」と判示して、殺人罪の共同正犯の成立を肯定している（広島高判平成17・4・19高刑速〔平17〕-312）。共謀共同正犯論を前提とすると、共謀が存在し、共犯者の1人が犯罪の実行を行えば、共謀者全員に共同正犯が成立するのであるから、明示的か黙示的かにかかわらず、意思連絡が認められる限り、犯行への作為的関与が存在しない、すなわち不作為による関与者であっても、共同正犯として包括的な処罰が可能である。広島高裁は、共謀を認定することにより、とくに不作為犯が成立する要件について検討することなく、黙過していた被告人に対する共同正犯の成立を導いている。このような姿勢は、前述したスワット事件の判断においても看取される。

[2] 学説

　学説の中には、不作為による関与につき、作為義務の違反が認められる

限り、原則として正犯として取り扱われるという見解も見られる（井田479）。不作為犯が義務犯の一種であるという理解を前提として、（作為）義務を怠った場合は、全て正犯であるという理解に基づく。確かに、理論的には首尾一貫した考えであるということもできるが、作為義務の内容は必ずしも一様ではなく、また作為義務に基づいて要求される具体的な履行の方法やその態様についても、千差万別である。この点に着眼するならば、不作為犯の領域でも、当該不作為者における保証の内容・性質などに照らして、なお正犯と共犯との理論的な区別を維持することは可能であるといえよう。

　不作為による関与について、（共同）正犯と共犯（従犯）とが区別されるとしても、その区別基準をめぐって、未だ学説の一致は見られない。

　学説上、有力なのは、義務の内容を基準に、正犯と共犯との区別を試みる見解である。この見解は、義務内容を、危険源を保護する義務と危険源を監督する義務とに区別し、前者に違反する場合が正犯であり、後者に違反する場合は従犯であると説く。父母は、法律上親権者として未成年子を監護する責任を負っており、幼児であればしっかりと育児の責任を果たすべき保護義務を負っている。育児を行わないという不作為が、このような保護義務違反に該当し、正犯となる。また、自分の子が他人に殺害されるのを阻止しなかったときも、等しく保護義務に違反しているので、親は殺人正犯である。一方、自分の子が、他人を殺害するのを阻止しなかった場合には、危険源に対する監督義務（犯罪阻止義務）違反として、親に殺人罪の従犯が成立する。この見解に対しては、作為義務は結果の発生を阻止するために認められるのであり、義務の発生根拠や性質によって作為義務を区別することは合理的でないという批判が提起されている（西田360）。

　日本では、（B）のパターンについて、作為正犯に対する不作為（犯行の不阻止）は、原則として従犯であると解する見解が多い。これによれば、父や第三者による幼児の虐待を認識しながら、放置した母は、原則として傷害罪等の従犯であり、店内での万引きを目撃しながら、黙認した警備員には、窃盗罪の従犯が成立する。

6 共犯と身分

A 総説

　犯罪類型によっては、収賄罪（197条）などのように、公務員という身分がなければ犯罪が成立しなかったり、保護責任者遺棄罪（218条）のように、「保護責任者」であることが、通常の遺棄罪よりも刑が加重されている場合がある。前者が真正身分犯の例であり、後者が不真正身分犯の例である。このような身分犯に、身分のない者が関与した場合の処理が問題となる。例えば、妻が公務員である夫を教唆して賄賂を収受させたり、保護責任者とそうでない者が共同して被害者を遺棄した場合に、共犯である非身分者についてどのような罪責を負うのかという問題が生じる。これを処理するための規定が、65条である。

B 65条の趣旨

　65条は、1項で、「犯人の身分によって構成すべき」（構成的身分）犯罪（真正身分犯）への非身分者の加功につき、身分犯に対する共犯の成立を認め、2項で、「身分によって特に刑の軽重がある」（加減的身分）犯罪（不真正身分犯）に関しては、非身分者に通常の刑を科すべき旨を定めている。したがって、上記の例で、妻には、1項の適用により収賄罪の教唆犯が成立し、保護責任者ではない者には、2項によって単純遺棄罪の刑が科されることになる。

　1・2項の適用関係について、学説の中には、1項が身分犯に対する共犯の成立を規定し、2項はその場合の科刑について定めたものと解する見解（団藤418、大塚331）もあるが、判例は、1項が真正身分犯に関する規定、2項が不真正身分犯に関する規定と解している（大判大正2・3・18刑録19-353、最判昭和31・5・24刑集10-5-734）。この結果、非身分者（構成的身分を有しない者）が真正身分犯に関与した場合は、身分犯の共犯として処理されるが、加減的身分を有しない者による不真正身分犯への関与については、加減の非身分者のまま取り扱われることになる。そうすると、身分犯に対する非身分者の関与につき、加減的身分のない者には不真正身分犯が定める刑の加重

が排除されているのに対し、構成的身分を欠く者については、真正身分犯の規定がそのまま適用され、身分のある者の場合と変わらないことになる。

このような形式的区別による1・2項の適用に対しては、そもそも、なぜ構成的身分と加減的身分とで異なった効果が認められるのか、その根拠が明らかではなく（山口344）、また同一の身分でありながら、連帯的に作用したり、個別的に作用するのは不合理である（西田400、注釈（1）953〔小林憲太郎〕）と批判されている。

そこで、近時、1・2項における法効果の違いに着眼し、「違法は連帯的に、責任は個別的に作用する」という命題に依拠しつつ、1項は違法身分の連帯的作用を、2項は責任身分の個別的作用を定めたものとする解釈が有力化している（西田402、山口345・347）。

C 「身分」とは

65条にいう身分につき、判例は、「男女の性別、内外国人の別、親族の関係、公務員たるの資格のような関係のみに限らず、総て一定の犯罪行為に関する犯人の人的関係である特殊の地位又は状態を指称する」（最判昭和27・9・19刑集6-8-1083）と定義づけている。これに基づき、1項に関して、虚偽公文書作成罪の「公務員」、偽証罪の「法律により宣誓した証人」、収賄罪の「公務員」、背任罪の「他人の事務処理者」、横領罪の「他人の物の占有者」などが、2項に関しては、常習賭博罪における「常習者」、業務上堕胎罪の「医師」などが身分に当たると解されている。このほか、旧強姦罪の構成要件は、「女子を姦淫した者」と規定されていたが、事実上、単独での実現は男性に限られるところから、強姦罪を男性を主体とする身分犯と解し、女性の関与につき、1項の適用を認めた判例もある（最決昭和40・3・30刑集19-2-125）。しかし、単独では既遂に至りえないというに過ぎず、女性であっても、被害女性の性的自己決定を侵害することは十分に可能である。身分犯と解さなくとも、女性の関与を強姦罪の共犯として処理することに妨げはない。この限りで、身分犯と解する必然性に乏しいといえよう（このような点を踏まえて、強姦罪を擬似的身分犯とよぶ見解もある〔山口346〕）。事後強盗罪に関しても、その身分犯性について争いがある。この問題は、とくに、窃盗犯人による窃取後に中途関与し、暴行・脅迫に加わった共犯者の罪責

に関連する。下級審の判例では、この場合の中途関与者につき、1項を適用し、強盗をもって論じるものと、2項の適用によるものとに分かれている。これに対して、学説上は、非身分犯説も有力に主張されている。

構成要件の中には、無免許運転罪（道交64条など）のように、「免許を有しない者」という消極的な形で、主体を記述している場合がある。これを、消極的身分という。この場合、免許を持っている者が関与したときに、65条適用の要否が問題となる。判例は、不要説の立場を採っている（例えば、大判大正3・9・21刑録20-1719）。

主観的要素に関し、かつて判例は、営利目的誘拐罪に関して、その目的があった者となかった者とが共謀した場合に、営利目的は身分に当たらないとして、全員に営利目的誘拐罪の共同正犯を認めた（大判大正14・1・28刑集4-14）。一方で、その後、最高裁は、旧麻薬取締法64条に定められていた営利の目的に関して、「犯人が営利の目的をもっていたか否かという犯人の特殊な状態の差異によって、各犯人に科すべき刑に軽重の区別をしているもの」（最判昭和42・3・7刑集21-2-417）と解し、65条2項の身分に該当することを認めている。

D　65条の解釈

65条1項にいう「共犯」には、教唆犯、従犯のほか、共同正犯も含まれると解するのが、判例（大判大正4・3・2刑録21-194）・通説である。これに対して、身分犯を義務犯と理解する立場から、共同正犯を除外する見解（松宮273）もある。

65条2項は、「通常の刑を科する」と定めているが、非身分者につき、身分犯の共犯が成立し、その刑だけを非身分犯の規定により個別化する趣旨なのか、そもそも犯罪として非身分犯の共犯が成立するに過ぎないのか、という点も問題となる。判例は分かれており、例えば、非占有者が業務上占有者と共同して横領したケースに関し、非占有者に1項により業務上横領罪の共犯を認めた上で、2項の適用により単純横領罪の刑を科すとしたもの（最判昭和32・11・19刑集11-12-3073）がある一方、尊属殺に卑属以外の者が関与したケースでは、普通殺人罪の共犯とされている（前掲最判昭和31・5・24刑集10-5-734）。犯罪の成立と科刑との対応関係を維持させることが望

ましいと考えられるので、後者を妥当と解すべきであろう。

コラム　組織犯罪処罰法改正とテロ等準備罪の新設

　サリン事件等の発生や暴力団対策という、主として国内的な状況への対応を図るために、1999（平成11）年に、「組織的な犯罪の処罰及び犯罪収益の規制等に関する法律」（組織犯罪処罰法）が制定されました。この時期に、国際的にも組織犯罪に対する取り組みの強化が大きな課題となり、2000（平成12）年、国連において国際組織犯罪防止条約が採択されました（2003年発効）。その中では、組織的な犯罪集団への参加規制、マネーローンダリング等の犯罪化、犯罪収益の没収、組織犯罪に係る犯罪人の引渡し・捜査共助等について定められています。このような国際的動向を背景に、条約締結のための国内法整備の一環として、2017（平成29）年に、組織犯罪処罰法も改正されました（なお、これによって、日本は、上記条約の締結に至り、同条約の国内法的効力が生じることとなりました）。

　組織犯罪処罰法によれば、組織的な犯罪とは、「団体の活動（団体の意思決定に基づく行為であって、その効果又はこれによる利益が当該団体に帰属ものをいう）として」罪に当たる行為を実行するための組織により行われる場合を指します（同法3条1項）。平成29年の改正では、いわゆるテロ等準備罪が新設されました。これは、所定の罪に当たる行為で、「テロリズム集団その他の組織的犯罪集団の団体の活動として、当該行為を実行するための組織により行われるものの遂行を二人以上で計画した者」につき、「その計画をした者のいずれかによりその計画に基づき資金又は物品の手配、関係場所の下見その他の計画をした犯罪を実行するための準備行為が行われた」（同法6条の2）場合に処罰するものです。日本の判例は、予備罪の場合についても共謀共同正犯を認めていますので、この解釈を前提とする限り、従来も解釈上は可罰性を肯定することが可能であったと考えられます。この意味で、導入された新規定によって、とくに可罰化の範囲が広がったというわけではないといえるでしょう。

6　共犯と身分　231

知識を確認しよう

問題

(1) 共同正犯が成立するための意思連絡（共謀）の内容について、検討しなさい。

(2) 指示された品物を受け取って運ぶだけで、2万円の報酬というアルバイトを引き受けたXは、依頼者であるYの指示に従って、ある場所でAから「現金」と書かれた包みを受け取った。実は、Yはオレオレ詐欺グループの幹部であり、Aに電話して同人を欺いていたのであるが、不審に思ったAは、警察に相談し、詐欺であると気づいた。しかし、警察からの協力依頼に基づき、ニセの現金を用意して、Xに渡していたのである。この場合のXの罪責について検討しなさい。

解答への手がかり

(1) 共犯者間における犯行の共同遂行の意思内容に関し、実際に実現された事態との基本的な結合関係のほか、片面的共同正犯、中途関与者における順次的共謀さらに過失共同正犯などの具体的な問題とも関連させて論述することが求められる。

(2) 重要なポイントとしては、①Xにおける詐欺罪の故意およびYとの詐欺の犯行に関する意思連絡の存否・その成立時期についてであり、仮に受け取る時点では①を肯定できるとした場合には、②承継的共犯の問題と同時に、③すでに詐欺を見破った被害者からの受渡しに対する関与の可罰性について、検討する必要がある（この問題を考える上で、前田雅英「特殊詐欺に途中から加わった『受け子』の共同正犯の成否～最高裁平成29年12月11日決定詐欺未遂被告事件～」WLJ判例コラム臨時号第124号が参考となる）。

第 9 章

罪数

本章のポイント

1. 罪数とは、犯罪の個数をいう。罪数論とは、
①犯罪の個数、②犯罪が数個成立した場合
（犯罪競合）の科刑の際の取り扱い、に関す
る理論をいう。

2. 1個の犯罪しか成立しない場合（本来的一罪）
には、①明らかに1個の犯罪しか成立しな
い場合（単純一罪）と、②一見すると複数の
犯罪が成立するように思えても法的評価を
加えると1個の犯罪しか成立しないといえ
る場合（法条競合、包括一罪）とがある。

3. 数個の犯罪が成立する場合、①54条1項の
観念的競合・牽連犯にあたるときは科刑上
一罪として「最も重い刑により処断」し、②
45条の併合罪にあたるときは科刑に際して
46条以下の取り扱いがなされる（併合罪に
ならない場合を「単純数罪」とよんだりする）。

1　総説

　罪数とは、犯罪の個数をいう。罪数論とは、①犯罪の個数（犯罪がいくつ成立するか）、②犯罪が数個成立した場合（犯罪競合）の科刑の際の取り扱い、に関する理論をいう。

　1個の犯罪しか成立しない場合（このような場合を「本来的一罪」とよんだりする）——これには、①明らかに1個の犯罪しか成立しない場合（（Ⅰ）単純一罪）と、②一見すると複数の犯罪が成立するように思えても法的評価を加えると1個の犯罪しか成立しないといえる場合（（Ⅱ）法条競合、（Ⅲ）包括一罪）とがある——、成立した犯罪の罰条の法定刑を基に科刑すれば足りる。数個の犯罪が成立する場合、「各犯罪についての各罰条の各法定刑を基に、各個別に科刑する」ということになるはずである。しかし、一定の場合（（Ⅳ）54条1項の科刑上一罪〔観念的競合または牽連犯〕、（Ⅴ）45条の併合罪）は、異なった取り扱いがなされる（併合罪にならない場合を「単純数罪」とよんだりする）。

　（Ⅰ）から（Ⅴ）のどれにあたるか検討しないと、言い渡す刑が決められない。順序としては、まず「（Ⅰ）（Ⅱ）（Ⅲ）にあたるか」が順次検討され、検討の結果、数個の犯罪が成立するということになったら、次に「（Ⅳ）（Ⅴ）にあたるか」が順次検討されることになる。

　なお、これと異なり、包括一罪を数個の犯罪が成立する場合に位置づける見解もある（大コメ（4）205-208〔中山善房〕）。

　以下、（Ⅰ）から（Ⅴ）につき、具体例を示して説明する。

　（Ⅰ）の例：Xは、A宅の庭にあるA所有の松の盆栽の枝を折ってやろうと思い、路上から石を1回投げつけて枝1本を折った。

　この場合、Xは器物損壊等罪（261条）の実行行為を1回行ってAの松の枝1本を「損壊」しただけであるから、同罪が1個成立するに過ぎない。

　（Ⅱ）の例：Xは、A宅の庭で居眠りをしているAに怪我をさせてやろうと思い、路上から石を1回投げつけてAの頭部に傷を負わせた。

　この場合、Xは傷害罪（204条）の実行行為を1回行って「人の身体」であるAの頭部を「傷害」したことになるから、同罪が1個成立することは疑いないものの、石をAに投げつける行為は暴行罪（208条）の実行行為に

もあたるから、同罪も成立するように思えなくもない。しかし、204 条と 208 条の条文を比べて読んでみると、「暴行罪は暴行を加えたにもかかわらず人を傷害するに至らなかったときの犯罪であり、人を傷害するに至ったときは傷害罪のみに問う」と解釈するのが妥当であることがわかる。このように解釈すると、この場合に成立するのは傷害罪1個だけということになる（後述する法条競合の補充関係にあたる）。

（Ⅲ）の例：X は、A 宅の庭で居眠りをしている A に怪我をさせてやろうと思い、路上から石を1回投げつけた。狙いがはずれて石は A に当たらず、A は眠り続けた。X は、投げつけるのに適当な石を探しに行き、10分後に路上から石をもう1回投げつけて A の頭部に傷を負わせた。

この場合、暴行罪1個と傷害罪1個とが成立すると思えなくもない。しかし、1回目の石投げつけと2回目の石投げつけは、別個の行為ではあるものの、「A の身体を傷害する」という1個の犯罪の完成を目指して同一の機会に行われたものであるから、個別に評価するのは相当でない。したがって、この場合は包括して傷害罪1個が成立するということになる。

（Ⅳ）の例：X は、A 宅の庭で盆栽を眺めている A に怪我をさせてやろうと思い、路上から石を1回投げつけて A の頭部に当て負傷させた。その際、A が背後にいた幼児 B の上に倒れたため、B は左腕を負傷した。

この場合、X は石を1回投げつけるという1個の行為により A の身体と B の身体とを傷害しているので、傷害罪が2個成立する。A の身体と B の身体とは別個のものであり、法益主体も異なるので、包括して傷害罪1個が成立するとは評価できない。それでも「1個の行為」により複数の犯罪が成立しているので、観念的競合として科刑される（54 条1項前段）。

（Ⅴ）の例：X は、A 宅の庭にある A 所有の松の盆栽の枝を折ってやろうと思い、路上から石を1回投げつけて枝1本を折った。翌日、X は、A 宅の庭で居眠りをしている A に怪我をさせてやろうと思い、路上から石を1回投げつけて A の頭部に傷を負わせた。

この場合、器物損壊等罪と傷害罪とが1個ずつ成立し、54 条1項の要件は充たさないので科刑上一罪とはならない。45 条前段の要件は充たすので両罪は併合罪となる。

2　犯罪の個数

A　罪数決定の基準—構成要件基準説

　犯罪の個数を決定する基準となるものは、構成要件である（構成要件基準説、通説）。成立する犯罪は、事実が、1つの構成要件によって1回的に評価されるときは1個であり、2回的に評価されるときは2個になる。

　ここにおける「構成要件的な評価」は、ある事実がある構成要件に該当するか、という「内部的な該当性の面における評価」ではなく、どの範囲の事実まで当の構成要件によって包括的に評価することができるか、という「外部的な包括性の面における評価」である（団藤435-437）。したがって、前述（1総説、参照）の（Ⅱ）の例のように、①傷害罪の構成要件に該当する事実と②暴行罪の構成要件に該当する事実とが認められる場合は、「②の事実を傷害罪の構成要件によって包括的に評価できるか」という「外部的な包括性の面における評価」の問題が生じるのに対し、同じく（Ⅰ）の例のように、器物損壊等罪の構成要件に1回該当する事実しか認められない（物に対し石を投げつける行為は、そもそも暴行罪の構成要件に該当しない）場合は、このような問題は生じないことになる。

　とはいえ、「内部的な該当性の面における評価」と同様に、「外部的な包括性の面における評価」も、構成要件ないし罰条の解釈として行われるものである。そこでは、行為、結果や法益をどのように解釈するかが問題になる。例えば、前述の（Ⅳ）の例のように、Xが1個の行為でAB2名の身体を傷害した場合は、傷害罪の法益が人の身体（厳密には、その生理的機能）であり、2個の法益侵害結果が発生している以上、傷害罪が2個成立することになる。これに対して、YがCの占有している2個の財物を窃取した場合は、複数の財物に対するCの1個の占有（事実的支配）を侵害したといえるから、それが1個の行為でなされたときはもとより、近接した2個の行為でなされたときであっても、窃盗罪が1個成立することになる（最判昭和24・7・23刑集3-8-1373は、米俵9俵を2時間余の間に3回にわたって窃取した事案につき、1個の窃盗罪を認定している）。また、法定刑の軽重も判断要素となることがある。前述の（Ⅱ）の例で「暴行罪1個が成立する」とされないのは、

204 条、208 条の構成要件に関する解釈によるのであるけれど、204 条の法定刑が 208 条のそれより重いことも解釈や判断に影響を及ぼしている（仮に 208 条の法定刑の方が重かったとしたら、刑法は傷害結果を発生させたか否かより「暴行」を加えることに可罰性があると考えていることになり、傷害罪が暴行罪に吸収されて暴行罪のみが成立するという解釈も可能になるかも知れない）。

B　単純一罪

　単純一罪とは、明らかに 1 個の犯罪しか成立しない場合をいう。

　もっとも、「単純一罪」の語の用法はさまざまであり、法条競合も含めて単純一罪とするもの（団藤 456）、結合犯（単独でも犯罪とされる複数の行為・結果を結合して構成要件としている犯罪—例えば 240 条後段の強盗殺人罪）や集合犯（構成要件上、数個の同種の行為の反復を予定している犯罪—例えば 186 条 1 項の常習賭博罪）も含めて単純一罪とするもの（前田 391）、法条競合を「競合的単純一罪」、結合犯や接続犯（構成要件に該当する数個の行為を同一の被害者に対し接続して行った場合—例えば、前掲の最判昭和 24・7・23 刑集 3-8-1373 の事案のような米俵窃取）を「包括的単純一罪」として、それ以外の「単純一罪」と並置するもの（大コメ (4) 189〔中山善房〕）などがある。本章では、法条競合を単純一罪と区別し、結合犯は法条競合に、集合犯、接続犯は包括一罪に位置づけることにする（ちなみに、集合犯の 1 つである常習賭博罪の事案につき、最判昭和 26・4・10 刑集 5-5-825 は数個の賭博行為は「包括して単純な一罪を構成する」と述べ、接続犯にあたる前述の米俵窃取の事案につき、最判昭和 24・7・23 刑集 3-8-1373 は 3 回の窃盗行為は「一罪と認定するのが相当」であるとしている）。

C　法条競合

[1]　意義等

　法条競合とは、犯罪事実が、外見上、複数の構成要件に該当するようにみえて、そのうち 1 個の構成要件だけが適用され、他は当然に排除されるべき場合をいう。換言するなら、ある犯罪事実について複数の罰条が適用されるようにみえて、そのうち 1 つの罰条のみが適用される、という場合である。法条競合になるか否かは、各罰条の内容と相互関係を検討することにより結論が出ることが多いものの、見解が分かれる点もある。

[2] 法条競合の類型

(1) 特別関係

　特別関係は、一般法とともに特別法にも該当するようにみえる場合である。この場合は、特別法の罰条だけが適用される。例えば、保護責任者が遺棄した場合、218 条前段 (保護責任者遺棄罪) が適用され、217 条 (単純遺棄罪) は適用されない。

　結合犯については、単純一罪とする見解が有力である (前田 391 など)。しかし、結合犯である強盗殺人罪の罰条 (240 条後段—なお、強盗殺人罪とは、強盗が殺意をもって人を「死亡させたとき」に成立する罪である) は、強盗犯人による殺人であることから殺人罪の罰条 (199 条) が適用される場合より特に重く処罰したものであると解されるから、法条競合の特別関係にあたるといえる (大谷 479、山口 395、高橋 497、なお、大判大正 11・12・22 刑集 1-815 は、「特別結合罪」である強盗殺人罪については 240 条後段のみを適用すべきである旨判示している)。

(2) 補充関係

　補充関係は、基本法の構成要件と補充法の構成要件とに該当するようにみえる場合である。この場合は基本法の構成要件の罰条だけが適用される。例えば、人に暴行を加えて負傷させた場合、204 条 (傷害罪) が適用され、(傷害結果が発生しなかったときに適用されるべき) 208 条 (暴行罪) は適用されない。

(3) 択一関係

　択一関係は、適用されるようにみえる複数の構成要件が両立しえない関係に立つ場合である。この場合は、ある構成要件の罰条が適用されれば他の構成要件の罰条は適用されない。例えば、他人の物を勝手に処分して損害を生じさせた場合、252 条 1 項 (横領罪) が適用されるときは 247 条 (背任罪) は適用されない。

　もっとも、法条競合の類型として択一関係を認めることに対し批判的な見解もある (大塚 495、大コメ (4) 196〔中山善房〕参照)。

(4) 吸収関係

　吸収関係は、適用されるようにみえる数個の構成要件のうち、ある構成要件による評価で十分であって他の構成要件による評価を必要としない場合である (大コメ (4) 194〔中山善房〕参照)。この場合は十分に評価していると

みられる構成要件の罰条だけが適用される。例えば、人を殺害する際にその衣服を損壊した場合、199条（殺人罪）が適用され、261条（器物損壊等罪）は適用されない。

もっとも、有力説は、吸収関係の例は包括一罪の問題にすべきであり、（前述の）人を殺害する際にその衣服を損壊した場合も、包括一罪になるとする（大谷 478-485、前田 392-394、山口 394-401、高橋 497-498）。

D　包括一罪

[1]　意義等

包括一罪とは、犯罪事実が、外見上、構成要件に複数回該当するようにみえて、そのうち1回の構成要件的評価に包括すべき場合をいう。

1個の行為が複数の構成要件に該当するようにみえるときに、ある構成要件（の罰条）だけ適用するのが法条競合であるのに対して、複数の行為がおのおの構成要件に該当するようにみえるときに、ある構成要件だけ1回適用するのが包括一罪である、といえる（1総説の（Ⅱ）（Ⅲ）の各例を比較されたい）。法条競合になるか否かは、各罰条の内容と相互関係の検討により結論が出ることが多いのに対して、包括一罪になるか否か判断する際には、複数の行為の関連性や法益の実質的同一性が考慮されることがある。

包括一罪をどのように分類するかについて見解は分かれる。ここでは、同じ構成要件に複数回該当するようにみえる場合を「同質的包括一罪」、異なる構成要件に複数回該当するようにみえる場合を「異質的包括一罪」とする分類（大谷 479-485）を基本にして、以下に説明する。

[2]　同質的包括一罪

（1）集合犯

前述した（B 単純一罪、参照）集合犯には、常習犯（常習性のある行為者の行為の反復を予定している犯罪、例：186条1項の常習賭博罪）、職業犯（業として行う行為の反復を予定している犯罪、例：175条1項のわいせつ物頒布等罪）、営業犯（営利の目的をもって行う行為の反復を予定している犯罪、例：弁護士法77条3号の罪〔非弁護士が報酬を得る目的で法律事務の取扱い等をする罪〕）の類型がある。集合犯の場合は、反復して行った複数の行為は1回の構成要件的評価に包括されること

になる（常習賭博罪の事案につき、最判昭和 26・4・10 刑集 5-5-825、旧 175 条のわい
せつ図画販売罪の事案につき、大判昭和 10・11・11 刑集 14-1165）。

(2) 狭義の包括一罪

　狭義の包括一罪とは、同じ構成要件に該当するようにみえる複数回の行
為の間に密接な関連性があり、同一の法益侵害に向けられた単一の意思の
実現行為と認められることから、1 回の構成要件的評価に包括される場合
をいう（大谷 480、高橋 500 参照）。

　罰条に、同一の法益侵害に向けられた、態様を異にする複数の行為が規
定されており、それらが目的・手段または原因・結果の関係にある場合に、
それらを行ったときは、狭義の包括一罪になる、といえる。例えば、人を
逮捕して引き続いて監禁した場合、1 個の逮捕監禁罪（220 条 1 項）が成立す
るに過ぎない（最大判昭和 28・6・17 刑集 7-6-1289）。

　前述した（B 単純一罪、参照）接続犯は、接続して、すなわち、時間的・場
所的に近接した条件の下で同一被害者に同種の行為を行っていることから、
狭義の包括一罪になる（3 回にわたる米俵窃取の事案につき、最判昭和 24・7・23 刑
集 3-8-1373）。

　判例には、同一の被害者に対する複数の同種行為を行った場合、各行為
にある程度の時間的間隔があっても包括一罪になるとしたものがある（数
か月間に数十回、同一人に麻薬を施用した事案につき、最判昭和 31・8・3 刑集 10-8-1202、
約 4 か月または約 1 か月の間に同一人に主として同態様の暴行を反復累行して負傷させ
た事案につき、最決平成 26・3・17 刑集 68-3-368）。このような場合を連続犯ない
し連続犯的な事態とよぶ学説もある（大谷 481、山口 405-406、高橋 502）。さら
に、最決平成 22・3・17 刑集 64-2-111 は、約 2 か月間、街頭募金の名目で
不特定多数の通行人から寄付金として総額約 2480 万円を詐取した事案に
つき、同一の被害者に対する行為ではないにもかかわらず、各行為が 1 個
の意思に基づき継続して行われた活動であることなどを指摘して、包括一
罪になるとしている。

[3] 異質的包括一罪

(1) 不可罰的事前行為、不可罰的事後行為

　不可罰的事前行為（共罰的事前行為ともいう）とは、基本的犯罪に対する準

備段階のものであるため基本的犯罪に包括して評価される行為をいう。例えば、殺人罪を犯す目的で凶器を準備する行為は、殺人予備罪（201条）にあたるものの、進んで殺人が実行された場合は、殺人罪（199条）のみが成立する。

　不可罰的事後行為（共罰的事後行為ともいう）とは、状態犯（犯罪完成後も違法状態が継続する犯罪）完成後の違法状態に含まれるものであるため、状態犯に包括して評価される行為をいう。例えば、窃取した財物を損壊する行為は、器物損壊等罪（261条）にあたるように思えるものの、窃盗罪（235条）によって包括的に評価されるため、同罪とは別に器物損壊等罪が成立することにはならない。

　不可罰的事前行為、不可罰的事後行為を吸収関係の例とする見解が従来は多数であった（団藤445、大塚495）。近年は、包括一罪の例とする見解が有力である（板倉353、大谷482-483、前田396-397、山口401-402）。1個の行為が問題になることの多い法条競合と異なり、複数の行為が問題になること等を考えると、包括一罪とする見解が妥当である。

(2) 混合的包括一罪

　異なる構成要件に該当する行為を複数回行った場合でも、犯意の同一性、各行為の密接な関連性、被害法益の実質的同一性が認められるときには、包括一罪とすることができる。このような場合を混合的包括一罪とよぶ。最決昭和61・11・18刑集40-7-523は、XらがAから覚せい剤を窃取または詐取した直後、共犯者YがAを射殺すべく銃撃した事案について、窃盗罪または詐欺罪と強盗殺人未遂罪のいわゆる包括一罪として重い強盗殺人未遂罪の刑で処断すべきである旨判示している。この決定は混合的包括一罪を承認したものである。

3 犯罪競合

A 科刑上一罪

[1] 総説

科刑上一罪とは、数個成立した犯罪について科刑を1回に止める場合をいう。科刑を1回に止めるというのは、α罪とβ罪とが成立した場合、α罪についてはその罰条の法定刑を基に、β罪についてはその法定刑を基に、おのおの科刑するのではなく、「どちらかの罪（普通は重い方の罪）の罰条の法定刑を基に科刑する」ということである。

54条1項は、①観念的競合、または②牽連犯の関係にある数罪について科刑上一罪とする規定である。このようにしているのは、①または②の関係にある各行為は、1個の意思活動に基づくもので、社会的見解上一体のものと認められるから、科刑を1回に止めるのが合理的といえること（これを、「処罰の一回性の要請」とよぶ）からである（大コメ（4）300-302〔中谷雄二郎〕参照）。

54条1項の「その最も重い刑により処断する」とは、数個の罪の罰条の法定刑を比べてみて、その最も重いものによる、ということである。ただし、判例は、他の法定刑の最も軽いものを下回ることはできないとするので（最判昭和28・4・14刑集7-4-850）、結論としては、上限、下限とも最も重い刑による、ということになる。

[2] 観念的競合

観念的競合とは、54条1項前段の「1個の行為が2個以上の罪名に触れ……るとき」をいう。

「1個の行為」につき、判例は、法的評価を離れ構成要件的観点を捨象した自然的観察の下で、行為者の動態が社会的見解上1個のものと評価される場合である、と解している（最大判昭和49・5・29刑集28-4-114）。54条1項が、構成要件的評価により数罪とされた行為が社会的見解上一体のものと認められることから科刑上一罪としているものであることから、1個の行為であるか否かは社会的見解に従って判断されることになる。無免許で酒

に酔って自動車を運転した場合、酒酔い運転行為と無免許運転行為とは社会的見解上1個の行為と認められる（最大判昭和49・5・29刑集28-4-151）。これに対し、酒に酔って自動車を運転した際、過失により人を負傷させた場合、酒酔い運転行為と過失行為とは社会的見解上1個の行為とは認められない（最決昭和50・5・27刑集29-5-348）。

「2個以上の罪名に触れ……る」とは、数個の犯罪が成立することをいう。罪名は同じものであってもかまわない（罪名が同じ場合を「同種の罪の観念的競合」、異なる場合を「異種の罪の観念的競合」とよぶ）。

[3] 牽連犯

牽連犯とは、54条1項後段の「犯罪の手段若しくは結果である行為が他の罪名に触れるとき」をいう。α罪とβ罪とが成立し、両罪の間に、〈手段─目的〉または〈原因─結果〉の関係が認められる場合である。

「手段若しくは結果である」関係（牽連性）とは、数罪間に、罪質上、通例、手段・結果の関係が存在することをいう（強盗目的で刃物を所持し、強盗を実行して相手を殺害しようとした事案につき、刃物の不法所持罪と強盗殺人未遂罪とは「必ずしもその罪質上通常手段又は結果の関係にあるべきものとは認め得ない」ので、牽連犯にはならないとしたものとして、最大判昭和24・12・21刑集3-12-2048）。判例は行為者の具体的な意思にかかわらず牽連性を認めており（夜這い目的で住居に侵入した後、住居内で財物を窃取した事案につき、住居侵入罪と窃盗罪とは牽連犯になるとした、大判大正6・2・26刑録23-134参照）、通説も、牽連意思がなくても客観的に牽連性が認められれば牽連犯になるとする（団藤462、大塚503、板倉369）。

54条1項には「他の罪名に触れるとき」とあるものの、数罪の罪名が同じであってもかまわない（「同種の罪の牽連犯」の承認─大塚504、大谷494）。

[4] かすがい現象

かすがい現象とは、本来は併合罪となるべき数罪が、それぞれある罪と観念的競合（または牽連犯）の関係にある場合に全体を観念的競合（または牽連犯）とすることをいう。例えば、Xが住居に侵入して、まずAを殺害し、次にBを殺害した場合、住居侵入罪1個、殺人罪2個が成立し、2個の殺

人罪は併合罪となるべきところ、それぞれ住居侵入罪と牽連犯になることから、全体を一括して牽連犯とする、と「かすがい現象を認めた」ということになるわけである。判例には、かすがい現象を認めたものがあり（最決昭和29・5・27刑集8-5-741、最決平成21・7・7刑集63-6-507）、肯定的な学説（大塚504、大谷497など）も多いものの、疑問視する見解もある（板倉371-372、大コメ（4）397-400〔中谷雄二郎〕参照）。

B　併合罪

[1]　意義等

　併合罪とは、45条の「確定裁判を経ていない2個以上の罪」および「ある罪について禁錮以上の刑に処する確定裁判があったとき」の「その罪とその裁判が確定する前に犯した罪」をいう（注釈（1）721-723〔伊藤渉〕参照）。併合罪の場合、各罪の同時審判が可能であるので一括して取り扱うことが合理的である等のことから、算術的に刑を科さないようにしている（大塚507、大谷498）。

[2]　処分等

　併合罪の処分に関しては、①最も重い罪の法定刑によって処断する、吸収主義、②最も重い罪の法定刑に一定の加重を施して処断する、加重単一刑主義、③各罪につき、それぞれ刑を定めて併せて執行する、併科主義がある。46条以下の規定についていうと、①の吸収主義によるものは、46条1項本文、46条2項本文、②の加重単一刑主義によるものは47条、48条2項（大塚511）、③の併科主義によるものは46条1項ただし書、46条2項ただし書、48条1項、49条（大谷501、これに対し、併科主義によるものではないとする見解として、大コメ（4）276〔中川武隆〕）、53条1項本文・2項、という具合になる。

　併合罪のうちに①確定裁判を経た罪と②経ていない罪（余罪）とがあるときは、余罪について裁判して処断することになる（50条）。そうなると、①の罪の裁判と②の罪の裁判とが存在することになる。このように2個以上の裁判があったときには、各裁判で定められた刑を併せて執行することになるものの（51条1項本文）、①の罪と②の罪とが同時に併合審理されて1

個の裁判がなされたときに比べて不利益になるのは相当でないので、51 条
1 項ただし書および同条 2 項は刑の執行段階において制限を加えている。

　併合罪となる数罪について有罪判決を受けた者が判決確定の後にその一
部の罪について大赦を受けたときは、刑の大赦を受けない部分を分離（こ
れを「刑の分離」とよぶ）して具体的に定める（52 条）。手続については刑訴
350 条に規定されている。

▐▐ コラム ▐▌▌　学生甲乙丙、罪数論を語る

甲　やれやれ、やっと罪数の話が終わったね。正直、他の章に比べて、わ
　けがわからず、退屈だったな。

乙　確かに、第 3 章から第 8 章までは、「こういうときに犯罪が成立する・
　しない」という話だったので、それなりに面白かったんだけど、罪数に
　なると「何個成立するか」とかいった話でしょう。各論の知識がないせ
　いか具体例もよくわからないものが多いし。

丙　まあ、現段階では、「何個成立するか」の犯罪の個数の問題と「数個成
　立したときにどう刑を科すか」という犯罪競合の際の科刑の問題とが区
　別できればいいんじゃないかな。とくに、「包括一罪になるか併合罪に
　なるか」あたりは、科刑に大きく影響するように思うよ。

甲　なかなか刑法の勉強もたいへんだということですかね。

乙　丁寧に基本的なことを押さえていくしかないでしょう。語学やスポー
　ツ、芸術と同じだと思うな。

丙　「千里の道も一歩ずつ着実に進め」というわけかな。いやあ、序論以降、
　いろいろ議論したね。またお会いする機会がありましたら、やりましょ
　う。

246 ■ 第 9 章 ■ 罪数

知識を確認しよう

・・・・・・・・・・・・・・・・・・・・・・・・・・・・・・

〔問題〕

(1) 法条競合、包括一罪、観念的競合、牽連犯は、どこが同じでどこが異なるか、具体例を示して述べなさい。

(2) X は、A から覚せい剤を詐取した後で A を射殺しようと計画し、① A から覚せい剤を詐取して共犯者に渡した後、② A を殺意をもって銃撃したものの殺害するに至らなかった。X の①行為は詐欺罪（246 条 1 項）、②行為は強盗殺人未遂罪（240 条後段・243 条）にあたるとして、罪数はどうなるか。

〔解答への手がかり〕

(1) 犯罪の個数に関するものか、犯罪競合の際の科刑に関するものか、を意識することが重要である（1 総説、参照）。それぞれ「一罪」にする理由は異なり、それが要件の如何に影響を及ぼしてくる。

(2) 最決昭和 61・11・18 刑集 40-7-523 の事案を簡略化した事例である（2、D、[3]、(2) 混合的包括一罪、参照）。とくに、包括一罪になるか（ならないとしたら併合罪になる）、よく考えてもらいたい。

第
10
章

刑罰論

本章のポイント

1. 刑法の刑法たるゆえんは、違反者に対して
   刑罰権を行使することを予告している点に
   ある。これまで勉強してきた刑法解釈論も
   刑罰権の発動を念頭において展開されてい
   る。刑罰とは何かをしっかり理解すること
   が刑法を学ぶ際にはとても大切である。

2. わが国の刑法典は、刑罰として、生命刑と
   自由刑、財産刑を用意している。それぞれ
   がどのような特徴をもった刑罰なのかをき
   ちんと理解したい。同時に、これらの刑罰
   は所与のものではなく、近年においては、
   生命刑や財産刑を改革しようとする動きが
   出ていることにも注意しよう。

3. 刑法に違反する行為をした者全てに刑罰を
   科すスタンスを、わが国の刑法はとってい
   ないことを確認しよう。刑の執行猶予制度
   や仮釈放の制度がなぜ設けられたのかを考
   えてみよう。

1 刑罰とは

A 刑の種類・主刑と付加刑・刑の軽重

わが国の刑法典は刑罰として、死刑、懲役、禁錮、罰金、拘留、科料、没収を用意している（9条）。このうち、死刑から科料までは主刑である。主刑とは、立法者が犯罪構成要件に対応する法定刑を設定する際に用いられる刑罰であり、ここから被告人に宣告される刑も導かれる。これに対して、没収は付加刑である。付加刑とは主刑が被告人に下される際に、これに付加してのみ科すことのできる刑罰である。

刑の軽重は刑の軽重の比較を要する場合（6条・47条・54条など）に問題となる。刑の軽重は、原則的に9条に規定されている刑罰の順序による（10条1項本文）。ただし、いくつかの調整規定が置かれている。第1に、無期の禁錮は有期の懲役よりも、また、有期の禁錮の長期が有期の懲役の2倍を超えるときも、禁錮の方が重い刑とされる（10条1項ただし書）。第2に、同じ種類の刑は長期の長いもの、または、多額の多いものが重い刑とされ、長期または多額が同じであるときは、短期の長いもの、または、寡額の多いものが重い刑とされる（10条2項）。第3に、2個以上の死刑、または、長期もしくは多額、および短期もしくは寡額が同じである同種の刑は、犯情によってその軽重を定める（10条3項）。犯情とは、犯罪の性質や手口、被害の程度のことをいう。

B 刑の内容

[1] 生命刑

生命が剥奪される刑を生命刑という。これにあたるのが死刑（11条）である。死刑は刑事施設（拘置所）内において、絞首によって執行される（同条1項）。絞首とは、受刑者の首に縄をかけ、これを緊縛することによって窒息死させることである。最高裁は、死刑は残虐刑を禁ずる憲法36条に違反しないとしている（最大判昭和23・3・12刑集2-3-191）。

量刑において死刑が選択される基準として、最高裁は、犯行の罪質、動機、態様ことに殺害の手段方法の執拗性、残虐性、結果の重大性、とくに

殺害された被害者の数、遺族の被害感情、社会的影響、犯人の年齢、前科、犯行後の情状など各般の情状を併せて考察し、その罪責が重大で、罪刑の均衡の見地からも、一般予防の見地からも極刑がやむを得ないと認められる場合に許されるとしている（最判昭和 58・7・8 刑集 37-6-609）。なお、被告人が犯行時に 18 歳未満の場合は死刑を科すことができない（少 51 条）。

死刑は、国民の支持の上に成り立っているが、近年、日本弁護士連合会が死刑廃止を視野に入れた宣言（「死刑制度の廃止を含む刑罰制度全体の改革を求める宣言」、2016〔平成 28〕年 10 月 7 日）を出すなど議論がある。

[2] 自由刑

自由刑とは人のあらゆる自由を制限する刑罰である。わが国では懲役（12 条）と禁錮（13 条）、拘留（16 条）がそれにあたる。いずれの刑罰も刑事施設内において執行される。

懲役と禁錮の刑期は、ともに無期あるいは 1 月以上 20 年以下の有期となっている。懲役においては刑務作業が必須となっているのに対し、禁錮ではそれが義務化されていない。刑務作業に就くか否かは禁錮受刑者の意思に委ねられている。こうしたことから、原則的に懲役は禁錮よりも重い刑とされている。このことは法定刑の設定にも影響を与えている。法定刑に禁錮が設定されている犯罪は、種々の理由から行為者の責任を強く問えない場合があることが想定されている。ただし、懲役と禁錮を見直す動きがあることに注意しなければならない。再び犯罪を犯さないようにするため、個々の問題により照準を合わせた処遇を受刑者に行う必要があるとの思潮が高まっている。これを受けて、懲役と禁錮の区別を廃止し、新たに拘禁刑に統一することが法務省において検討されている（法制審議会少年法・刑事法〔少年年齢・犯罪者処遇関係〕第 1 分科会第 1 回議事録などを参照）。

もう 1 つの自由刑である拘留の身柄拘束の期間は 1 日以上 30 日未満であり、懲役や禁錮と比べ非常に短い。このため、拘留が設定されている犯罪は軽微な犯罪であると捉えてよい。

なお、懲役および禁錮の加重（併合罪加重や再犯加重）および減軽（法律上の減軽、酌量減軽など）に関する規定がある（14 条）。死刑や無期懲役または無期禁錮を減軽し有期懲役または有期禁錮とする場合、刑期の上限は 30 年と

なる（同条1項）。また、有期懲役または有期禁錮を、加重する場合は刑期の上限は30年、減軽する場合は刑期の下限は1月未満にすることができる（同条2項）。本条は、無期刑と有期刑の間隙を狭め、量刑を適正化するために設けられた。

[3] 財産刑

　財産刑とは人の財産を剥奪する刑罰である。これに該当するのが、罰金（15条）と科料（17条）である。罰金の額は1万円以上である。減軽する場合は、1万円未満に下げることができる。罰金は、行為者個人に対してはもちろんのこと、法人を処罰する刑事制裁としても、用いられることが多い。科料の額は1000円以上1万円未満である。罰金や科料を完納することができない者は労役場に留置される（18条）。その期間は、罰金の場合は1日以上2年以下（同条1項）、科料の場合は1日以上30日以下（同条2項）、である。労役場は法務大臣の指定した刑事施設に付属しておかれている（刑事収容287条）。

　付加刑である没収も財産刑である。没収される物は、①犯罪行為を組成した物、②犯罪行為の用に、供し、または、供しようとした物、③犯罪行為によって生じた物、④犯罪行為によって得た物、⑤犯罪行為の報酬として得た物、である（19条1項1号〜4号）。これらの物は、犯罪予防や被害者保護の観点から、剥奪される。③または④の一部あるいは全部が没収できない場合は、その価額を追徴することができる（19条の2）。

2　刑罰の本質、機能

　刑罰の本質および機能については、大別すると、応報刑論と目的刑論とが対立している。応報刑論とは、刑罰を犯罪に応じた報いとして捉える考え方である。応報刑論には、犯罪と均衡する刑罰を科すという意味で、刑罰の濫用を防ぎうる主張が込められている。しかし、刑罰を用いて報いる「犯罪」とは何かが明確でない。犯罪を法益侵害結果と捉えると、まさに結

果責任を行為者に追及することとなりかねない。もう1つの懸念は、犯罪を犯しさえすれば無目的に刑罰を科しかねない点である。

そこで、これに対抗して目的刑論が主張される。目的刑論とは、犯罪予防という目的のために刑罰を用いるという考え方である。犯罪予防の具体的内容をめぐり、さらに2つの見解が分かれる。1つは、行為者が再び同種の犯罪を犯さないようにする意味に解する見解であり、これを特別予防という。もう1つは、行為者以外の一般国民に対し同種の犯罪を犯さないよう働きかける見解であり、これを一般予防という。たしかに目的刑論は刑罰を犯罪予防という合理的目的のために役立てようとしている点は応報刑論よりも優れている。しかし、犯罪予防を追求するあまり、犯罪との均衡を上回る刑罰を科すことを正当化するおそれがある。例えば、100円のパンを盗んだ者に対し、再犯予防や一般予防のために、犯罪と均衡のとれる刑の期間を上回る刑を科してもよいことになる。

そこで、応報刑論をベースとしつつ犯罪予防目的を追求する相対的応報刑論が登場する。行為責任と均衡する刑罰の幅を想定した上で、その範囲内においてのみ予防目的を考慮に入れる。この見解によれば、100円のパンを盗む行為に見合う刑罰の幅をまず考え、次いで予防目的を考慮するが、それが刑罰の幅の上限を上回ることは許されない。

3　刑の適用

刑の適用のプロセスは図式化するならば、「法定刑→処断刑→宣告刑」となる。出発点は法定刑である。法定刑とは構成要件に対応する刑罰である。次いで、処断刑とは、法定刑に法律上の加重および減軽を加えた刑である。法定刑あるいは処断刑の幅の中から、裁判官は宣告刑を決めていく。

処断刑をどのように形成するかについては72条に定めがある。その際、法定刑が複数設定されている場合には、まず裁判官は刑種を選択しなければならない（例えば69条を参照）。第1に、再犯加重（同条1号）である。再犯とは、懲役に処せられた者がその執行を終わった日、または、その執行の

免除を得た日から5年以内にさらに罪を犯した場合であり、その者を有期懲役に処することが条件となっている（56条1項）。再犯の刑は、その罪について定めた懲役の長期の2倍以下とされる。なお、14条の制限がかかり、最上限は30年である。第2に、法律上の減軽（同条2号）についてである。法律上の減軽とはそれが法律に規定されている場合である。過剰防衛（36条2項）や過剰避難（37条1項ただし書）、心神耗弱（39条2項）、自首（42条）などがあり、必要的減軽や任意的減軽の場合がある。なお、法律上の減軽の方法については、68条に定めがある。第3に、併合罪加重（同条3号）である。併合罪加重（47条）とは、併合罪のうち、2個以上の罪について有期懲役または有期禁錮に処するときは、その最も重い罪について定めた刑の長期にその2分の1を加えたものを長期とする。ただし、それぞれの罪について定めた刑の長期の合計を超えることができない。例えば、窃盗罪（235条）と暴行罪（208条）の場合、窃盗罪の懲役刑の長期を1.5倍にした懲役15年がいちおう刑の長期となるが、両罪の懲役刑の長期を合算すると懲役12年であるから、これが長期となる。第4に、酌量減軽（同条4号）である。犯罪の情状に酌量すべきものがあるときは、その刑を減軽することができる（66条）。情状とは、犯罪行為に関する事情（犯情）以外の事情である。犯行前および犯行後の事情が一例である。犯罪は犯したが、一般人の目から見て行為者に同情するべき事情があるときに刑を減軽することができる。以上のような過程を経て、処断刑が形成される。

　その処断刑の幅の中から、過去におきた類似の事案と対照しながら（量刑相場ともいわれている）、最終的に1点に時の定まった刑が宣告される。なお、少年法では相対的不定期刑が認められている（少52条）。

4　刑の執行

　刑の言い渡しの裁判が確定したのちに、宣告刑が被告人に対して執行される（刑訴471条以下、刑事収容施設法など）。しかしながら、宣告刑のすべてが被告人に執行されるわけではない。以下のような例外がある。

第1に、刑の執行猶予制度である。2種類あり、1つは刑の全部を執行猶予する制度（25条以下。以下、全部執行猶予制度とよぶ）であり、もう1つは刑の一部の執行を猶予する制度（27条の2以下。以下、一部執行猶予制度とよぶ）である。全部執行猶予制度とは、25条所定の者が、3年以下の懲役もしくは禁錮、または50万円以下の罰金の言い渡しを受けたときに、情状により、裁判が確定した日から1年以上5年以下の期間、刑の全部の執行を猶予できる制度である。対象となる者は、①前に禁錮以上の刑に処されたことがない者、②前に禁錮以上の刑に処されたことがあっても、その執行を終わった日またはその執行の免除を得た日から5年以内に禁錮以上の刑に処されたことがない者、である（同条1項）。さらに、前に禁錮以上の刑に処され、かつ、その刑が全部執行猶予された者で、1年以下の懲役または禁錮の言い渡しを受けた者も全部執行猶予制度の対象となっているが、情状にとくに酌量するべきものがある場合に限定される（同条2項）。同条1項の場合は任意に保護観察に付されるが、同条2項の場合は必要的に保護観察に付される（25条の2第1項）。一部執行猶予制度とは、27条の2第1項所定の者が、3年以下の懲役または禁錮の言い渡しを受けた場合に、犯情の軽重および犯人の境遇その他の情状を考慮して、再び罪を犯すことを防ぐために必要であり、かつ相当であると認められるときには、1年以上5年以下の期間、その刑の一部の執行を猶予することができる制度である（27条の2）。満期出所者が刑事施設へ再び入所する率が6割を超えていること、さらに再犯予防のために刑罰以外の方法による働きかけが必要な受刑者がいることなどから、一部執行猶予制度が平成25（2013）年から創設された。刑の執行を先行させた上で、その後の刑の執行を猶予し、保護観察に付する点が、全部執行猶予制度と異なる点である。

第2に、仮釈放（28条）および仮出場（30条）である。仮釈放とは、懲役または禁錮に処せられた者に改悛の状があるときは、有期刑についてはその刑期の3分の1が経過した後に、無期刑については10年を経過した後に、行政官庁（地方更生保護委員会）の処分によって、刑事施設から仮に釈放する制度である。仮出場は拘留に処された者や労役場に留置された者の身柄を仮に釈放する制度である。

254 ■ 第10章 ■ 刑罰論

5 刑の時効・刑の消滅

　刑の時効とは、刑の言い渡しが確定した後に、法定の期間、刑が執行されない場合に、刑の執行が免除されるものである（31条・32条）。死刑はこの規定の外である（31条参照）。刑の消滅とは、禁錮以上の刑の執行を終わり、または、その執行の免除を得た者（5条・31条、恩赦8条など）が罰金以上の刑に処せられないで10年を経過したときに、刑の言い渡しの効力が失われるものである（34条の2第1項）。刑の免除（36条1項、37条1項ただし書、43条ただし書など多数）の言い渡しを受けた者の場合は、その期間が2年を経過したときに、刑の免除の言い渡しは効力を失う（34条の2第2項）。

知識を確認しよう

【問題】

(1) 刑法と民法の違いを、それぞれの法律がその実効性を確保するために用いる手段に着目して、説明しなさい。

(2) 死刑の存廃論について説明しなさい。

(3) 刑の執行猶予制度について説明しなさい。

【解答への手がかり】

(1) 民法では損害賠償を、刑法では刑罰を、それぞれ手段として用いる。その手段の違いが両方の目的の違いに根差していることを意識しよう。刑罰の機能論にも言及しよう。

(2) 死刑とはどのような刑罰かを説明した上で、死刑の適用基準や廃止に向けた動向について整理しよう。

(3) 刑の執行猶予制度は全部執行猶予制度に加え、あらたに一部執行猶予制度が導入されている。執行猶予制度の目的のみならず、一部執行猶予制度が導入された背景を考えてみよう。

第11章 刑法の適用範囲

本章のポイント

1. 刑法はどこで行われた犯罪に適用されるか。犯罪事実が国内で生じた場合とはいかなる意味か。国外で生じたとき適用されるのはいかなる場合で、その適用範囲が国外へと拡張される趣旨は何か。

2. 刑罰法令は、制定・施行されてから廃止されるまでの間、適用される。それでは、その罰則中の刑に変更があったとき、新旧いずれの規定が適用されるのか。

3. 同一の事実について、外国ですでに有罪とされ刑の執行を受けたとき、さらにわが国で同じ事実につき重ねて処罰を行う場合、いかなる問題があるのか。

1 総説

　刑法1条1項は、この法律が、「日本国内において罪を犯したすべての者に適用」されることを定めている。ここにいう「日本国内において」とは何を意味するのか、「罪を犯した」の意義はどうか。また、続く2条以下に、一定の場合、国外における犯罪事実についても適用することを定めているが、それら対象犯罪の種類と適用範囲拡張はどのような原理によるものか。これが刑法の場所的適用範囲の問題である。処罰を行うためには、行為の時点で有効な罰則を適用することが必要であるが、その「犯罪行為が行われた時点」をどう捉えるか、行為後に法改正が行われた場合、適用すべき規定がいずれかを決定する必要がある。これが刑法の時間的適用範囲の問題である。ある事実について外国で裁判が行われ刑罰が執行された後に、同じ事実についてわが国で重ねて刑罰権を行使することをいかに考えるべきか。これが外国判決の効力の問題である。なお、こうした適用範囲等に関する諸規定は、刑法典以外の刑罰規定にも適用される。刑法総則はすべての刑罰法令の総則の地位を有するからである（8条）。

2 刑法の場所的適用範囲

A　国内犯への刑法の適用

　日本国内で罪を犯した場合を国内犯という。「日本国内」とは、わが国の領域（領土・領海・領空）に属する場所を意味する。刑法を制定し、これを適用して犯人を処罰することは、国家主権の内容をなす刑罰権の行使に関わることであるから、国家が制定した刑法が主権の及ぶ範囲内にあまねく適用される（1条1項）のは当然のことである。加えて、日本船舶・航空機については、それが日本国内にない場合（外国またはどこの国の領域にも属さない場所にあるとき）でも、その船舶・航空機内は日本国内として扱われる（1条2項）。ここにいう日本船舶・航空機とは日本国籍を有するそれを意味する

（船舶法1条、航空法3条・3条の2）。

それでは、日本国内で「罪を犯した」とは何を意味するのか。①行為地が国内にあること（行為説）、②結果発生地が国内にあること（結果説）、③それらのいずれか1つが認められること、という基準が考えられるが、通説は、④行為地、結果発生地、さらに行為と結果とを繋ぐ中間影響地のいずれかが国内にあれば全て国内犯とする偏在説に立つ。結果発生地が国外であっても行為が国内で行われれば国内犯であるとした判例（大判明治44・6・16刑録17-1202）がある。なお、中間影響地とは、国内居住の被害者を殺害する意図で、毒薬を仕込んだ内服用カプセルを国外から発送したところ、出国直前に服用した後、国外に出てから毒が奏効して死亡した場合のように、行為も結果も国内になくとも、それらを繋ぐ影響地が国内にあるときを指す。刑法の適用がわが国の法秩序維持という目的にあることから、法秩序への影響が無視できないことによる。

B　国外犯への刑法の適用

刑法は、以上にみたように犯罪地が国内にある国内犯への適用を原則とする。これを属地主義という。これに対して、特別に国外犯に対する適用を認める規定として、①すべての者の国外犯（2条）、②国民の国外犯（3条）、③国民以外の者による国外犯（3条の2）、④公務員の国外犯（4条）、⑤条約による国外犯（4条の2）がおかれている。

これら国外犯のうち、①は内乱罪、通貨偽造罪等への適用を定め、わが国の利益を護ろうとする保護主義によるもの、②は国民による殺人等重大犯罪へ適用を定めた（積極的）属人主義によるもの、③は国民を被害者とする国民以外の者による犯罪への適用を定めた保護主義（自国民が被害者である場合の〔消極的〕属人主義ともいえる）によるもの、④はわが国の公務員による虚偽公文書作成罪等への適用を定めた属人主義（わが国の利益保護を図る保護主義ともいえる）によるもの、⑤は何人によるかも、自国の利益に関わるか否かも問わない世界主義に立った規定であって、外交官へのテロ・加害行為のような国際社会が共同して対処しなければならない犯罪への適用を定めたものである。

3 刑法の時間的適用範囲

A 有効な罰則の存在とその廃止

　犯罪として処罰を行うためには、その行為に適用できる有効な刑罰規定の存在が必要である。これはすでに見たように、遡及処罰の禁止という罪刑法定主義の要求によるものである（憲法39条）。適用すべき罰則を定める法令の施行後でなければ処罰できないことはいうまでもない。

　処罰規定を定めた法令が廃止され行為時に存在しなくなれば、もとより適用すべき罰則を欠くことになる。さらに、犯罪時のみならず、裁判時にも罰則が存在する必要があるので、犯罪後に刑が廃止されれば裁判所は処罰の権限を失い、処罰することはできなくなる（刑訴337条2号）。なお、法令廃止後も、罰則適用に関してのみ「なお従前の例による」といった規定を置き、その効力を維持している場合は刑の廃止とはいえない。このような経過措置が置かれていなくても、法の趣旨から当然に罰則の効力は存続する旨主張する限時法の理論が唱えられたこともあったが、妥当とはいえない。

B 犯罪時の意義

　罰則は、犯罪が行われたときに存在しなければならない。そこで、犯罪が行われたときとはいつか、すなわち犯罪時の意義が問題となるが、これを実行行為がなされた時点と解するのが通例である。判例は、銃砲等の所持罪のような継続犯については、実行行為継続中に刑罰法規に変更があってもその終了時までは犯罪時と解し施行後の罰則の適用を認めている（最決昭和27・9・25刑集6-8-1093）が、施行後に実行されたことを要するとの批判がある（山口385-386）。

C 刑の変更と変更後の刑の適用

　犯罪後の法律により刑の変更があったときは、変更の前後の刑のうち、もっとも軽いものが適用される（6条）。例えば、殺人罪の有期懲役の下限は、①「3年以上の懲役」から②「5年以上の懲役」へと変更されたが、こ

の改正法が施行された 2005（平成 17）年 1 月 1 日以前に殺人を実行した者
に対して、同日以後に刑の言い渡しを行うときには、改正前の刑（軽い方の
①の刑）が適用される。これに対して、強盗致傷罪（240 条前段）は、③「無
期又は 7 年以上の懲役」から、④「無期又は 6 年以上の懲役」に変更され
たが、この改正法施行日の平成 17 年 1 月 1 日以前に強盗実行の際被害者
を負傷させた者に対して同日以後に刑の言い渡しを行うときには、改正後
の刑（軽い方の④の刑）が適用される（継続犯に関しては、前述の通り改正後に実行
行為が認められるので改正後の刑が適用されるとするのが判例であるから、例えば、懲
役の上限を 5 年から 7 年へと引上げた逮捕監禁罪に関しては、その改正法が施行された
同年 7 月 12 日の前後に継続して実行された監禁行為に対し、重い改正後の刑が適用さ
れることになる）。

　事後の立法によって、それまで犯罪ではなかった行為を処罰すること、
また、それまでより重い刑を科することが前述の遡及処罰禁止から許され
ないことはいうまでもない。これに対して、軽く変更された刑を遡及適用
することは行為者に不利益をもたらすわけではないので、そうした保障原
則の趣旨に反するものではない。なお、以上のような法定刑自体の変更以
外にも法改正が刑適用上利益・不利益をもたらすことがあるが、執行猶予
の条件のように特定の犯罪についての刑種・刑量が法改正の前後で差異を
生じた場合とはいえない場合は「刑の変更」にあたらないとするのが判例
である（最判昭和 23・6・22 刑集 2-7-694）。

4　外国判決の効力

　刑法は、外国の裁判所で確定判決を受けた者であっても、同一の行為に
ついて重ねて処罰することができることを規定している（5 条本文）。例え
ば、アメリカ合衆国で罪を犯し同国で有罪判決を言い渡された日本国民が、
同国で刑の執行を受け終わり帰国したとき、その者を日本で再び処罰して
も差支えないのである。憲法 39 条は何人も同一の犯罪について重ねて刑
事上の責任を問われないことを定めているが、判例は、これを同一裁判権

により二重に刑事上の責任を問うことを禁じた趣旨であるから、同一事実について前の裁判と後の裁判とが、ともにわが国裁判権に基づくものである場合にはじめて二重問責の禁止に触れるものといわなければならない、としている（最大判昭和28・7・22刑集7-7-1621）。

　しかし、外国で刑を受けたことをまったく考慮しないと、過酷な刑罰制度の運用となり妥当でない場合が生じる。そこで、このように実質的に二重の処罰と同様の事態となる場合、外国で言い渡された刑の一部または全部の執行を受けたときは、刑の執行を減軽または免除することとしているのである（5条ただし書）。なお、刑法制定時は裁量的とされたこの減免規定は、1947（昭和22）年に現在の必要的減免に改められたものである。

┃┃コラム┃┃　日本人を被害者とする国外犯の新設

　2002（平成14）年4月7日、台湾沖の公海上を日本に向け航行中の船舶から「日本人船員がフィリピン人船員に殺害されたらしい」との通報がありました。このパナマ船籍タンカーのTAJIMA号は、その後、姫路港に入港しましたが、船長権限により犯人を船内に軟禁したまま錨泊の状態が続きました。政府は、この間にパナマ政府に対して犯人の身柄引渡請求をわが国に対して行うよう働きかけを行いましたが、翌月になってパナマ政府から仮拘禁請求がなされ、その後9月6日にようやく被疑者のパナマ官憲に対する引き渡しが行われました。

　このように公海上の外国籍船内で外国人による日本人殺害事件が発生したのに、わが国刑法の適用がなかったため、被疑者の身柄拘束すらできない事態が生じました。フィリピンの刑法もフィリピン国民による国外犯への適用の規定を欠いており、TAJIMA号の旗国であるパナマが唯一この殺人事件について刑事裁判権をもつ国でした。殺人等の犯罪被害が生じても犯人が処罰できず、日本人の生命が保護されないままにおかれかねない場合があることが注目されたのです。

　この事件をきっかけに、公海上の外国籍船内で、日本国民が外国人による殺人等の重大な犯罪の被害を受けた場合、わが国の刑法が適用できるように、刑法3条の2の「国民以外の者の国外犯」が新設されました。

4 外国判決の効力 ■ 261

知識を確認しよう

・・・・・・・・・・・・・・・・・・・・・・・・・・・・・

問題

(1) 暴力団員 A は、日本国内から東南アジア某国所在の外国人 B に電話をかけて覚せい剤の製造を依頼したところ、これに応じた B は覚せい剤製造を決意し日本国外にある秘密工場で正当な理由なく覚せい剤を製造した。A の罪責はどうか。

(2) D は、某日、宝飾店のショーケースから店員の隙をついて金のネックレスを取り出し持ち去ったが、逮捕後、裁判中の 2006 (平成 18) 年 5 月 28 日に窃盗罪の法定刑を「懲役刑のみ」から「懲役か罰金か選択可能なもの」に変更する改正法が施行された。D に適用されるのは変更前後のいずれか。

解答への手がかり

(1) 共犯行為 (本問では教唆) が国内で行われ、正犯行為と結果の全てが国外で生じた場合、その共犯は国内犯といえるか、という問題である。逆に、国外にいる者が国内の正犯に対して共犯行為をした場合や、犯罪事実自体は国外で生じたがその共謀が国内で行われた場合なども考えられる (判例があるので調べてみよう)。

(2) 犯罪後に法改正があり刑が変更された場合、変更以前の犯罪時の刑と、変更後の裁判時の刑のいずれが適用されるのか。「新法は旧法に優先する」と「事後法による処罰の禁止」の趣旨と両者の関係も理解する必要がある。

参考文献

序論

設楽裕文『刑法〔改訂版〕』（学陽書房、2006）

設楽裕文編『法学刑法1総論』（信山社、2010）

藤木英雄＝板倉宏『刑法案内1』（勁草書房、2011）

藤木英雄＝板倉宏『刑法案内2』（勁草書房、2011）

松村格『刑法学への誘い〔全訂版〕』（八千代出版、2012）

板倉宏監修・著、沼野輝彦＝設楽裕文編『現代の判例と刑法理論の展開』（八千代出版、2014）

船山泰範編『Next教科書シリーズ　刑事法入門』（弘文堂、2014）

船山泰範『刑法を学ぶための道案内』（法学書院、2016）

第1章

西原春夫「刑法の意義と役割」中山研一ほか編『現代刑法講座・第1巻』1頁以下（成文堂、1977）

三井誠「刑法学説史（一）外国」中山研一ほか編『現代刑法講座・第1巻』121頁以下（成文堂、1977）

三井誠「刑法学説史（二）日本・戦後」中山研一ほか編『現代刑法講座・第1巻』149頁以下（成文堂、1977）

三井誠＝町野朔＝中森喜彦『刑法学のあゆみ』（有斐閣、1978）

伊東研祐「第3講・刑法における法益概念」阿部純二ほか編『刑法基本講座・第1巻』33頁以下（法学書院、1992）

第2章

金沢文雄「罪刑法定主義の現代的課題」中山研一ほか編『現代刑法講座・第1巻』85頁以下（成文堂、1977）

三井誠「罪刑法定主義」西原春夫ほか編『判例刑法研究1』35頁以下（有斐閣、1980）

西田典之ほか編『注釈刑法・第1巻　総論§§1〜72』9頁以下（有斐閣、2010）〔西田典之〕。

岩谷十郎『明治日本の法解釈と法律家』175頁以下（慶應義塾大学法学研究会叢書、2012）

佐伯仁志『刑法総論の考え方・楽しみ方』16頁以下（有斐閣、2013）

第3章

設楽裕文『刑法〔改訂版〕』（学陽書房、2006）

板倉宏『刑法総論〔補訂版〕』（勁草書房、2007）

設楽裕文編『法学刑法1総論』（信山社、2010）

西田典之ほか編『注釈刑法・第1巻　総論§§1〜72』（有斐閣、2010）
大塚仁ほか編『大コンメンタール刑法〔第3版〕』第2巻（青林書院、2016）

第4章
設楽裕文編『法学刑法1 総論』（信山社、2010）
設楽裕文編『法学刑法3 演習（総論）』（信山社、2010）
設楽裕文編『法学刑法5 判例インデックス1000〈コンメンタール〉』（信山社、2012）
佐伯仁志『刑法総論の考え方・楽しみ方』（有斐閣、2013）
板倉宏監修・著、沼野輝彦＝設楽裕文編『現代の判例と刑法理論の展開』（八千代出版、
　　2014）

第5章
設楽裕文編『法学刑法1 総論』（信山社、2010）
設楽裕文編『法学刑法3 演習（総論）』（信山社、2010）
西田典之ほか編『注釈刑法・第1巻　総論§§1〜72』（有斐閣、2010）
佐伯仁志『刑法総論の考え方・楽しみ方』（有斐閣、2013）
板倉宏監修・著、沼野輝彦＝設楽裕文編『現代の判例と刑法理論の展開』（八千代出版、
　　2014）
大塚仁ほか編『大コンメンタール刑法〔第3版〕』第3巻（青林書院、2015）
大塚仁ほか編『大コンメンタール刑法〔第3版〕』第2巻（青林書院、2016）

第6章
山口厚『問題探究 刑法総論』（有斐閣、1998）
設楽裕文編『法学刑法1 総論』（信山社、2010）
設楽裕文編『法学刑法3 演習（総論）』（信山社、2010）
設楽裕文編『法学刑法5 判例インデックス1000〈コンメンタール〉』（信山社、2012）
佐伯仁志『刑法総論の考え方・楽しみ方』（有斐閣、2013）
板倉宏監修・著、沼野輝彦＝設楽裕文編『現代の判例と刑法理論の展開』（八千代出版、
　　2014）
大塚仁ほか編『大コンメンタール刑法〔第3版〕』第3巻（青林書院、2015）

第7章
香川達夫『中止未遂の法的性格』（有斐閣、1963）
野村稔『未遂犯の研究』（成文堂、1984）
宗岡嗣郎『客観的未遂論の基本構造』（成文堂、1990）
山中敬一『中止未遂の研究』（成文堂、2001）
金澤真理『中止未遂の本質』（成文堂、2006）
野澤充『中止犯の理論的構造』（成文堂、2012）

佐藤拓磨『未遂犯と実行の着手』（慶應義塾大学出版会、2016）
原口伸夫『未遂犯論の諸問題』（成文堂、2018）

第8章
大越義久『共犯の処罰根拠』（青林書院、1981）
高橋則夫『共犯体系と共犯理論』（成文堂、1988）
橋本正博『「行為支配論」と正犯理論』（有斐閣、2000）
島田聡一郎『正犯・共犯論の基礎理論』（東京大学出版会、2002）
西田典之『共犯と身分〔新版〕』（成文堂、2003）
亀井源太郎『正犯と共犯を区別するということ』（弘文堂、2005）
照沼亮介『体系的共犯論と刑事不法論』（弘文堂、2005）
平山幹子『不作為犯と正犯原理』（成文堂、2005）
豊田兼彦『共犯の処罰根拠と客観的帰属』（成文堂、2009）
西田典之『共犯理論の展開』（成文堂、2010）
内海朋子『過失共同正犯について』（成文堂、2013）
小島秀夫『幇助犯の規範構造と処罰根拠』（成文堂、2015）

第9章
設楽裕文編『法学刑法1総論』（信山社、2010）
成瀬幸典＝安田拓人編『判例プラクティス刑法Ⅰ総論』（信山社、2010）
西田典之ほか編『注釈刑法・第1巻　総論　§§1〜72』（有斐閣、2010）
設楽裕文編『法学刑法5判例インデックス1000〈コンメンタール〉』（信山社、2012）
大塚仁ほか編『大コンメンタール刑法〔第3版〕』第4巻（青林書院、2013）

第10章
団藤重光『死刑廃止論〔第6版〕』（有斐閣、2000）
原田國男『裁判員裁判と量刑法』（成文堂、2011）
太田達也『刑の一部執行猶予—犯罪者の改善更生と再犯防止』（慶應義塾出版会、2014）

第11章
西原春夫「刑罰法規の適用範囲」西原春夫ほか編『判例刑法研究1』1頁以下（有斐閣、1980）
名和鐵郎「第5講　国際刑法」阿部純二ほか編『刑法基本講座・第1巻』67頁以下（法学書院、1992）
西田典之ほか編『注釈刑法・第1巻　総論　§§1〜72』25頁以下（有斐閣、2010）

事項索引

あ行

アジャン・プロヴォカトゥー
　ル………………………215
あてはめの錯誤………140,145
安楽死……………………111
意思説……………………147
意思表示説………………105
意思方向説………………105
異種の罪の観念的競合……243
一故意犯説………………155
一部執行猶予……………253
一厘事件……………………90
一般予防…………………251
違法減少説………………186
違法行為類型説……………40
違法性………………………76
違法性推定機能……………41
違法性・責任減少説……118
違法性阻却事由……………76
違法性の意識の可能性……130
違法性の意識不要説………145
違法性の錯誤
　…139,140,141,145,151,161
違法性の相対性………86,93
違法性・有責性制約機能…41
違法・有責行為類型説……40
意味の認識………………138
医療行為……………………99
岩手県教組事件……………94
因果関係の錯誤……153,157
因果関係の断絶……………66
因果関係の中断……………69
因果的共犯論……………199
陰謀………………………180
営業犯……………………239
冤罪…………………………3
応報刑論…………………250

遅過ぎた結果発生…………57
遅過ぎた構成要件実現……158
小野清一郎………………132

か行

概括的故意………………149
外国判決の効力…………256
蓋然性説…………………147
害の均衡…………………122
外務省機密漏洩事件…84,100
拡張解釈……………………23
拡張の正犯概念…………194
確定的故意………………149
科刑…………………………6
科刑上一罪………………242
加減的身分………………227
過失………………………162
過失推定説…………………20
過失段階説………………168
過失併存説………………168
加重された刑の遡及………22
加重単一刑主義…………244
過剰避難…………………122
過剰防衛………………3,117
かすがい現象……………243
仮定的因果経過……………68
過度に広範な処罰…………27
可罰的違法性………………86
可罰的違法性の理論………86
仮釈放……………………253
仮出場……………………253
科料………………………250
慣習刑法の禁止……………25
間接教唆…………………217
間接正犯………49,58,195
間接の安楽死……………111
監督過失…………………168

観念的競合………………242
管理過失…………………168
企業組織体責任論………171
危惧感説…………………164
危険の引受け……………108
危険犯………………………43
記述的構成要件要素…39,139
偽装心中…………………105
期待可能性……130,131,176
期待可能性の標準………176
危難………………………120
規範違反説…………………80
規範的構成要件要素
　………………………39,78,139
規範的責任論……………131
基本的構成要件……………38
義務の衝突………………112
客体の錯誤…………153,154
客観説………………………70
客観的違法性論……………79
客観的帰属論………………70
客観的構成要件要素………39
客観的処罰条件…………138
旧過失論…………………163
吸収関係…………………238
吸収主義…………………244
急迫………………………114
狭義の包括一罪…………240
行刑法………………………6
教唆………………………213
教唆犯……………………193
矯正保護法…………………9
共同正犯………………49,193
共罰の事後行為…………241
共罰の事前行為…………240
共犯からの離脱…………206
共犯独立性説……………197
共謀共同正犯……………201

業務上過失‥‥‥‥‥‥172	結果予見可能性‥‥‥‥162	誤想避難‥‥‥‥‥‥‥126
挙動犯‥‥‥‥‥‥‥‥42	結果予見義務‥‥‥‥‥162	誤想防衛‥‥‥‥78,124,136
緊急行為‥‥‥‥‥‥‥114	結合犯‥‥‥‥‥‥237,238	個別化機能‥‥‥‥‥‥41
禁錮‥‥‥‥‥‥‥‥‥249	原因行為‥‥‥‥‥‥‥174	混合的包括一罪‥‥‥‥241
禁止の錯誤‥‥‥‥‥‥145	厳格故意説‥‥‥‥‥‥146	
偶然防衛‥‥‥‥‥‥‥117	厳格責任説‥‥‥‥‥‥146	**さ行**
具体的危険説‥‥‥‥‥51	喧嘩闘争‥‥‥‥‥‥‥115	
具体的危険犯‥‥‥‥‥43	限時法の理論‥‥‥‥‥258	再間接教唆‥‥‥‥‥‥217
具体的事実の錯誤‥‥‥151	限縮的正犯概念‥‥‥‥194	罪刑均衡の原則‥‥‥‥26
具体的法定符合説‥‥154,156	限定責任能力‥‥‥‥‥173	罪刑法定主義‥‥‥4,17,20
久留米駅事件‥‥‥‥93,101	権利・義務行為‥‥‥‥97	罪数‥‥‥‥‥‥‥‥‥234
久留米駅事件方式‥‥‥93	牽連性‥‥‥‥‥‥‥‥243	罪数論‥‥‥‥‥‥‥‥234
クロロホルム事件‥‥‥158	牽連犯‥‥‥‥‥‥‥‥243	裁判員‥‥‥‥‥‥‥‥2
傾向犯‥‥‥‥‥‥‥‥40	故意規制機能‥‥‥‥‥41	再犯加重‥‥‥‥‥‥‥251
形式的意義の刑法‥‥‥8	故意説‥‥‥‥‥‥‥‥146	作為義務‥‥‥‥‥‥‥62
形式的違法性論‥‥‥‥80	故意の個数‥‥‥‥‥‥155	殺人罪‥‥‥‥‥‥‥‥3
形式的客観説‥‥‥‥49,182	故意処罰の原則‥‥134,162	砂末吸引事件‥‥‥‥‥158
形式犯‥‥‥‥‥‥‥‥43	行為共同説‥‥‥‥‥‥204	三分説‥‥‥‥‥‥‥33,79
刑事実体法‥‥‥‥‥6,9	行為責任論‥‥‥‥‥‥133	時間的適用範囲‥‥‥‥256
刑事手続法‥‥‥‥‥6,9	行為説‥‥‥‥‥‥‥‥257	自救行為‥‥‥‥‥‥‥113
刑事法‥‥‥‥‥‥‥3,6	行為と責任の同時存在の原則	死刑‥‥‥‥‥‥‥‥‥248
刑事未成年者‥‥‥‥‥175	‥‥‥‥‥‥‥‥‥‥174	死刑が選択される基準‥‥248
継続犯‥‥‥‥‥‥‥‥44	行為の違法性を基礎づける事	事後の過剰‥‥‥‥‥‥118
刑の軽重‥‥‥‥‥‥‥248	実‥‥‥‥‥‥‥‥‥135	自己予備‥‥‥‥‥‥‥180
刑の時効‥‥‥‥‥‥‥254	行為無価値論‥‥‥‥‥81	事実の錯誤
刑の執行猶予‥‥‥‥‥253	行為類型説‥‥‥‥‥‥40	‥‥‥‥‥140,141,150,161
刑の消滅‥‥‥‥‥‥‥254	行為論‥‥‥‥‥‥‥‥47	自手犯‥‥‥‥‥‥‥‥60
刑の分離‥‥‥‥‥‥‥245	構成的身分‥‥‥‥‥‥227	自招危難‥‥‥‥‥‥‥121
刑の変更‥‥‥‥‥‥‥258	構成要件‥‥‥‥‥32,36	自招侵害‥‥‥‥‥‥‥115
刑の免除‥‥‥‥‥‥‥254	構成要件該当性‥‥‥‥36	自然的行為論‥‥‥‥‥47
刑罰の最終手段性‥‥‥10	構成要件基準説‥‥‥‥236	自然的事実の認識‥‥‥138
刑罰法規の適正原理‥‥‥21	構成要件的過失‥‥‥‥40	実行行為‥‥‥‥‥‥‥46
刑法‥‥‥‥‥‥‥‥‥4	構成要件的故意‥‥40,135	実行従属性‥‥‥‥‥‥197
刑法典‥‥‥‥‥‥‥‥8	構成要件的符合説‥‥‥154	実行未遂‥‥‥‥‥‥‥181
刑法の断片性‥‥‥‥‥10	構成要件の違法性推定機能	実質的意義の刑法‥‥‥8
刑法の補充性‥‥‥‥‥10	‥‥‥‥‥‥‥‥‥‥76	実質的違法性論‥‥‥‥80
結果回避可能性‥‥‥‥162	構成要件の機能‥‥‥‥41	実質的客観説‥‥‥‥‥182
結果回避義務‥‥‥‥‥162	構成要件モデル‥‥‥‥174	実質的行為説‥‥‥‥‥182
結果行為‥‥‥‥‥‥‥174	構成要件要素‥‥‥‥‥38	実質犯‥‥‥‥‥‥‥‥43
結果責任‥‥‥‥‥‥‥17	公訴権濫用論‥‥‥‥‥89	質的過剰‥‥‥‥‥‥‥118
結果責任主義の否定‥‥‥18	拘留‥‥‥‥‥‥‥‥‥249	自動車運転過失‥‥‥‥172
結果説‥‥‥‥‥‥182,257	国外犯‥‥‥‥‥‥‥‥257	社会的行為論‥‥‥‥‥47
結果的加重犯‥‥‥‥18,137	国内犯‥‥‥‥‥‥‥‥256	社会的責任論‥‥‥‥‥132
結果犯‥‥‥‥‥‥‥43,180	誤想過剰避難‥‥‥‥‥126	社会的相当性‥‥‥‥‥84
結果無価値論‥‥‥‥‥81	誤想過剰防衛‥‥‥‥‥125	社会的相当性説‥‥‥‥84

事項索引　267

社会統合の維持・確保……13
酌量減軽………………252
重過失………………172
集合犯…………237,239
自由主義の理念………20
修正された構成要件…38,180
従犯………………193
主観説………………69
主観的違法性論………79
主観的違法要素………80
主観的構成要件要素……39
主観的正当化要素………80
主刑………………248
取材協力行為…………100
取材行為……………100
純粋安楽死……………111
所為…………………37
傷害致死罪………………3
障碍未遂……………180
消極的安楽死…………111
承継的共同正犯………205
承継的従犯……………220
条件関係………………66
条件関係公式…………66
条件説………………69
条件付故意……………149
常習犯………………239
状態犯…………44,241
条例………………25
職業犯………………239
処断刑………………251
職権行為………………97
処罰の一回性の要請……242
白地刑罰法規……………25
自力救済……………113
素人仲間における並行的評価
………………140
侵害………………115
侵害犯………………43
人格責任論……………133
人格的行為論……………47
新過失論……………163
人工妊娠中絶……………98
新々過失論……………164
心神喪失……………173

真正不作為犯………49,61
人的処罰阻却事由……138
信頼の原則……………167
心理的責任論…………131
推定的同意……………108
数故意犯説……………155
すべての刑罰法令の総則
………………256
性格責任論……………133
制限故意説……………146
制限責任説……………145
政策説………………185
政策的理由により違法性を解
除された行為…………98
正当業務行為……………99
正当防衛…………………3
正犯・共犯体系…………192
正犯の背後の正犯………59
世界主義……………257
責任………………130
責任共犯論……………198
責任形式……………134
責任減少説………117,186
責任故意……………135
責任主義……………17
責任説………………146
責任阻却事由…………130
責任能力……………173
責任無能力……………173
責任要素……………134
積極的安楽死…………111
積極的加害意思………114
接続犯…………237,240
絶対的軽微型…………87
絶対的不確定刑………24
絶対的不定期刑………24
折衷説………………70
折衷的行為無価値論……81
宣告刑………………251
全司法仙台事件……92,101
専断的治療行為………110
全逓東京中郵事件…91,101
全逓名古屋中郵事件…93,95
全農林警職法事件………94
全部執行猶予…………253

相対的応報刑論…………251
相対的軽微型…………87
相当因果関係…………66
相当因果関係説…………69
遡及処罰……………22
遡及処罰の禁止………258
属人主義……………257
即成犯………………44
属地主義……………257
その他の正当行為………100
尊厳死………………112

た行

対向犯………………193
対物防衛…………79,114
択一関係……………238
択一的競合……………69
択一的故意……………149
打撃の錯誤……………153
他行為可能性…………130
多衆犯………………193
ダートトライアル事件…108
他人予備……………180
たぬき・むじな事件……144
単純一罪……………237
単純行為犯……………42
単純数罪……………234
団体責任……………17
団体責任主義の否定……18
秩序維持の機能………13
チッソ川本事件……88,95
着手未遂……………181
注意義務の標準………164
注意的に適法性を明示された
行為………………98
中間影響地……………257
中止行為……………187
中止未遂……………180
抽象的危険犯…………43
抽象的事実の錯誤………151
抽象的符合説…………160
抽象的法定符合説…154,155
中立の行為……………221
懲役………………249

268 事項索引

懲戒権の行使……………98
重畳的因果関係…………69
超法規的違法性阻却事由…76
超法規的責任阻却事由
　………………130,145
直接的安楽死……………111
直近過失説………………168
治療行為…………………109
治療行為の中止…………111
追徴………………………250
定型…………………………36
定型説………………………49
同意傷害…………………107
統一正犯体系……………192
同意能力…………………104
動機説……………………147
道義的責任論……………132
同時犯……………………200
同種の罪の観念的競合…243
同種の罪の牽連犯………243
都教組事件…………92,101
徳島市公安条例違反事件…26
特定委任……………21,24
特別関係…………………238
特別構成要件………………37
特別予防…………………251

な行

二元説………………………80
二元的行為無価値論………81
二重の絞り論………………93
二重問責の禁止…………260
日常行為…………………221
任意性……………………186
任意的共犯………………193
任意的減軽………………180
認識ある過失……………172
認識説……………………147
認識なき過失……………172
認容説……………………147

は行

灰皿投げつけ事件………118

場所的適用範囲…………256
罰金………………………250
早過ぎた構成要件実現
　…………………54,158
犯意の強化………………218
犯罪…………………………33
犯罪競合…………………234
犯罪共同説………………204
犯罪時……………………258
犯罪事実…………………135
犯罪と刑罰に関する法……8
犯罪論………………………32
犯罪論体系…………………33
判断基底……………………69
判例法による処罰の禁止…25
被害者の承諾……………102
被害者の同意………72,102
被告人………………………2
必要的共犯………………192
必要的減免………………180
非当罰的不問行為…………95
非難可能性………………130
表現犯………………………40
表象………………………146
表象説……………………147
不可罰的事後行為………241
不可罰的事前行為………240
福岡県青少年保護育成条例違
　反事件…………………26
不真正不作為犯………49,61
不正………………………114
不能犯…………………49,188
不能未遂…………………188
不利益変更後の判例の遡及適
　用…………………………22
併科主義…………………244
併合罪加重………………252
偏在説……………………257
片面的共同正犯…………203
片面的従犯………………218
防衛の意思………………116
法益…………………………12
法益関係的錯誤説………105
法益権衡の原則…………122
法益衡量説…………………84

法益侵害説…………………80
法益の危殆化………………43
法益保護機能………………12
法益保護主義………………16
法確証の原理……………113
包括一罪…………………239
包括的委任……………21,24
忘却犯………………………47
幇助………………………218
法条競合…………………237
法人の犯罪能力……………46
法定刑……………………251
法定的符合説……………154
法的安定性…………………32
法の自己保全………113,120
法の適正な手続……………21
法の不知…………………145
方法の錯誤…………153,154
法律主義……………………21
法律上の減軽……………252
法律説……………………185
法律の錯誤…………139,145
法令行為……………………97
法令の施行………………258
保護主義…………………257
補充関係…………………238
補充性……………………122
補充の原則………………122
保障機能……………………41
保障者的地位………………62
没収………………………248
本来的一罪………………234

ま行

牧野英一…………………132
マジックホン事件…………90
丸正事件……………………99
未遂の教唆………………215
未遂の処罰根拠…………181
未必の故意………………149
未必の故意と認識ある過失の
　区別……………………147
身分………………………228
身分犯………………………40

事項索引 269

民主主義の理念………………21
無害な行為の処罰…………26
むささび・もま事件……144
明確性の原則………………26
明文なき過失犯処罰……162
命令………………………24
目的刑論…………………251
目的説………………………83
目的的行為論………………47
目的犯………………………40

や行

有意的行為論………………47
優越的利益説………………84
有責性推定機能……………41
許された危険…………163
要素従属性……………198
余罪………………………244
予備………………………180

ら行

量的過剰…………………118
量的過剰行為……………161
両罰規定…………………46
類推解釈…………………23
例外モデル………………174
連続犯……………………240
労役場……………………250
労働争議行為……………101

判例索引

明治 42 年～45 年

大判明治 42・4・16 刑録 15-452 ………… 23
大判明治 43・10・11 刑録 16-1620 ……… 90
大判明治 44・3・16 刑録 17-380 ……… 204
大判明治 44・6・16 刑録 17-1202 ……… 257
大判明治 45・6・20 刑録 18-896 ………… 38

大正元年～10 年

大判大正 元・11・25 刑録 18-1421 ……… 90
大判大正 2・3・18 刑録 19-353 ……… 227
大判大正 2・7・9 刑録 19-771 ……… 219
大判大正 2・9・5 刑録 19-844 ………… 43
大判大正 3・9・21 刑録 20-1719 ……… 229
大判大正 3・10・2 刑録 20-1764 ……… 86
大判大正 4・2・10 刑録 21-90 ……… 64
大判大正 4・3・2 刑録 21-194 ……… 229
大判大正 4・8・25 刑録 21-1249 ……… 218
大判大正 6・2・26 刑録 23-134 ……… 243
大判大正 6・9・10 刑録 23-999 ……… 189
大判大正 6・11・24 刑録 23-1302 ……… 63
大判大正 7・4・20 刑録 24-359 ……… 99
大判大正 7・7・17 刑録 24-939 ……… 63
大判大正 7・11・16 刑録 24-1352 …… 48,183
大判大正 7・12・18 刑録 24-1558 ……… 65
大判大正 8・12・13 刑録 25-1367 ……… 39
大判大正 10・5・7 刑録 27-257 ……… 197

大正 11 年～15 年

大判大正 11・2・4 刑集 1-32 ………… 154
大判大正 11・2・25 刑集 1-79 ……… 203
大判大正 11・3・1 刑集 1-99 ………… 217
大判大正 11・12・22 刑集 1-815 ……… 238
大判大正 12・4・30 刑集 2-378 …… 57,158
大判大正 12・7・2 刑集 2-610 ……… 208
大判大正 13・4・25 刑集 3-364 ……… 144

大判大正 13・4・29 刑集 3-387 …… 214,216
大判大正 13・12・12 刑集 3-867 ……… 121
大判大正 14・1・22 刑集 3-921 ……… 218
大判大正 14・1・28 刑集 4-14 ……… 229
大判大正 14・6・9 刑集 4-378 …… 144,154
大決大正 15・2・22 刑集 5-97 …… 142,153
大判大正 15・3・24 刑集 5-117 ………… 45
大判大正 15・10・25 大審院判決拾遺 1-刑 87
………………………………………… 64

昭和元年～10 年

大判昭和 4・3・7 刑集 8-107 ………… 63
大判昭和 6・7・2 刑集 10-303 ……… 137
大判昭和 6・12・3 刑集 10-682 ……… 173
大判昭和 7・3・24 刑集 11-296 ……… 141
大判昭和 7・6・14 刑集 11-797 ……… 218
大判昭和 9・8・27 刑集 13-1086 ……… 104
大判昭和 9・9・29 刑集 13-1245 ……… 213
大判昭和 9・10・19 刑集 13-1473 ……… 48
大判昭和 10・6・6 刑集 14-631 ……… 137
大判昭和 10・11・11 刑集 14-1165 ……… 240
大判昭和 10・11・25 刑集 14-1217 ……… 46

昭和 11 年～20 年

大判昭和 11・5・7 刑集 15-573 ……… 42
大判昭和 12・6・25 刑集 16-998 ……… 187
大判昭和 13・3・11 刑集 17-237 ………… 65
大判昭和 13・11・18 刑集 17-839 ……… 220

昭和 21 年～30 年

最判昭和 22・12・15 刑集 1-80 ……… 76,136
最判昭和 22・12・25 刑集 1-80 ……… 36
最大判昭和 23・3・12 刑集 2-3-191 …… 248
最判昭和 23・3・16 刑集 2-3-227 ……… 148
最判昭和 23・5・1 刑集 2-5-435

··· 160,211
最判昭和 23・5・20 刑集 2-5-489 ········ 105
最判昭和 23・6・22 刑集 2-7-694 ········ 259
最大判昭和 23・7・14 刑集 2-8-889 ····· 144
最判昭和 23・10・23 刑集 2-11-1386
··· 161,213
最判昭和 23・12・7 刑集 2-13-1702 ····· 144
最判昭和 24・2・22 刑集 3-2-206
··· 144,154
福岡高判昭和 24・3・17 刑集 10-12-1626
··· 176
最判昭和 24・4・5 刑集 3-4-421 ········ 125
最大判昭和 24・5・18 刑集 3-6-772 ····· 122
最大判昭和 24・7・22 刑集 3-8-1363···· 105
最判昭和 24・7・23 刑集 3-8-1373
··· 236,237,240
最判昭和 24・8・18 刑集 3-9-1465 ······· 117
最判昭和 24・10・1 刑集 3-10-1629 ····· 218
最判昭和 24・12・17 刑集 3-12-2028 ···· 209
最大判昭和 24・12・21 刑集 3-12-2048
··· 243
最判昭和 25・3・31 刑集 4-3-469 ········ 70
最判昭和 25・4・11 裁判集刑事 17-87
··· 160
東京高判昭和 25・6・10 高刑集 3-2-222
··· 37
最判昭和 25・7・11 刑集 4-7-1261
··· 160,216
東京高判昭和 25・9・14 高刑集 3-3-407
··· 207
最判昭和 25・10・10 刑集 4-10-1965 ····· 160
福岡高判昭和 25・10・17 高刑集 3-3-487
··· 138
名古屋高判昭和 25・11・14 高刑集 3-4-748
··· 184
最判昭和 26・4・10 刑集 5-5-825
··· 237,240
最判昭和 26・7・10 刑集 5-8-1411
··· 142,153
最判昭和 26・7・13 刑集 5-8-1437········ 40
最判昭和 26・8・17 刑集 5-9-1789
··· 140,153
最判昭和 26・9・20 刑集 5-10-1937 ······ 19
最判昭和 26・11・15 刑集 5-12-2354 ····· 146
最判昭和 26・12・6 刑集 5-13-2485 ····· 213

最決昭和 27・2・21 刑集 6-2-275 ········ 104
最決昭和 27・9・25 刑集 6-8-1093······· 258
最大判昭和 27・12・24 刑集 6-11-1346 ····25
最判昭和 27・12・25 刑集 6-12-1387······60
東京高判昭和 27・12・26 高刑集 5-13-2645
··· 127
最判昭和 28・1・23 刑集 7-1-30·········· 204
広島高岡山支判昭和 28・2・17 高刑判特 31-
67·· 138
最決昭和 28・2・19 刑集 7-2-280·········87
最決昭和 28・3・5 刑集 7-3-506 ········ 162
最決昭和 28・3・5 刑集 7-3-510 ········ 213
最判昭和 28・4・14 刑集 7-4-850 ······· 242
最大判昭和 28・6・17 刑集 7-6-1289···· 240
最大判昭和 28・7・22 刑集 7-7-1621···· 260
福岡高判昭和 28・11・10 高刑判特 26-58
··· 50,189
大阪高判昭和 28・11・18 高刑集 6-11-1603
··· 138
最判昭和 28・12・25 刑集 7-13-2671 ···· 122
大阪高判昭和 29・1・23 高刑判特 28-72
··· 90
最決昭和 29・5・27 刑集 8-5-741 ······· 244
東京高判昭和 30・4・18 高刑集 8-3-325
··· 143,153
福岡高判昭和 30・6・14 刑集 12-15-3496
··· 176
最決昭和 30・8・9 刑集 9-9-2008········· 90
最決昭和 30・10・14 刑集 9-11-2173 ········96
最判昭和 30・11・11 刑集 9-12-2438 ····· 113

昭和 31 年～40 年

名古屋高判昭和 31・4・19 高刑集 9-5-411
··· 175
最判昭和 31・5・24 刑集 10-5-734
··· 227,229
最判昭和 31・8・3 刑集 10-8-1202 ····· 240
東京高判昭和 31・11・28 高刑集 9-12-1251
··· 127
最判昭和 32・1・22 刑集 11-1-31 ········ 115
最判昭和 32・2・26 刑集 11-2-906···19,137
最大判昭和 32・3・13 刑集 11-3-997··· 139
最判昭和 32・3・28 刑集 11-3-1275······90
最決昭和 32・9・10 刑集 11-9-2202 ····· 186

最判昭和 32・10・3 刑集 11-10-2413…… 142
最判昭和 32・11・19 刑集 11-12-3073…… 229
最大判昭和 32・11・27 刑集 11-12-3113…20
東京高判昭和 33・1・23 高刑裁特 5-1-21
　　………………………………………… 160
最判昭和 33・4・3 裁判集刑事 124-31…98
最大判昭和 33・5・28 刑集 12-8-1718
　　………………………………………… 201
最判昭和 33・7・10 刑集 12-11-2471…… 176
最判昭和 33・9・9 刑集 12-13-2882……65
最判昭和 33・11・21 刑集 12-15-3519
　　………………………………… 105,197
最判昭和 34・2・27 刑集 13-2-250…… 142
最判昭和 34・7・24 刑集 13-8-1163……64
最大判昭和 35・1・27 刑集 14-1-33……26
東京高判昭和 35・2・13 下刑集 2-2-113
　　………………………………………… 98
最判昭和 35・4・26 刑集 14-6-748…… 140
東京高判昭和 35・5・24 高刑集 13-4-335
　　………………………………… 143,153
東京高判昭和 35・7・15 下刑集 2-7=8-989
　　………………………………………… 160
最決昭和 35・10・18 刑集 14-12-1559…… 189
東京高判昭和 35・12・24 下刑集 2-11=12-
1365……………………………………… 149
札幌地判昭和 36・3・7 下刑集 3-3=4-237
　　………………………………………… 107
名古屋地判昭和 36・4・28 下刑集 3-3=4-378
　　………………………………………… 210
広島高判昭和 36・7・10 高刑集 14-5-310
　　………………………………………… 189
名古屋高判昭和 36・11・27 高刑集 14-9-635
　　………………………………………… 210
最判昭和 37・3・23 刑集 16-3-305…… 189
東京高判昭和 37・4・24 高刑集 15-4-210
　　………………………………………… 189
最判昭和 37・5・4 刑集 16-5-510…… 162
最大判昭和 37・5・30 刑集 16-5-577……25
最決昭和 37・11・8 刑集 16-11-1522
　　………………………………… 189,210
名古屋高判昭和 37・12・22 高刑集 15-9-674
　　………………………………………… 111
最決昭和 38・4・18 刑集 17-3-248………23
東京高判昭和 38・12・11 高刑集 16-9-787
　　………………………………………… 143

最決昭和 40・3・9 刑集 19-2-69……… 184
最判昭和 40・3・26 刑集 19-2-83…………20
最決昭和 40・3・30 刑集 19-2-125…… 228
大阪高判昭和 40・6・7 下刑集 7-6-1166
　　………………………………………… 108
東京地判昭和 40・9・30 下刑集 7-9-1828
　　…………………………………………64
宇都宮地判昭和 40・12・9 下刑集 7-12-2189
　　………………………………………… 183

昭和 41 年～50 年

最決昭和 41・7・7 刑集 20-6-554…… 125
最大判昭和 41・10・26 刑集 20-8-901
　　………………………………… 91,101
最判昭和 41・12・20 刑集 20-10-1212…… 168
最判昭和 42・3・7 刑集 21-2-417…… 229
最判昭和 42・5・25 刑集 21-4-584…… 162
最判昭和 42・10・13 刑集 21-8-1097…… 168
最決昭和 42・10・24 刑集 21-8-1116……71
最判昭和 43・2・27 刑集 22-2-67…… 175
最判昭和 43・12・24 刑集 22-13-1625…… 194
最大判昭和 44・4・2 刑集 23-5-305……92
最大判昭和 44・4・2 刑集 23-5-685
　　………………………………… 92,101
盛岡地判昭和 44・4・16 刑月 1-4-434…67
最大判昭和 44・6・25 刑集 23-7-975…… 126
大阪高判昭和 44・10・17 判タ 244-290
　　………………………………………… 187
岐阜地判昭和 44・11・26 刑月 1-11-1075
　　………………………………………… 113
最判昭和 44・12・4 刑集 23-12-1573…… 117
東京高判昭和 45・1・27 刑月 2-1-8…… 127
福岡高判昭和 45・2・14 高刑集 23-1-156
　　………………………………………… 113
大阪高判昭和 45・5・1 高刑集 23-2-367
　　………………………………………… 121
福岡高判昭和 45・5・16 判時 621-106
　　………………………………………… 148
最決昭和 45・7・28 刑集 24-7-585…… 184
東京高判昭和 45・9・8 東高時報 21-9-303
　　………………………………………… 184
最判昭和 46・6・17 刑集 25-4-567………70
最決昭和 46・7・30 刑集 25-5-756…… 113
最判昭和 46・11・16 刑集 25-8-996

判例索引 273

.... 114,116
東京高判昭和 47・1・17 判タ 277-375
.... 168
大阪地判昭和 47・9・6 判タ 306-298
.... 142,153
最大判昭和 48・4・25 刑集 27-3-418
.... 93,101
最大判昭和 48・4・25 刑集 27-4-547……94
広島高岡山支判昭和 48・9・6 判時 743-112
.... 65
秋田地判昭和 48・10・5 判タ 307-314
.... 168
最大判昭和 49・5・29 刑集 28-4-114…… 242
最大判昭和 49・5・29 刑集 28-4-151…… 243
最大判昭和 49・11・6 刑集 28-9-393……26
最判昭和 50・4・3 刑集 29-4-132……… 97
最決昭和 50・5・27 刑集 29-5-348……… 243
最大判昭和 50・9・10 刑集 29-8-489
.... 26,29
最判昭和 50・11・28 刑集 29-10-983…… 116

昭和 51 年～60 年

札幌高判昭和 51・3・18 高刑集 29-1-78
.... 166,168
最決昭和 51・3・23 刑集 30-2-229……… 100
最大判昭和 51・5・21 刑集 30-5-1178 ……94
松江地判昭和 51・11・2 刑月 8-11=12-495
.... 207
最大判昭和 52・5・4 刑集 31-3-182……94
最決昭和 52・7・21 刑集 31-4-747……… 114
東京高判昭和 52・11・29 東高時報 28-11-143
.... 108
最決昭和 53・3・22 刑集 32-2-381……… 71
最判昭和 53・3・24 刑集 32-2-408……… 173
最決昭和 53・5・31 刑集 32-3-457…85,100
最決昭和 53・7・28 刑集 32-5-1068 …… 155
最決昭和 54・3・27 刑集 33-2-140……… 161
最決昭和 54・4・13 刑集 33-3-179
.... 202,211
最決昭和 55・11・13 刑集 34-6-396
.... 85,107,108
最決昭和 55・12・17 刑集 34-7-672……… 88
札幌高判昭和 56・1・22 刑月 13-1=2-12
.... 170

東京高判昭和 56・4・1 刑月 13-4=5-341
.... 98
大阪地判昭和 56・9・30 高刑集 34-3-385
.... 175
最決昭和 56・12・21 刑集 35-9-911
.... 148,150
最決昭和 57・4・2 刑集 36-4-503……… 162
東京高判昭和 57・9・21 判タ 489-130
.... 184
東京地八王子支判昭和 57・12・22 判タ 494-
142 64
最判昭和 58・7・8 刑集 37-6-609……… 249
最決昭和 58・9・21 刑集 37-7-1070 …… 196
最決昭和 58・11・1 刑集 37-9-1341 ……45
最判昭和 59・3・6 刑集 38-5-1961 …… 150
最決昭和 59・3・27 刑集 38-5-2064 …… 105
最決昭和 59・7・3 刑集 38-8-2783 …… 173
最判昭和 60・3・28 刑集 39-2-75 ……… 137
最大判昭和 60・10・23 刑集 39-6-413
.... 27,29
大阪簡判昭和 60・12・11 判時 1204-161
.... 126

昭和 61 年～64 年

札幌地判昭和 61・2・13 刑月 18-1=2-68
.... 170
福岡高判昭和 61・3・6 高刑集 39-1-1
.... 186
最決昭和 61・6・9 刑集 40-4-269……… 161
最決昭和 61・6・24 刑集 40-4-292……… 90
名古屋高判昭和 61・9・30 高刑集 39-4-371
.... 205
最決昭和 61・11・18 刑集 40-7-523
.... 241,246
仙台地石巻支判昭和 62・2・18 判時 1249-
145 108
最決昭和 62・3・26 刑集 41-2-182……… 125
大阪地判昭和 62・4・21 判時 1238-160
.... 108
最決昭和 62・7・16 刑集 41-5-237
.... 127,146
最判昭和 63・10・27 刑集 42-8-1109 …… 168

平成元年～10 年

最決平成 元・3 ・14 刑集 43-3-262 ……… 166
最決平成 元・6 ・26 刑集 43-6-567 ……… 208
最判平成 元・7 ・18 刑集 43-7-752
　　　　　　　　　　　　　　　……………… 143,153
最判平成 元・11・13 刑集 43-10-823 …… 117
最決平成 元・12・15 刑集 43-13-879 ……… 67
最決平成 2 ・2 ・9 　判時 1341-157 ……… 144
東京高判平成 2 ・2 ・21 判タ 733-232
　　　　　　　　　　　　　　　……………………… 219
名古屋高判平成 2 ・7 ・17 判タ 739-243
　　　　　　　　　　　　　　　………………… 186,187
最決平成 2 ・11・16 刑集 44-8-744
　　　　　　　　　　　　　　　………………… 166,170
最決平成 2 ・11・20 刑集 44-8-837 ……… 71
最決平成 2 ・11・29 刑集 44-8-871
　　　　　　　　　　　　　　　………………… 167,170
最判平成 3 ・11・14 刑集 45-8-221 ……… 169
長崎地判平成 4 ・1 ・14 判時 1415-142
　　　　　　　　　　　　　　　……………………… 175
最判平成 4 ・7 ・10 裁時 1079-4 ……… 167
最決平成 4 ・12・17 刑集 46-9-683 ……… 71
最決平成 5 ・11・25 刑集 47-9-242
　　　　　　　　　　　　　　　………………… 167,170
最決平成 6 ・6 ・30 刑集 48-4-21 ……… 120
横浜地判平成 7 ・3 ・28 判時 1530-28
　　　　　　　　　　　　　　　……………………… 111
名古屋地判平成 7 ・6 ・6 　判時 1541-144
　　　　　　　　　　　　　　　……………………… 160
千葉地判平成 7 ・12・13 判時 1565-144
　　　　　　　　　　　　　　　……………………… 109
東京地判平成 8 ・3 ・28 判時 1596-125
　　　　　　　　　　　　　　　……………………… 187
最判平成 8 ・11・18 刑集 50-10-745 …… 22
東京高判平成 9 ・8 ・4 　高刑集 50-2-130
　　　　　　　　　　　　　　　………………… 108,110
最決平成 9 ・10・30 刑集 51-9-816 ……… 197
東京高判平成 10・6 ・4 　判時 1650-155
　　　　　　　　　　　　　　　……………………… 189
大阪高判平成 10・6 ・24 高刑集 51-2-116
　　　　　　　　　　　　　　　………………… 121,122

平成 11 年～20 年

札幌高判平成 12・3 ・16 判時 1711-170
　　　　　　　　　　　　　　　……………………… 225
最決平成 12・12・20 刑集 54-9-1095 …… 166
東京高判平成 13・2 ・20 東高時報 52-1～12-
7 ……………………………………………………… 56
広島高松江支判平成 13・10・17 判時 1766-
152 ……………………………………………… 121
最決平成 13・10・25 刑集 55-6-519 ……… 196
大阪高判平成 14・9 ・4 　判タ 1114-293
　　　　　　　　　　　　　　　……………………… 116
最判平成 15・1 ・24 裁時 1332-4 …… 67,167
最判平成 15・5 ・1 　刑集 57-5-507 ……… 203
最判平成 15・7 ・16 刑集 57-7-950 ……… 71
最判平成 15・11・21 刑集 57-10-1043
　　　　　　　　　　　　　　　………………… 143,154
札幌地判平成 15・11・27 判タ 1159-292 … 67
最決平成 16・1 ・20 刑集 58-1-1 …… 49,105
最決平成 16・2 ・17 刑集 58-2-169 ……… 71
最決平成 16・3 ・22 刑集 58-3-187
　　　　　　　　　　　　　　　…………… 54,158,185
最決平成 16・7 ・13 刑集 58-5-360 ……… 168
最決平成 16・10・19 刑集 58-7-645 ……… 71
広島高判平成 17・4 ・19 高刑速〔平 17〕-312
　　　　　　　　　　　　　　　……………………… 225
最決平成 17・7 ・4 　刑集 59-6-403
　　　　　　　　　　　　　　　…………… 64,211,224
名古屋高判平成 17・11・7 　高刑速〔平 17〕-
292 ……………………………………………… 225
最決平成 17・11・15 刑集 59-9-1558 …… 170
最決平成 17・11・29 裁判集刑事 288-543
　　　　　　　　　　　　　　　……………………… 203
東京高判平成 17・12・9 　刑集 62-5-1376
　　　　　　　　　　　　　　　……………………… 91
神戸地判平成 18・3 ・14 公刊物未登載、
LEX/DB28115177 …………………………… 90
最決平成 18・3 ・27 刑集 60-3-382 ……… 71
最決平成 18・11・21 刑集 60-9-770
　　　　　　　　　　　　　　　………………… 150,213
最決平成 19・3 ・26 刑集 61-2-131 ……… 168
静岡地沼津支判平成 19・8 ・7 　刑集 62-6-
1866 …………………………………………… 118
東京高判平成 19・12・25 刑集 62-6-1879
　　　　　　　　　　　　　　　……………………… 118

最判平成 20・3・4 刑集 62-3-123……… 184
最判平成 20・4・25 刑集 62-5-1559 ……173
最決平成 20・5・20 刑集 62-6-1786 ……115
最決平成 20・6・25 刑集 62-6-1859 ……118

平成 21 年〜29 年

最決平成 21・2・24 刑集 63-2-1 ………119
最判平成 21・3・26 刑集 63-3-265………90
奈良地判平成 21・4・15 判時 2048-135
　　………………………………………… 100
最決平成 21・6・30 刑集 63-5-475………208
最決平成 21・7・7 刑集 63-6-507………244
最判平成 21・10・19 裁判集刑事 297-489
　　………………………………………… 203
最判平成 21・11・30 刑集 63-9-1765 ……91

最決平成 21・12・7 刑集 63-11-1899……111
大阪高判平成 21・12・17 刑集 66-4-471
　　………………………………………… 128
最決平成 22・3・17 刑集 64-2-111……… 240
最決平成 22・10・26 刑集 64-7-1019 ‥66,71
最決平成 23・12・19 刑集 65-9-1380 ……222
神戸地判平成 24・1・11 公刊物未登載 LEX/
　DB25480439 ……………………………… 170
最決平成 24・2・8 刑集 66-4-200…71,169
最決平成 24・2・13 刑集 66-4-405………128
最決平成 24・7・9 裁判集刑事 308-53…… 6
最決平成 24・11・6 刑集 66-11-1281
　　……………………………………… 206,220
最決平成 26・3・17 刑集 68-3-368……… 240
最判平成 26・11・7 刑集 68-9-963……… 184
最大判平成 29・11・29 刑集 71-9-467……40

編者・執筆分担

設楽裕文（したら　ひろぶみ）……序論、第3章、第4章、第5章、第6章、第9章
日本大学法学部　特任教授

南部　篤（なんぶ　あつし）………………はしがき、第1章、第2章、第11章
日本大学法学部　特任教授

執筆者（五十音順）・執筆分担

上野幸彦（うえの　ゆきひこ）………………………………… 第8章
日本大学危機管理学部　教授

岡西賢治（おかにし　けんじ）………………………………… 第7章
日本大学法学部　准教授

野村和彦（のむら　かずひこ）………………………………… 第10章
日本大学法学部　准教授

Next 教科書シリーズ 刑法総論

2018（平成 30）年 9 月 15 日　初版 1 刷発行
2021（令和 3 ）年 4 月 15 日　同　2 刷発行

編　者　設楽　裕文・南部　篤
発行者　鯉渕　友南
発行所　株式会社　弘文堂　　101-0062　東京都千代田区神田駿河台 1 の 7
　　　　　　　　　　　　　　　TEL 03（3294）4801　　振替 00120-6-53909
　　　　　　　　　　　　　　　https://www.koubundou.co.jp

装　丁　水木喜美男
印　刷　三美印刷
製　本　井上製本所

©2018　Hirobumi Shitara & Atsushi Nanbu. Printed in Japan

JCOPY《（社）出版者著作権管理機構　委託出版物》

本書の無断複写は著作権法上での例外を除き禁じられています。複写される場合は、
そのつど事前に、（社）出版者著作権管理機構（電話 03-5244-5088、FAX 03-5244-5089、
e-mail：info@jcopy.or.jp）の許諾を得てください。
また本書を代行業者等の第三者に依頼してスキャンやデジタル化することは、たとえ個
人や家庭内の利用であっても一切認められておりません。

ISBN978-4-335-00235-9

■Next 教科書シリーズ

■好評既刊

授業の予習や独習に適した初学者向けの大学テキスト

（刊行順）

『心理学』［第3版］　和田万紀＝編
定価（本体2100円＋税）　ISBN978-4-335-00230-4

『政治学』［第2版］　吉野　篤＝編
定価（本体2000円＋税）　ISBN978-4-335-00231-1

『行政学』［第2版］　外山公美＝編
定価（本体2600円＋税）　ISBN978-4-335-00222-9

『国際法』［第3版］　渡部茂己・喜多義人＝編
定価（本体2200円＋税）　ISBN978-4-335-00232-8

『現代商取引法』　藤田勝利・工藤聡一＝編
定価（本体2800円＋税）　ISBN978-4-335-00193-2

『刑事訴訟法』［第2版］　関　正晴＝編
定価（本体2500円＋税）　ISBN978-4-335-00236-6

『行政法』［第3版］　池村正道＝編
定価（本体2800円＋税）　ISBN978-4-335-00229-8

『民事訴訟法』［第2版］　小田　司＝編
定価（本体2200円＋税）　ISBN978-4-335-00223-6

『日本経済論』　稲葉陽二・乾友彦・伊ヶ崎大理＝編
定価（本体2200円＋税）　ISBN978-4-335-00200-7

『地方自治論』［第2版］　福島康仁＝編
定価（本体2000円＋税）　ISBN978-4-335-00234-2

『憲法』［第2版］　齋藤康輝・高畑英一郎＝編
定価（本体2100円＋税）　ISBN978-4-335-00225-0

『教育政策・行政』　安藤忠・壽福隆人＝編
定価（本体2200円＋税）　ISBN978-4-335-00201-4

『国際関係論』［第3版］　佐渡友哲・信夫隆司・柑本英雄＝編
定価（本体2200円＋税）　ISBN978-4-335-00233-5

『労働法』［第2版］　新谷眞人＝編
定価（本体2000円＋税）　ISBN978-4-335-00237-3

『刑事法入門』　船山泰範＝編
定価（本体2000円＋税）　ISBN978-4-335-00210-6

『西洋政治史』　杉本　稔＝編
定価（本体2000円＋税）　ISBN978-4-335-00202-1

『社会保障』　神尾真知子・古橋エツ子＝編
定価（本体2000円＋税）　ISBN978-4-335-00208-3

『民事執行法・民事保全法』　小田　司＝編
定価（本体2500円＋税）　ISBN978-4-335-00207-6

『教育心理学』　和田万紀＝編
定価（本体2000円＋税）　ISBN978-4-335-00212-0

『教育相談』　津川律子・山口義枝・北村世都＝編
定価（本体2200円＋税）　ISBN978-4-335-00214-4

Next 教科書シリーズ

■ 好評既刊

（刊行順）

『法学』［第3版］　髙橋雅夫＝編
定価(本体2200円＋税)　ISBN978-4-335-00243-4

『経済学入門』［第2版］　楠谷　清・川又　祐＝編
定価(本体2000円＋税)　ISBN978-4-335-00238-0

『日本古典文学』　近藤健史＝編
定価(本体2200円＋税)　ISBN978-4-335-00209-0

『ソーシャルワーク』　金子絵里乃・後藤広史＝編
定価(本体2200円＋税)　ISBN978-4-335-00218-2

『現代教職論』　羽田積男・関川悦雄＝編
定価(本体2100円＋税)　ISBN978-4-335-00220-5

『発達と学習』［第2版］　内藤佳津雄・北村世都・鏡　直子＝編
定価(本体2000円＋税)　ISBN978-4-335-00244-1

『哲学』　石浜弘道＝編
定価(本体1800円＋税)　ISBN978-4-335-00219-9

『道徳教育の理論と方法』　羽田積男・関川悦雄＝編
定価(本体2000円＋税)　ISBN978-4-335-00228-1

『刑法各論』　沼野輝彦・設楽裕文＝編
定価(本体2400円＋税)　ISBN978-4-335-00227-4

『刑法総論』　設楽裕文・南部　篤＝編
定価(本体2400円＋税)　ISBN978-4-335-00235-9

『特別活動・総合的学習の理論と指導法』　関川悦雄・今泉朝雄＝編
定価(本体2000円＋税)　ISBN978-4-335-00239-7

『教育の方法・技術論』　渡部　淳＝編
定価(本体2000円＋税)　ISBN978-4-335-00240-3

『比較憲法』　東　裕・玉蟲由樹＝編
定価(本体2200円＋税)　ISBN978-4-335-00241-0

『地方自治法』　池村好道・西原雄二＝編
定価(本体2100円＋税)　ISBN978-4-335-00242-7

『民法入門』　長瀬二三男・永沼淳子＝著
定価(本体2700円＋税)　ISBN978-4-335-00245-8